◎ 国家社会科学基金项目（16BGL115）成果

网络嵌入、社区重构与传统村落旅游创新演化研究

Research on Network Embeddedness, Community Reconstruction and Evolution of Traditional Village Tourism Innovation

◎ 李文兵　著

西安交通大学出版社
XI'AN JIAOTONG UNIVERSITY PRESS

图书在版编目（CIP）数据

网络嵌入、社区重构与传统村落旅游创新演化研究 / 李文兵著 .—西安：西安交通大学出版社，2022.3

ISBN 978-7-5693-2101-2

Ⅰ. ①网… Ⅱ. ①李… Ⅲ. ①乡村旅游－旅游资源开发－研究－中国 Ⅳ. ①F592.3

中国版本图书馆 CIP 数据核字（2021）第 016177 号

书　　名　网络嵌入、社区重构与传统村落旅游创新演化研究
著　　者　李文兵
责任编辑　张瑞娟
责任校对　于睿哲

出版发行　西安交通大学出版社
（西安市兴庆南路 1 号　邮政编码 710048）
网　　址　http://www.xjtupress.com
电　　话　（029）82668357　82667874（发行中心）
（029）82668315（总编办）
传　　真　（029）82668280
印　　刷　湖南省众鑫印务有限公司

开　　本　710mm×1000mm　1/16　**印张**　16.5　**字数**　268 千字
版次印次　2022 年 3 月第 1 版　2022 年 3 月第 1 次印刷
书　　号　ISBN 978-7-5693-2101-2
定　　价　98.00 元

李文兵 男，1967年生，汉族，湖南浏阳人，中国民主同盟盟员，国家社科基金成果鉴定专家，湖南理工学院管理学教授，理学博士。主要研究方向为传统村落旅游、旅游者行为、旅游创新管理。主持完成国家社科基金项目、湖南省社科基金项目、湖南省教育科学规划基金项目等课题多项，出版专著2部。在《地理研究》《旅游学刊》《旅游科学》《系统工程》等期刊上发表学术论文30余篇。

前　言

我国传统村落的保护经历了由点到面、由物质文化静态留存到非物质文化活态保持的变迁过程，并上升到国家战略高度。旅游开发是传统村落资源利用的重要方向，也是传统村落活态保持的重要途径。然而，由于旅游开发带来的建设性破坏与过度商业化，传统村落面临旅游影响下严峻的社区变迁和重构问题；在旅游地变迁和重构趋势下如何实现传统村落活态传承与保持，是关系到旅游影响下中国传统农耕文化遗产能否传承的重大课题。基于传统村落突出的社区变迁与重构现实，本书认为，传统村落活态传承与保持必须建立在传统村落社区原有生活空间延续的基础上。因而本书引入新经济社会学理论，并以网络嵌入理论为基石，整合社会资本理论、社会交换理论与服务创新理论，围绕网络嵌入、社区重构与传统村落旅游地社区旅游创新演化的逻辑关系展开研究；根据旅游地生命周期演化情况，从实地调研的 34 个传统村落中选择湖南张谷英村、安徽宏村以及江西天宝古村和贾家古村 4 个村落作为案例地，采用访谈法、问卷法、文献分析和实地观察相结合法、案例比较法、扎根理论方法、网络分析法、回归分析与结构方程建模，从而对网络嵌入、社区重构与传统村落旅游地社区旅游创新演化的逻辑关系有了较清晰的把握，对传统村落旅游地社区活态传承与保持问题也有了较清晰的认识。

本书首先对传统村落社区旅游组织现象进行了案例比较，发现网络嵌入下传统村落社区旅游具有自组织演化机制，社区自适应和自学习是传统村落旅游地自组织演化机制产生的资源基础，是传统村落旅游地非物质文化活态传承和保持的前提条件。旅游背景下的传统村落具有多重网络嵌入性，多重网络嵌入下传统村落旅游地制度信任机制的存在，推动基于契约的工具性信任向基于人际关系的真实信任转变，并使特殊信任向普遍信任发展。信任机制的变迁为网络嵌入下传统村落旅游地的自组织演化奠定了真实信任和普遍信任基础。但是，当社区现实生活空间与村落原生物理空间相互分离时，社区难以形成自学习机制，传统村落旅游产业网络的自组织演化将处于停滞状态。

当传统村落的社区现实生活空间与传统村落原生物理空间相对统一时，社区旅游参与成为传统村落的必然选择。网络嵌入下的传统村落旅游地社区通过自学习，在社区旅游参与下不断获取新的知识和信息，推动社区旅游创新及旅游创新演化。因此，本书紧接着围绕社区自学习的表现及其影响，从自我中心社会网络分析视角对网络嵌入下传统村落旅游地的社区知识获取、社区旅游创新及社区旅游创新演化机制进行了研究，有如下发现：

（1）关于网络嵌入下传统村落旅游地社区知识获取机制，发现结构嵌入对传统村落社区旅游参与者的知识获取有显著影响，但影响大小取决于传统村落社区旅游参与者的网络整体特性；相对来说，在传统村落社区旅游参与下，建立在互惠预期与信任基础上的关系嵌入比结构嵌入更重要；结构嵌入对传统村落社区旅游参与者的知识获取产生的影响，部分需要通过关系嵌入及其维度的中介作用实现。

（2）关于关系嵌入及其维度对资源约束下传统村落社区旅游创新意愿的影响机制，发现关系嵌入对资源约束下的传统村落社区旅游的创新意愿影响明显。在关系嵌入各维度中，社区嵌入是资源约束下传统村落社区旅游的创新意愿产生与提高的最重要推动因素，且产生直接影响和间接影响双重作用机制。政治嵌入对资源约束下传统村落社区旅游的创新意愿有显著间接作用，表明地方政府对传统村落的保护与旅游经营规制不会阻碍社区旅游创新意愿的形成。行业嵌入对传统村落社区旅游参与者的知识获取和创新意愿的影响虽然不显著，但行业嵌入能够降低传统村落社区旅游参与家庭获取日常旅游经营信息的成本，行业嵌入的意义不可否认。

（3）关于网络嵌入下认知重构与传统村落社区旅游创新演化及其形成机制，从案例地来看，其旅游创新演化的早期以旅游服务创新为主导，后期以旅游体验创新为主导。传统村落旅游地社区旅游创新演化与传统村落社区旅游参与者的认知重构密切相关。传统村落社区旅游参与者的认知可区分为家庭责任认知维、村落价值认知维、创新能力认知维和创新意愿认知维。在社区自学习和网络嵌入机制下，传统村落社区旅游参与者的四维认知将会处于不断调整和重构演进中。认知重构引导家庭责任感上升以及村落价值认知觉醒，可以使社区参与旅游创业创新主体多元化、旅游创新类型多样化。认知重构还促使传统村落社区旅游参与者的创新能力和创新意愿显著提升，并通过路径创造推动社区旅游创新演化。

除了自我中心社会网络分析外，本书还基于整体网络视角分析了传统村落旅游地社区的咨询网络结构，并基于微观权力观和社区社会网子群结构探究了传统村落旅游地社区社会网运行机制。研究表明，传统村落旅游地社区存在大量的小圈子，社区社会网权力呈金字塔形权力分异格局。少数成员家庭因拥有丰富的助人经历、大量的能力展现机会与高品质的业余爱好，成为社区权力分异金字塔形结构的顶端家庭，并通过子群渗透对社区社会网演化产生影响。研究还显示，旅游实践活动已经成为传统村落旅游地社区成员能力展现的重要平台，也是社区社会网权力分异体现的重要平台；社区旅游参与及社区旅游创新在传统村落旅游地社区演化中的影响日益明显。

最后，本书将传统村落旅游地社区重构放在网络嵌入与旅游创新演化视角下，进行理论分析与案例研究。研究表明，在网络嵌入下，形成自学习机制的传统村落旅游地社区通过社区认知重构与社区权力分异，驱动旅游创新演化，并引发社区物质文化、精神文化和制度文化的变迁与重构。社区重构具体表现为：传统村落的个别要素或传统村落整体可能被活化，社区契约意识增强，景观空间重构，生计方式结构重构，法制意识、共同体意识与公共意识得到培育，村落本地文化认知和旅游经营秩序得以重构，社区共有价值体系逐渐生成，社会资本更加丰富，最终能够通过旅游产业价值链优势的建立重塑旅游形象。传统村落旅游地社区旅游创新具有纠错功能，社区旅游创新演化轨道一旦形成，将主导传统村落旅游地社区演化方向，左右传统村落旅游地社区变迁与社区重构趋势。案例分析表明，生活居住功能的激活与活化能够提升社区凝聚力，并为传统村落要素活化提供空间场所与文化环境，从而形成良性循环格局。

本书将旅游创新视为网络嵌入下传统村落旅游地自组织活动与过程，揭示了创新演化基础上的传统村落旅游地社区重构机理，为深化传统村落旅游地社区重构问题的研究提供了新的理论依据与思路，有助于传统村落旅游创新意识与创新能力的提高，使创新与创新演化成为传统村落旅游地演化与社区重构的显性力量。但本书尚存在案例选取区域范围不广的问题，不同生命周期阶段的案例地类型相对单一，而且侧重于物理空间与生活空间相对统一的传统村落案例地，对物理空间与生活空间相对分离的传统村落社区旅游参与引发的相关问题较少涉及。这些不足也为今后的研究留下了进一步探索的空间。此外，本书虽然在新经济社会学视野下整合了多种理论，但在具体应用过程中还存在不够深入、不够全面的问题。今后的研究，无论是横向比较、纵向比较，还是针对空间分离的传统村落的研究，都需要多学科交融，才能有效把握传统村落旅游地社区未来的演化方向。

目 录

第1章　绪　论

1.1　研究背景

1.1.1　传统村落保护上升到国家战略高度

传统村落是指村落形成年代较早，拥有比较丰富的传统资源，具有一定历史、文化、社会、科学、艺术、经济价值，应该给予保护的村落。传统村落保留有丰富多彩的物质文化遗产和非物质文化遗产，传承了中华民族的历史记忆，维系着中华文明的根，是极为重要的承载和体现中华民族传统文明的载体。由于我国幅员辽阔、民族众多，几千年的农耕历史为我们留下了灿烂多样的传统村落遗产。然而，随着城镇化、工业化的快速发展以及新农村建设的步伐加快，传统村落面临边缘化、表面化和简单化以及拆旧并村的直接和间接威胁，大量的传统村落日渐瓦解、空心化乃至消失（祁嘉华 等，2010）。传统村落的消失，不仅使多样化的农耕时期的物质见证消失，大量从属于传统村落的非物质文化也随之灰飞烟灭（张志勇，2013），传统村落的传承与保护引起了各界关注。早在1997年，刘沛林便提出应该像古城保护一样，建立“中国历史文化名村”保护制度，以保护“中国本土文化的源地、乡土文化的摇篮”。在国内学界的大力推动下，传统村落的保护从民间行动演变为政府主导的活动。2003年国家建设部和国家文物局出台了中国历史文化名镇名村评选方案，并从2003年开始到2019年1月分7个批次公布了入选中国历史文化名村名录的487个传统村落（见表1-1）。2012年国家住房和城乡建设部等四部委联合发布了开展传统村落调查的通知，在各地广泛调查的基础上，到2018年年底分五批次合计评选出6 819个中国传统村落作为重点保护对象（见表1-2）。

表 1-1　各批次中国历史文化名村名录公布时间与村落数量

批次	公布时间	列入名录的村落数量
第一批中国历史文化名村	2003 年 10 月 8 日	12
第二批中国历史文化名村	2005 年 9 月 16 日	24
第三批中国历史文化名村	2007 年 5 月 31 日	36
第四批中国历史文化名村	2008 年 10 月 14 日	36
第五批中国历史文化名村	2010 年 7 月 22 日	61
第六批中国历史文化名村	2014 年 2 月 19 日	107
第七批中国历史文化名村	2019 年 1 月 21 日	211

资料来源：住房和城乡建设部官网 http://www.mohurd.gov.cn。

表 1-2　31 个省、自治区、直辖市列入中国传统村落名录的村落数量

北京 22 个	辽宁 30 个	浙江 636 个	河南 205 个	广西 280 个	贵州 724 个	甘肃 54 个
天津 4 个	吉林 11 个	安徽 400 个	湖北 206 个	海南 64 个	云南 708 个	青海 123 个
河北 206	黑龙江 14 个	福建 494 个	湖南 658 个	重庆 110 个	西藏 35 个	宁夏 6 个
山西 550 个	上海 5 个	江西 343 个	广东 263 个	四川 333 个	陕西 113 个	新疆 18 个
内蒙古 46 个	江苏 33 个	山东 125 个	合计 6 819 个			

资料来源：住房和城乡建设部官网 http://www.mohurd.gov.cn。

传统村落的保护逐渐由点到面，由物质文化静态留存向非物质文化活态保持演变发展（阮仪三 等，2008），并上升到国家战略高度。2018 年的中央一号文件提出，要划定乡村建设的历史文化保护线，保护好文物古迹、传统村落、民族村寨、传统建筑、农业遗迹、灌溉工程遗产。很显然，传统村落的保护已成为我国乡村振兴国家战略的重要内容。中共中央、国务院 2018 年印发的《乡村振兴战略规划（2018—2022 年）》进一步明确了我国传统村落在乡村振兴战略中的地位。《乡村振兴战略规划（2018—2022 年）》指出：历史文化名村、传统村落、少数民族特色村

寨、特色景观旅游名村等自然历史文化特色资源丰富的村庄，是彰显和传承中华优秀传统文化的重要载体；要统筹保护、利用与发展的关系，努力保持村庄的完整性、真实性和延续性；既要切实保护村庄的传统选址、格局、风貌以及自然和田园景观等整体空间形态与环境，全面保护文物古迹、历史建筑、传统民居等传统建筑，又要尊重原住居民生活形态和传统习惯。

1.1.2 传统村落旅游开发和传统村落活态传承保持的矛盾冲突

我国现存传统村落大多经历了明清时期的乡村社会整合，存在过相互联系和相互作用的乡绅阶层与宗族势力，以及以乡绅为基础、以宗族为纽带形成的保甲制度，它们共同构成传统乡村社会的自治基石（杨海坤 等，2010）。在传统乡村自治环境下，乡绅阶层作为传统乡村社会的精英，是传统乡村社会的文化主导者。乡绅阶层和宗族力量结合，通过文化网络共同影响和维系传统乡村社会的稳定（张和清，2010；伊利贵 等，2012）。反映在村落选址上，传统村落既尊重自然又顺应自然，村落一旦开基便能保持百年甚至几百年基址稳定；反映在村落布局上，村落形态一经形成便能够相对稳定地延续，但又各具形态，如龙形、船形或牛形等村落形态，既遵循人与自然和谐的生态法则，又讲究宗法人伦秩序；反映在村落建筑上，丰富多彩的诗韵画卷的意境追求和建筑结构的空间围合，既体现村落作为生活场所的长期教化功能，又体现村落作为生活场所的环境美化功能（王东 等，2018）。因此，现存的传统村落通过物化的村落景观环境能够产生巨大的视觉冲击力，为我们带来最直观的审美体验，而蕴涵于其中的村落主题和意境则能够为我们带来深度的审美愉悦。在大众旅游背景下，传统村落因其巨大的旅游吸引力而成为旅游资源，大量的传统村落无可抗拒地由生活居住地向旅游目的地演化。特别是中国历史文化名村和中国传统村落评选活动开展实施后，传统村落可进入性提高，一些名不见经传的传统村落的知名度显著提升，传统村落旅游由此成为区域旅游发展的重要品牌和旅游发展的重要依托。本书作者从2016年开始对40个传统村镇（中国传统村落34个，中国历史文化名镇6个）展开了实地调研，在对湖南、湖北、江西和安徽四省的不同类型传统村落的实地调研中，发现一旦传统村落入选国家级传统村落名录，地方政府就会大力推动传统村落资源的开发利用（见表1-3）。旅游开发成为传统村落资源利用的重要方向，也成为传统村落活态保持的重要途径。《乡村振兴战略规划（2018—2022 年）》明确指出，传统村落、民族村寨等要加快改善村庄基础设施和公共环境，合理利用村庄特色资源，发展乡村旅游和特色产业，形成特色资源保护与村庄发展的良性互促机制。2018 年 11 月 15 日，文化和旅游部等 17 个部门联合印发了《关于促进乡村旅游可持续发展的指导意见》，该意见的出台进一步推动传统村落旅游提质增效，加快形成传统村落旅游发展的新动能。但是，由于旅游开发引发了传统村落建设性破坏、村民传统生活方式异化以及过度商业化等现象（卢松 等，2010），传统村落面临旅游影响下的社区变迁和重构问题（孙亚辉，2013）。在旅游地变迁和重构影响下如何实现传统村落活态传承与保持，是关系到旅游背景下中国传统农耕文化遗产能否传承的重大课题。

表 1-3　实地调研的传统村落旅游业发展状态

传统村落名称	入选两类名录的批次	旅游业发展状态	调研时间
湖南省岳阳县张谷英村	第一批中国历史文化名村	政府主导、社区参与	2018 年
安徽省黟县西递村	第一批中国历史文化名村	政府主导、社区参与	2018 年
安徽省黟县宏村	第一批中国历史文化名村	企业主导、社区参与	2018 年
江西省乐安县流坑村	第一批中国历史文化名村	政府主导、社区参与	2017 年
湖北省武汉市大余湾村	第二批中国历史文化名村	企业主导、社区参与	2017 年
江西省高安市贾家村	第三批中国历史文化名村	社区主导	2017 年
湖南省会同县高椅村	第三批中国历史文化名村	政府主导、社区参与	2017 年
湖南省江永县上甘棠村	第三批中国历史文化名村	政府主导、社区参与	2017 年
湖南省永州市干岩头村	第三批中国历史文化名村	政府主导、社区参与	2017 年
江西省宜丰县天宝村	第四批中国历史文化名村	政府主导、社区参与	2017 年
安徽省黟县南屏村	第四批中国历史文化名村	企业主导、社区参与	2018 年
湖南省辰溪县五保田村	第五批中国历史文化名村	社区开始参与	2017 年
湖南省双牌县坦田村	第五批中国历史文化名村	社区开始参与	2017 年
湖南省祁阳县龙溪村	第五批中国历史文化名村	社区开始参与	2017 年
湖北省赤壁市羊楼洞村	第五批中国历史文化名村	社区开始参与	2017 年
湖南省江永县兰溪村	第六批中国历史文化名村	政府主导、社区参与	2017 年

续表

传统村落名称	入选两类名录的批次	旅游业发展状态	调研时间
安徽省黟县卢村	第六批中国历史文化名村	企业主导、社区参与	2017 年
湖北省武汉市泥人王村	第一批中国传统村落	企业主导、社区参与	2017 年
江西省安义县罗田村	第一批中国传统村落	企业主导、社区参与	2017 年
湖南省浏阳市楚东村	第二批中国传统村落	政府主导	2017 年
湖北省孝昌县小河村	第二批中国传统村落	社区开始参与	2017 年
江西省安义县古村群	第三批中国传统村落	企业主导、社区参与	2017 年
湖北省崇阳县回头岭村	第三批中国传统村落	开始有游客活动	2017 年
湖南省新化县正龙村	第三批中国传统村落	政府主导、社区参与	2017 年
江西省宜丰县平溪村	第四批中国传统村落	社区开始参与	2017 年
湖北省武汉市罗家岗湾	第四批中国传统村落	旅游尚未起步	2017 年
湖北省通城县大埚村	第四批中国传统村落	政府主导	2017 年
湖北省通城县内冲瑶族村	第四批中国传统村落	社区主导	2017 年
湖南省湘乡市壶天村	第四批中国传统村落	旅游尚未起步	2018 年
湖南省汨罗市长新村	第四批中国传统村落	政府主导、社区参与	2016 年
湖南省汨罗市新市村	第四批中国传统村落	政府主导、社区参与	2016 年
湖南省平江县黄桥村	第四批中国传统村落	政府主导	2016 年
湖南省嘉禾县雷公井村	第四批中国传统村落	政府主导、社区参与	2016 年
湖南省新化县楼下村	第四批中国传统村落	社区开始参与	2017 年

注：表中调研的中国历史文化名村均入选了中国传统村落名录。

1.1.3 社区变迁和重构趋势下传统村落活态保持对多学科融入的迫切要求

因为传统要素的活态保持，传统村落不同于一般的村落，主要体现在三个方面：

第一，传统村落的传统建筑风貌相对完整，历史建筑、乡土建筑和文物古迹等建筑在村内集中连片分布，能够较完整地体现一定历史时期的传统风貌。

第二，村落选址和格局保持传统特色，具有明显的传统特色和地方代表性，充分利用了自然环境，与生产生活的维系密切相关，反映了特定的历史文化背景。这也就是说，村落格局鲜明体现有代表性的传统文化，鲜明体现有代表性的传统生产和生活方式，且村落整体格局保存良好。

第三，传统村落的非物质文化遗产活态传承。传统村落拥有较为丰富的非物质文化遗产资源，民族特色或地域特色非常鲜明，传承形势良好，至今仍然能够活态延续。

有鉴于此，本书基于新经济社会学视野，引入网络嵌入理论、社会资本理论、社会交换理论和服务创新理论，探讨传统村落知识获取机制、旅游创新及创新演化机制，试图构建旅游创新演化基础上的传统村落社区重构逻辑，希望为旅游影响下的传统村落活态传承与保持提供理论借鉴。本书认为，网络嵌入下的传统村落旅游地具有自组织机制，社区自组织基础上的旅游创新是传统村落旅游地旅游业可持续发展的关键，旅游创新演化基础上的社区重构则是传统村落旅游地社区稳定发展的保障。本书对传统村落创新演化机理的探讨，将有助于理解创新主体的网络嵌入机制，有助于传统村落旅游创新意识的培育与创新能力的提高，使创新与创新演化成为传统村落旅游地演化的显性力量。本书围绕旅游创新演化的分析，将为自组织演进下传统村落旅游开发与保护协调机制的建立提供新的理论依据，为旅游影响下面临社区变迁与社区重构严峻问题的传统村落的活态传承与保护管理提供理论借鉴。

1.2 国内外相关研究动态

传统村落是中国特有的一种说法，国外学界并没有直接对应的名词（邱扶东等，2016）。但在2012年之前，国内相关文献中有关传统村落的称谓常常以“古村落”这一名称出现；2012年后，因为住房和城乡建设部等四部委组织全国性传统村落调查以及“中国传统村落名录”实施评审，国内“传统村落”之名逐渐取代了原来的“古村落”之名（冯骥才，2013）。国外与传统村落相关的研究主要体现在古村镇以及文化遗产地保护等多个研究领域。纵观国内外传统村落研究，发现国外传统村落旅游研究可追溯至20世纪50年代，缘起于第二次世界大战后发达国家乡村旅游引起的学界对传统村落旅游影响的关注。20世纪90年代之前国外研究进展较慢，20世纪90年代之后跨文化研究增多，研究视角产生分化，主要有影响研究、社区研究、体验研究与发展模式研究。国内研究则缘起于“古村落旅游热”。

因为国内传统村落的独特魅力对潜在游客旅游动机的激发，大量的传统村落由传统乡村社区向传统村落旅游地演化。国内研究起步虽晚但发展迅速，20 世纪 90 年代前期，传统村落旅游资源价值得到肯定但尚未进入国内旅游研究主流；2000 年左右，传统村落旅游不仅成为国内旅游研究的重要对象，还取得了丰硕成果。伴随传统村落旅游演进，国内传统村落旅游地变迁与社区重构问题引起了学界广泛关注，相关研究体现在以下几方面。

1.2.1　对传统村落旅游地社区居民主体的研究

其研究视角主要包括传统村落旅游地社区居民态度和社区旅游参与两个方向。如卢松等（2009）的社区居民生活满意度形成机制研究，庄晓平等（2012）的社区居民的制度伦理诉求研究，王纯阳等（2014）的社区居民旅游发展态度的形成机制研究，唐晓云（2015）的传统村落居民主体因素与旅游社会文化影响感知、社区发展满意度及行为倾向之间关系研究是社区居民感知研究方面的典型。对社区旅游参与的研究更是备受学界关注，研究兴趣点主要有传统村落旅游地社区参与模式（雷海燕 等，2007；彭思涛 等，2009；蒋海萍 等，2009；谢晶晶 等，2018）、社区参与机制（颜亚玉 等，2008；蔡碧凡 等，2013）和社区参与效度评价（张志森 等，2016）等多个视角，特别是针对传统村落社区居民在旅游参与上的弱权力地位的研究，研究者引入增权去权理论提出了传统村落社区居民的有效增权途径（翁时秀 等，2011；洪霞芳，2012；王纯阳 等，2013）。

1.2.2　围绕可视或可感知的传统村落变迁趋向的研究

围绕可视或可感知的传统村落变迁趋向的研究主要沿物态环境变迁、社会文化变迁等方向展开。Nepal（2007）、Harrison（2007）、王茵茵等（2013）对传统村落旅游城镇化现象，朱宏莉等（2012）对传统村落旅游空心化现象分别进行了探讨；吴忠军等（2013）从居民感知视觉角度，综合运用因子分析法和田野观察法，探讨了苗寨文化景观的变迁；王帆等（2007）运用涵化理论和统计分析法，研究了旅游影响下传统村落社会文化的变迁及其深层原因；吴爱华（2011）研究认为，在旅游影响下，民族村落社会变迁表现为传统生计方式和生活方式的改变，新的地缘和业缘社会组织的形成，服务观念和传统价值观的转变以及民族民间文化的复兴。

李耀锋（2013）从心理、社会关系和权力等3个层面分析了旅游地居民社会生活的变迁。

1.2.3 对传统村落旅游地社区重构机制的解译

余汝艺等（2013）引入生态位理论与物种入侵理论，解释了传统村落旅游空间秩序重组机制；席建超等（2014）从时间角度探讨了旅游村落社会空间的微尺度重构和“空间极化”，认为传统村落将逐渐从“乡土社会”聚落演变成为以经济利益为纽带的旅游服务型社区；林祖锐等（2015）以系统论和协同学作为指导思想，研究了旅游影响下传统村落的整合与重构。Medina（2003）研究发现，旅游带来的原真性恢复是传统村落旅游地社区重构的关键。

总的来说，有关传统村落旅游地变迁与社区重构的研究已经有了较多的成果，案例研究、实证研究与多学科渗透是当前研究的主要特点。但是，对于传统村落旅游地变迁与社区重构机制，学界缺乏旅游创新衍生视角的分析，对传统村落旅游地变迁与社区重构中的创新能动性认识不够；有关传统村落旅游创新的研究局限于规划设计阶段，对传统村落旅游地自组织旅游创新现象的研究尚不系统。如吴文智等（2003）、谭春霞等（2009）关于“传统村落旅游产品的设计与创新”的研究，于苏建（2009）关于“传统村落旅游开发转型与业态模式创新”的研究，石朝平（2013）关于“屯堡文化旅游开发创新”的研究，包晓莉等（2015）关于“旅游背景下传统村落文化传承和创新”的研究，陈小春（2014）关于“古村镇休闲旅游创新发展的驱动力”的研究，均是从规划设计的角度展开的研究，属于他组织研究视角；仅有李燕妮等（2013）针对“民族村寨旅游发展中节庆活动的传承与创新”的研究中，对传统村落旅游地创新现象进行了分析。关于“传统村落旅游创新演化”的研究成果则尚未出现。事实上，旅游创新潜藏于大量的传统村落旅游经营管理活动过程中，因为经济学意义上的“创新”不同于发明，经济学意义上的“创新”是发明的第一次商业化，是将新的解决问题的方法与思想引入现实状况中实践的过程。传统村落由乡村社区演化为旅游地后，旅游产品在传统村落的出现是传统村落产品输出上的根本性创新，但随之衍生的服务创新演化与体验创新演化成为传统村落旅游地演化的主导力量。传统村落旅游地演化本质上是网络嵌入下旅游创新演化的结果。旅游创新演化及建立在旅游创新演化基础上的社区重构能够实现传统村落旅游地的可持续发展。但目前，网络嵌入、社区重构与传统村落旅游地旅游创新演化的内在机制并不清晰。本书拟在新经济社会学视野下，试图对此展开深入系统的研究。

1.3　研究框架

1.3.1　主要研究内容

传统村落旅游地是传统乡村社区与现代旅游服务融合创新的结果，具有显著的能动性、文化体验性与小微型旅游企业集聚性。本书以传统村落旅游地为研究对象，围绕网络嵌入、社区重构与传统村落旅游创新演化的逻辑关系展开研究，以网络嵌入下传统村落旅游自组织演化机制、传统村落旅游创新及旅游创新演化机理、网络嵌入下传统村落旅游地社区权力分异机制、旅游创新演化基础上的传统村落旅游地社区重构及其影响机制为研究重点，构建了本书的总体研究框架（见图 1-1）。

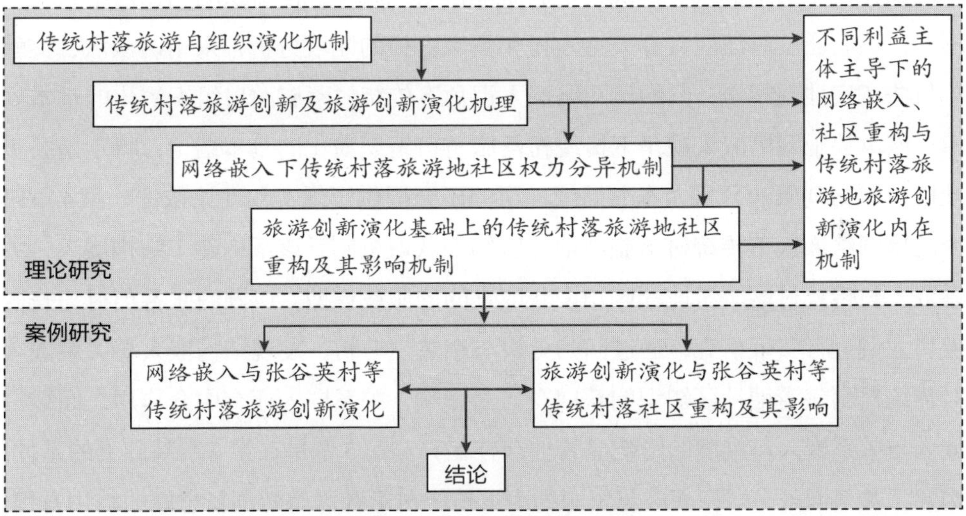

图 1-1　本书的总体研究框架

围绕上述研究框架，本书的研究内容具体组织如下：

第 1 章为本书的绪论部分。该部分首先分析了本书的选题依据，综述了国内外相关研究动态，然后分析了本书的研究难点、创新之处、研究思路和研究方法，最后讨论了传统村落旅游案例的选择依据并介绍了案例地的基本情况。

第 2 章为本书研究的理论基础部分。基于传统村落面临突出的社区变迁与重构问题的现状，本书认为，传统村落活态传承与保持必须建立在传统村落社区原有生活空间延续的基础上，旅游背景下的传统村落社区参与必然成为传统村落变迁与重构的重要推动力量，因而本书引入新经济社会学理论，并以新经济社会学两大核心理论之一的网络嵌入理论为基石，整合社会资本理论、社会交换理论与服务创新理论，进行本书的主要研究。

第 3 章至第 7 章为本书的主要研究部分，围绕网络嵌入下传统村落旅游地社区旅游自组织与旅游创新及旅游创新演化的相关问题进行研究，为本书第 8 章关于传统村落旅游地社区重构机制的研究奠定基础。第 3 章至第 6 章属于自我中心社会网络分析视角，第 7 章则属于整体网络分析视角。其中，第 3 章重点研究了网络嵌入视角下传统村落旅游自组织演化机制。该章首先论证了旅游背景下传统村落多重网络嵌入性与多重网络嵌入下传统村落旅游地的信任机制与变迁机制，在此基础上分析了网络嵌入下传统村落旅游地自组织条件、自组织动力和自组织表现形式，然后通过对江西宜春天宝古村和贾家古村的比较分析，采用访谈法、文献分析法和实地观察法，归纳出网络嵌入视角下传统村落旅游自组织演化的基本规律。该章关于网络嵌入视角下传统村落旅游自组织演化的基本结论，特别是关于社区自学习现象的分析为本书后续几章的研究提供了现实和理论依据。第 4 章研究的是网络嵌入下传统村落旅游地社区知识获取机制。该章构建了结构嵌入、关系嵌入与传统村落旅游地社区知识获取之间的假设模型，以湖南张谷英村与安徽宏村为例进行实证研究，通过回归分析与相关性分析，发现结构嵌入与关系嵌入对传统村落旅游地社区知识的获取有显著影响，关系嵌入还有中介作用，而结构嵌入与关系嵌入各维度的影响显著性存在差异。第 5 章是在第 4 章基础上的延伸，构建了关系嵌入、知识获取与资源约束下传统村落社区旅游创新意愿的结构方程，通过对湖南张谷英村与安徽宏村进行实证研究，发现关系嵌入对资源约束下传统村落社区的旅游创新意愿影响明显；关系嵌入的各维度中，社区嵌入是最重要的推动因素，政治嵌入有显著的间接作用；对案例地比较后发现，伴随社区旅游参与度提高与外来成员增加，传统村落社区旅游创新意愿形成机制的顺利实现可能会面临一些干扰。第 6 章进一步分析了传统村落社区旅游的创新演化及其形成机制。该章以张谷英村为案例地，通过回溯构建张谷英村社区旅游创新年谱，辨识了张谷英村社区旅游创新演化路径；采用扎根理论方法，识别了网络嵌入下张谷英村社区旅游创新演化的认知基础和认知维度。该章的研究发现为传统村落旅游地社区重构机制研究提供了切入点。第 7 章试图探究传统村落旅游地社区网络关系和网络结构变迁机制，揭示传统村落旅游地社区社会咨询网络运行机理。该章以张谷英村社区内部咨询网络为基础，基于整体网络视角对其进行社会网络分析，发现传统村落旅游地社区咨询网络集中化趋势明显，且社区社会网权力分异呈金字塔形结构。旅游实践活动既是传统村落旅游地社区成员能力展现的重要平台，也是社区社会网权力分异体现的重要平台。该章的研究结论也为传统村落旅游地社区重构机制研究提供了另一个切入点。

第 8 章为本书的关键性研究内容，解决的是网络嵌入和旅游创新演化视角下传统村落旅游地的社区重构机制问题。基于第 3 章至第 7 章的研究结论与研究，该章以社区自学习引发的社区认知重构与社会网权力分异作为主要切入点，研究了网络嵌入与旅游创新演化视角下传统村落旅游地社区重构机制问题。该章首先划分了前旅游时期和旅游时期，分析了产业网嵌入演变、政治网嵌入演变、社区社会网嵌入演变下传统村落旅游地的社区重构机制和社区重构特征；然后探讨了旅游创新演化对传统村落旅游地社区重构的影响机制与路径，并对不同利益主体主导下的传统村落旅游地社区重构机制进行了比较，指出社区旅游创新演化对传统村落旅游地社区重构既产生直接作用，又产生中介作用，能够对网络嵌入的影响产生正强化和负强化。最后，该章以张谷英村旅游地作为社区重构的实例，从社区景观重构与空间重构、社区旅游经营秩序重构、社区要素活化等几个方面重点分析了案例地社区重构现象，特别指出了生活居住功能的激活与活化使张谷英村社区凝聚力提升，也为张谷英村更多的传统村落要素活化提供了空间场所与文化环境，有助于形成村落良性循环格局。在自组织学习机制下，张谷英村的社区旅游创新能力得到提升，社区旅游创新及其旅游创新演化对张谷英村社区未来重构趋势的影响将会日益明显。

第 9 章为本书的结论与展望部分。该章总结了本书的主要研究结论，剖析了本书研究给管理实践带来的启示，基于本书研究的不足展望了未来的研究方向。

1.3.2 研究难点

（1）由于旅游创新的多维度性，传统村落旅游创新概念的界定及旅游创新演化的研究，无疑是本书的一大难点。

（2）新经济社会学视野下的社区重构与传统村落旅游创新演化研究，需要融合多种理论，是本书面临的另一个挑战。

（3）旅游创新潜藏于旅游经营管理活动中，但又不同于旅游经营管理活动，因此揭示旅游创新演化对传统村落旅游经营管理新秩序的驱动机理，及其对传统村落旅游地社会空间与物理空间的影响，也是本书的一大难点。

1.3.3 主要目标

本书的主要目标是，通过研究，提出传统村落旅游地的多重网络嵌入机制，揭示传统村落旅游产品的创新演化机理、旅游服务创新演化机理与旅游体验创新演化机理以及网络嵌入的影响方式与模式，探寻旅游创新演化基础上的传统村落旅游地社区重构机制及其影响路径。

1.4 研究思路、研究方法、特色与创新之处以及研究价值

1.4.1 研究思路

本书在新经济社会学视野下，以网络嵌入理论为基石，整合服务创新理论、社会交换理论与社会资本理论，围绕网络嵌入、社区重构与传统村落旅游创新演化的逻辑关系展开研究；综合应用网络分析法、实地观察法等方法，以多个处于生命周期不同阶段的传统村落作为案例，研究旅游影响下的传统村落旅游地网络嵌入机制、网络嵌入下传统村落旅游自组织演化、知识获取与旅游创新意愿形成机制；通过识别、整理潜藏于传统村落旅游地的社区旅游创新现象，构建传统村落社区旅游创新年谱，揭示传统村落社区旅游创新演化路径及其形成机制。本书通过整体网络视角下的传统村落旅游地咨询网络结构与社区权力分异研究，探索网络嵌入下传统村落旅游地社区社会网运行机理。本书以认知重构与社区权力分异作为切入点，研究旅游创新演化基础上的传统村落旅游地社区重构机制。本书研究的技术路线如图 1-2 所示。

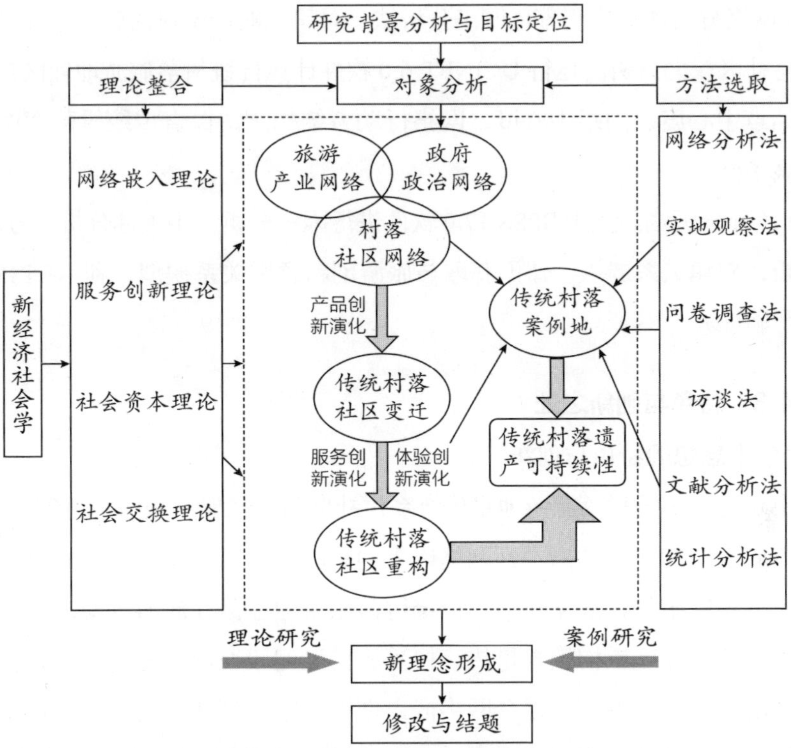

图1-2 本书研究的技术路线

1.4.2 研究方法

(1) 文献分析法与实地观察法互为补充。将文献分析法与实地观察法互为补充，整合国内外相关理论，跟踪国内传统村落旅游创新研究进展，获取包括张谷英村在内的，分别由企业、社区与政府主导的国内典型传统村落旅游地旅游创新现状资料，为本书的深入研究提供理论与现实支持。

(2) 问卷调查与访谈相结合法。综合应用半结构访谈法、问卷调查法识别传统村落旅游地社区网络、知识获取、旅游创新意愿、旅游创新类型、创新信息来源、创新年谱、关键创新主体及其网络嵌入模式；应用深度访谈法重点调研张谷英村旅游创新主要发起者，分析张谷英村旅游产品创新、服务创新与体验创新的演化动因与特征，研究张谷英村旅游地网络嵌入对旅游创新演化的影响路径与模式；在深度访谈的基础上应用扎根理论方法，运用编码识别传统村落旅游创新的认知基础和认知维度，分析旅游影响下传统村落的社区重构机制。

(3) 网络分析法。应用整体网络分析法，对研究的传统村落旅游地社区进行网络结构与社区权力分析。运行 UCINET 6.0 软件计算传统村落旅游地社区社会网络规模、结点中心度、间距中心度、网络行动者结构洞，探查传统村落案例地的社会网凝聚子群。

(4) 统计分析法。运用 SPSS 17.0 软件进行因子分析、相关性分析、方差分析、回归分析；构建关系嵌入、知识获取与旅游创新意愿关系模型，利用 LISREL 8.7 软件进行验证。

1.4.3 特色与创新之处

1．学术思想的特色与创新

本书认为，传统村落旅游地是传统乡村社区与现代旅游服务融合创新的结果，传统村落旅游地的能动性离不开网络嵌入的影响；网络嵌入下传统村落旅游地必然进入自组织旅游创新演化轨道；传统村落旅游地社区在旅游创新演化基础上将走向重构，这种社区重构模式是传统村落旅游地健康发展的标志。因此，本书主张在新经济社会学视野下，整合网络嵌入理论、服务创新理论、社会资本理论与社会交换理论，从旅游创新演化的角度揭示潜藏于传统村落旅游地的演化机理，以及旅游创新演化基础上的传统村落旅游地社区重构机制，这是传统村落旅游地变迁与社区重构研究方面的一个全新课题。

2．学术观点的特色与创新

本书提出、创设并验证完成的学术观点有：

⑴ 网络嵌入下社区参与旅游创新及其旅游创新演化是传统村落旅游地发展的新动力来源。本书将旅游创新视为网络嵌入下传统村落旅游地的自组织活动与过程，认为传统村落在由传统乡村社区向旅游地演化的过程中，存在旅游产业网络、政府政治网络与传统村落社会网络之间的多重嵌入，网络嵌入下的传统村落旅游创新演化具有纠错功能，是传统村落旅游地社区重构的力量来源。

⑵ 传统村落旅游地社区旅游创新演化具有可遵循的基本路径。传统村落旅游地社区旅游创新演化过程可细分为旅游产品创新演化、旅游服务创新演化与旅游体验创新演化3个维度。创新演化的基本路径是旅游产品创新演化→旅游服务创新演化→旅游体验创新演化。

(3) 社区旅游参与活动是传统村落旅游地社区社会网权力形成的重要平台。整体网络视角下的传统村落旅游地社区社会网权力分异呈金字塔形结构。传统村落社区旅游参与者往往能够成为社区社会网权力分异顶端的少数成员，成为社区社会网基础派系的核心成员，推动传统村落旅游地社区社会网运行。

(4) 网络嵌入下社区自适应与自学习机制的形成或保持是传统村落旅游地非物质文化活态传承的保障。社区是传统村落旅游地非物质文化的活载体，社区自学习现象贯穿在传统村落旅游地社区知识获取、社区旅游创新意愿形成、社区旅游创新演化以及社区重构等一系列过程中。社区自适应和自学习既是网络嵌入下传统村落旅游地自组织演化的资源基础，又是传统村落旅游地非物质文化活态传承和保持的条件。

3．研究方法的特色和创新

本书在文献分析、横向案例与纵向案例调查比较的基础上得出一般性结论，然后在深度研究重点案例的基础上提升本书的研究深度；应用网络分析法，运用 UCINET 软件对存量关系网络进行准确定位，也是本书的一大特色。

1.4.4　研究价值

1．学术价值

本书将旅游创新视为网络嵌入下传统村落旅游地的自组织活动过程，探究了传统村落旅游地社区旅游创新演化路径，厘清了传统村落旅游地社区社会网运行机制，揭示了创新演化基础上的传统村落旅游地社区重构机理，为深化传统村落旅游地社区重构研究提供了社区微观视角的理论依据与思路。

2．应用价值

旅游背景下传统村落社区必然走向重构，但能否可持续发展，是关系到旅游背景下中国传统农耕文化遗产能否传承的重大课题。本书围绕网络嵌入→旅游创新演化→社区重构这一思路展开研究，其应用价值体现在：

(1) 有助于传统村落旅游创新意识与创新能力提高，使创新与创新演化成为传统村落旅游地演化与社区重构的显性力量。

(2) 有助于传统村落非物质文化活态传承与保持机制的建立，为旅游背景下中国传统农耕文化遗产传承奠定坚实基础。

（3）有助于传统村落旅游地社区预警机制的建立，为地方政府规制的完善和实施提供有力支持。

1.5 案例地选择与案例地概况

1.5.1 案例地选择

从2016年7月开始到2018年6月，笔者广泛调研了各类传统村镇，包括表1-3所列的34个传统村落，还包括湖南的靖港古镇、文家市镇和聂市镇（前者为第四批中国历史文化名镇，后两者为第七批中国历史文化名镇），湖北的周老嘴镇、程集镇和瞿家湾镇（前者为第二批中国历史文化名镇，后两者为第三批中国历史文化名镇），共计40个传统村镇。笔者在调研中感受到了传统村镇所蕴含的文化魅力，也感受到了地方政府、社区居民和旅游企业对传统村镇旅游开发的热情。与传统名镇相比，传统村落大多位于交通网络的末端，但交通阻隔挡不住游客的旅游步伐，传统村落成为旅游目的地的同时，也成为当代人的乡愁释放之地。根据本书对传统村落旅游地的研究需要，笔者从所调研的传统村落中选择第一批中国历史文化名村湖南省岳阳县的张谷英村、安徽省黟县的宏村以及同样入选了中国历史文化名村名录的江西省宜丰县天宝古村和高安市贾家古村等4个传统村落作为案例地（见表1-4）。从旅游地生命周期角度来看，安徽宏村处于成熟阶段，湖南张谷英村处于成长阶段，而江西天宝古村和贾家古村则处于初始阶段（见图1-3），因此本书选择上述4个传统村落作为案例地，以使研究成果能够为传统村落活态传承与保护的管理实践提供更实在的理论依据。

表1-4 各案例地研究重点

案例地	研究重点
张谷英村	网络嵌入下传统村落社区知识获取机制、社区旅游创新演化机制，关系嵌入下社区旅游创新意愿形成机制，整体网络视角下社区咨询网络分析，社区重构机制
宏村	网络嵌入下传统村落社区知识获取机制，关系嵌入下传统村落社区旅游创新意愿形成机制
贾家古村	网络嵌入下传统村落旅游地自组织演化机制
天宝古村	网络嵌入下传统村落旅游地自组织演化机制

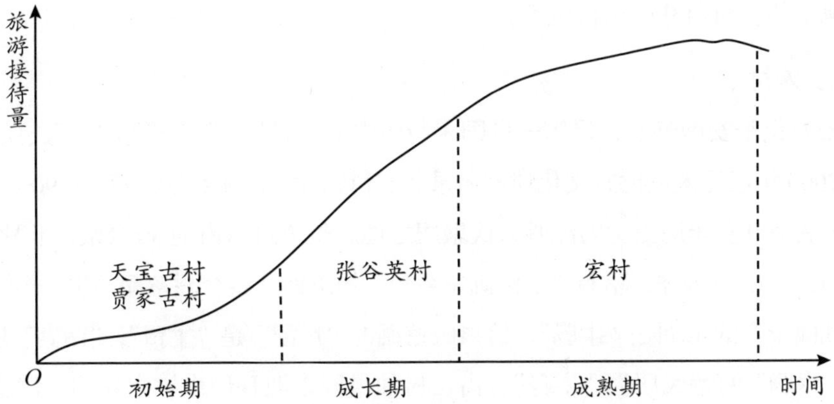

图1-3 案例地在旅游地生命周期中所处演化阶段

1.5.2 案例地概况

1．张谷英村

张谷英村是第一批国家级历史文化名村、第一批国家级传统村落。村落形成于明清时期，是由具有600多年繁衍发展历史的张谷英后裔聚族而居所形成的血缘村落。村落特色鲜明，村落建筑自开基后持续发展，完整保持了明清时期的建筑风格。村落总建筑面积达5.1万平方米，现保存完好的有当大门、西头岸、王家塅、石大门、枫树屋、东头岸、上新屋等建筑群，其中主体建筑群沿龙形山延伸，与龙形山一起构成龙形村落形态，如当大门构成龙嘴、上新屋构成龙尾。建筑总体布局依地形呈干枝式结构，主堂与横堂皆以天井为中心组成单元，由主堂与横堂构成的主、次轴线将所有家庭住宅有序组织成片，使建筑具有极好的生活居住功能。张谷英村经历600余年的繁衍发展，至今仍生活有2 000多张氏族人，形成了具有明显地方特色的民俗文化。2001年该村被评为全国文物保护单位，2003年又成为第一批12个国家级历史文化名村之一。张谷英村于1989年被外界发现，在随后的1991年旅游业开始萌芽，先后经历了社区主导、企业主导和政府主导的旅游开发模式。目前村内有村民家庭619户，参与旅游接待的有70多户。2018年年底，张谷英村年接待各类游客达30万人次。张谷英村已由生活居住地演化为传统村落型旅游目的地，在国内众多的传统村落中具有一定代表性。本书选择张谷英村作为重点案例地，对其进行深入研究，以揭示传统村落旅游创新演化机理、旅游影响下传统村落社区重构机理。

2．宏村

宏村位于安徽黟县，是第一批国家级历史文化名村、第一批国家级传统村落，早在2000年已经入选世界文化遗产名录。宏村始建于南宋绍熙年间（1190—1194），距今已有800多年历史，为汪姓人氏聚居之地。整个村落占地30公顷，北枕雷岗，南面南湖，山清水秀，享有“中国画里乡村”的美称。整个村落呈“牛”形结构布局，九曲十弯的水圳是“牛肠”，傍泉眼挖掘的“月沼”是“牛胃”，“南湖”是“牛肚”，“牛肠”两旁民居为“牛身”。古宏村独具匠心地开仿生学之先河，建造出堪称“中国一绝”的人工水系。宏村古民居以正街为中心，街巷蜿蜒曲折。宏村现有保存完好的明清民居140余幢，还有保存较好的书院和祠堂等公共设施。民居大多为二进院落，院内私家园林设计精美。宏村具有徽派建筑的典型特征，远看白墙青瓦马头墙，与自然山水融合，近看各类建筑雕饰繁复精美，木雕、砖雕和石雕等具有极高的艺术价值。宏村现有住户400多户，村民1 380余人。宏村旅游可追溯至1986年，经历了政府主导与外部企业主导的旅游发展模式。截至2017年年底，宏村年接待游客达200多万人次，已发展成为高度成熟的传统村落型旅游目的地，在国内传统村落中最具代表性。本书以其为案例地并结合张谷英村展开研究，可以很好地揭示关系嵌入下传统村落旅游创新机制。

3．贾家古村

贾家古村是第三批国家级历史文化名村、第一批国家级传统村落，位于江西省宜春市高安市新街镇，是景贤行政村内贾氏家族聚族而居的血缘村落，又名畲山贾家。高安贾氏十七世孙贾季良于明洪武初年定居畲山，距今已有600多年历史。古村按八卦理念布局，坐北朝南，以贾氏宗祠为中心，分“关内”与“关外”两部分，有8座关门与环村主巷道相连，村内64条街巷均由石板青砖铺设。古村现有古建筑300余栋，其中元明时期建筑有140多栋，属典型的赣派建筑风格。畲山贾家为官宦之家和经商旺族，文化昌盛，明清时期进士、举人有19人。贾家古村原有居民近3 000人，现大部分人已从古村搬出，目前在古村生活居住的居民多为老年人。但贾家古村的保护从20世纪80年代中期就开始了，贾家古村旅游发展经历了由自组织走向内部他组织的演化过程，其旅游发展还处于初始阶段。

4．天宝古村

天宝古村是第四批国家级历史文化名村、第一批国家级传统村落，位于江西省宜春市宜丰县天宝乡。天宝古村是刘氏家族聚族而居形成的血缘村落。该村落所涉范围较大，内部又划分出辛联村与辛会村两个行政村。天宝古村曾作为古宜丰县治所在地，至今已有1 800多年历史。宋光宗绍熙元年（1190），天宝墨庄刘氏始祖刘椿定居于此，繁衍后代至今800多年。古村遵循自然山水之势，按船形布局东西延伸，以青砖灰瓦马头墙为特色，属赣派建筑风格。天宝古村现保存有明清房屋170多栋，古石板路7 375米，古巷43条，长1 490米古城墙一道，还有遍布村落的古井36眼。天宝古村不仅环境优美，且文化底蕴深厚，自天宝刘氏开基以来光进士就有22名，至今还留存皇家赐匾25块。古村生活气息浓，村内现有居民3 000多人。从20世纪90年代初开始，天宝古村进入了保护与旅游开发之路。虽然天宝古村经历了他组织介入下走向自组织的演化过程，但其旅游业仍处于起步阶段。本书选择天宝古村和贾家古村作为案例地，目标是探究网络嵌入下传统村落的旅游自组织演化机制。

第2章　研究的理论基础

传统村落活态保持需要建立在传统村落社区生活空间延续的基础上。旅游背景下的传统村落社区受多种社会关系影响，处于交通末端的传统村落社区居民个体行动不再是孤立的原子式行动，传统村落旅游地社区变迁与重构问题因此更加复杂，传统村落活态传承与保持面临着重大挑战。从多学科视角分析处于社区变迁与重构中的传统村落社区旅游参与现象，研究社区旅游创新及其旅游创新演化基础上的传统村落社区重构机制，是解决传统村落旅游地活态传承问题的有效途径。经济社会学是生活中的社会学，它将人们的现实互动放在核心地位；新经济社会学更是将嵌入性作为其核心理论，从持续存在的人际关系网络视角分析经济行动（格兰诺维特 等，2014）。因此，本章在新经济社会学视野下，以嵌入性理论为基石，整合社会资本理论、社会交换理论和服务创新理论，构建关于社区旅游参与、社区旅游创新及社区旅游创新演化基础上的传统村落社区重构问题的研究理论基础。

2.1　新经济社会学

2.1.1　经济社会学复兴

在亚当·斯密发表《国富论》的时代，经济的主题与社会的主题几乎没有截然分开，但在19世纪中叶“经济人”概念产生后，英国的抽象—演绎视角的研究方法在与德国的经济—社会视角的研究方法争论中取得决定性胜利，从此经济学视野下的经济学和社会学的对立一直占支配地位。经济学家认为，如果没有一系列简化的假设，使用非社会的研究方式，经济学就无法取得最大的进步。这种将经济学和其他社会科学人为分离的行为引起了其他社会科学家特别是社会学家的质疑，并引发了社会学家对经济问题的研究探讨。早在 19 世纪 30 年代，创造了“社会学”术语的社会学者——奥古斯特•孔德便批评经济学太过抽象（格兰诺维特 等，2014）。埃米尔·涂尔干持同样的立场，并批评了经济学家将其主题孤立于任何社会的事物的倾向。19 世纪后期和 20 世纪初期，卡尔·马克思、埃米尔·涂尔干、马克斯·韦伯、格奥尔格·齐美尔等社会学家分别从支配与权力、团结与不平等、结构与行动、意识形态与文化等不同角度，探讨了经济与更大的社会之间的关系，研究了商品及服务的生产、分配和消费等相关问题，奠定了早期经济社会学的基础。但后续的理论发展偏离了这种研究视角。20 世纪 30 年代，塔尔科特·帕森斯在重新诠释经济社会学的经典理论后，将经济学和社会学区分开来，认为经济学主要研究经济运行方式，社会学主要研究支撑经济行动的价值导向。从理论上来看，帕森斯主义不鼓励社会学家开展社会学和经济学的理论对话。因此，社会学家此后越来越回避经济学主题。尽管 20 世纪 50 年代帕森斯和他的学生尼尔·斯梅尔塞在某种程度上彻底改变了这种观点，且在 20 世纪 60 年代帕森斯主义也受到批评，但社会学家还是转向了较狭窄的研究领域，对经济生活不再进行系统而综合的社会学研究（纪廉 等，2006）。

从 20 世纪 60 年代开始，在哈佛大学哈里森·科伊尔·怀特的结构式范式研究推动下，统一的社会网络研究工具得到广泛应用，并使社会网络分析在 20 世纪 70 年代末被社会科学家普遍承认（弗里曼，2008）。由于社会网络分析法的广泛引入以及相关学科的融合发展，20 世纪 80 年代，经济社会学作为一门学科再次兴起（陆德梅 等，2003；李淼 等，2004）。在经济社会学再次兴起复苏的过程中，一系列与社会网络分析相关的论文被认为发挥了重要作用，特别是马克•格兰诺维特的《经济行动与社会结构：嵌入性问题》一文，被誉为“新经济社会学”的宣言，点燃了经济社会学复兴之火（张其仔，2001）。格兰诺维特认为，经济学家分析的最薄弱之处是忽视社会结构并将社会化约为孤立的个人，社会学家应努力将经济行动嵌入社会结构也就是人际关系网络中。受格兰诺维特的嵌入性论文的鼓舞，许多社会学家表现出对经济社会学的极大兴趣，各种研究成果很快出现了（格兰诺维特 等，2014）。因此可以说，新经济社会学的出现推动了经济社会学的复兴；而经济社会学的复兴又使原来彼此隔绝、各自在狭窄道路上发展的组织社会学、文化社会学、社会分层研究和发展社会学走向综合，在全球化与经济现象复杂化的趋势下，经济社会学形成了系统且相对成熟的理论路向（纪廉 等，2006）。

2.1.2 新经济社会学的基本原理

新经济社会学的产生推动了经济社会学复兴，并使经济社会学以崭新的面貌再现。格兰诺维特将新经济社会学的历史界定在1970年之后，认为1890年至1970年这个时期的经济社会学属于古典时期（张其仔，2001）。这种新旧之分只是从时间上进行的划分。实际上，新经济社会学与旧经济社会学有明显的区别，最明显的是两者对待正统经济学的态度，后者对正统经济学多采取恭敬的态度，前者则持不太恭敬的态度，并认为其对正统经济学的看法在某些情况下可以取代经济学的解释。新经济社会学与旧经济社会学的另一重要区别是对嵌入在社会网络中的经济行为的看法不同，前者认为社会网络中的嵌入从根本上来看就是经济结果产生的部分原因，而不是微不足道的（李淼 等，2004）。但新经济社会学并没有试图否定旧经济社会学，而是不断从经典的经济社会学理论甚至古典社会学理论中汲取养料，将经济社会学的渊源向前追溯，为新经济社会学建构学科理论框架；在具体的经济研究领域则不断开疆拓土，重新进入主流经济学的重点研究领域，改变了其相对于经济学而言的“剩余学科”的被动地位（朱国宏，1998；陆德梅 等，2003；臧得顺，2009）。围绕“嵌入”和“经济制度的社会建构”这两个核心理论概念，新经济社会学的研究逐渐形成了包括网络研究、组织研究和文化研究在内的三大主题，并在向经济学的不断挑战中构建了其作为一门学科的3个基本原理（陆德梅 等，2003；格兰诺维特 等，2014）。

1．经济行动是社会行动形式

经济行动被经济学和经济社会学当作各自的基本理论基石，但经济学看待经济行动的出发点是经济人，是假设的行动者；而经济社会学则将现实的人作为其出发点。在经济学看来，经济行动是理性的、利益最大化的行为，其他行动均属于非经济的行动。在经济社会学看来，经济行动构成社会行动的特殊案例。经济社会学认为，经济行动离不开赞美、身份、社会交际和权力的影响。如经济社会学先驱之一的涂尔干即指出，纯粹的经济行动不只是短暂地将人们团结在一起，实际上，大部分经济行动都是长期延续模式的一部分；波兰尼则批评经济学将交换等同于经济的想法，他认为在整个人类历史长河中，互惠、权力和再分配一直贯穿于资源配置过程中；在韦伯看来，情感因素、传统文化因素以及包括政治权力和经济权力在内的权力因素往往构成经济行动的重要组成部分，甚至在经济资源的配置中可能起到决定作用。因此，经济行动是社会行动形式，而且是社会行动的特殊案例（格兰诺维特 等，2014）。

2．经济行动是社会情境中的行动，即嵌入社会的行动

经济学的方法论从个人出发，构想群体、厂商、社会制度和其他宏观现象。与此相反，新经济社会学认为，个人从来都不会孤立，总是与其他个人和群体接触，通过互动嵌入在社会网络结构中；复杂的社会结构通过历史积累逐步形成，它不可能参照个人动机或偏好次序加以解释，总是先于个人而存在。社会结构是个人或群体间有规则的社会关系，是由权力、文化、竞争或互惠构成的人际关系网络；经济行动正是通过个体与群体间的互动嵌入在这一人际关系网络中完成的。如企业家形态是以厂商和互动关系为核心，企业家的成功离不开所嵌入关系网络的影响；价格既可能是经济发挥作用的结果，也可能是社会力量发挥作用的结果（格兰诺维特 等，2014）。

3．经济制度是社会的建构

制度分析是经济学和经济社会学在大规模分析上的对话，也是经济社会学向新制度经济学的挑战。在 20 世纪 60 年代早期，由于科斯、阿尔钦、阿罗和钱德勒在产权、社会成本、信息成本和企业组织方面展开了研究，新制度经济学实现了快速发展，引起经济学家对制度的关注（格兰诺维特 等，2014）。新制度经济学认为，制度是解决市场失灵、提高效率的有效办法；虽然新制度经济学也对新古典经济学的“理性人”假设提出了批评，但它用有限理论代替完全理性，因此新制度经济学依然承袭了新古典经济学有关人类行为原子本体论的假设，其对“理性人”假设的批评是在新古典经济学框架内的修补（贾根良，2015）。经济社会学家则主张从社会学角度解释制度，认为“经济制度”可以概念化为“社会建构”，如皮埃尔・布迪厄对经济的社会建构研究、玛丽・弗朗斯・加西亚对完全市场的社会建构研究，均体现了经济社会学所主张的经济制度的社会建构原理。格兰诺维特等则从实在的社会建构、路径依赖和社会网络概念等角度进一步阐述了经济的社会建构理念。格兰诺维特指出，制度是缓慢的社会创造，是通过网络经由资源调动建构的，紧靠先前社会、政治、市场和技术的历史发展形成路径依赖而产生锁定；一旦制度形成，人们便会去适应，从而获得其他社会行动者的认可。在经济制度形成的早期，网络可能起到特别关键的作用，但制度一经锁定，网络的战略地位便下降了。因此，对经济制度的分析需要从动态分析视角进行（格兰诺维特 等，2014）。

2.1.3 新经济社会学的核心理论

1．网络嵌入理论

网络嵌入理论是新经济社会学的核心理论之一，是奠定新经济社会学的基础理论。嵌入性概念最早由卡尔•波兰尼系统地引入社会学研究。但波兰尼的“嵌入性”强调的是经济行为在前市场社会的制度嵌入性，在现代市场社会，这种经济行为分离成为独立领域；该理论甚至认为市场社会的经济生活与社会关系反向而行。格兰诺维特等认为，嵌入性不仅存在于前市场社会，也存在于现代市场社会。他们认为人类行动嵌入在正在运行的、真实的社会关系网络中，行动的目的具有经济目的和社会目的混合性，经济行为不是由分裂成原子的个体所决定的，而是嵌入在人际关系网络中通过人际互动得以实现的。行动者通过网络嵌入获取大量的外部知识信息与资源，这能够弥补行动者自身知识信息与资源蓄积不足的问题，从而为行动者带来竞争优势（格兰诺维特 等，2014）。格兰诺维特等在与新古典经济学的对话中不断挑战新古典经济学的理性假设，从而构建了其所提出的网络嵌入理论体系。

（1）网络嵌入机制。人际互动产生的信任是网络嵌入机制形成的关键。由人际互动形成的信任建立在关系、情感、认同之上，是真实的信任；它不同于基于制度设计、普遍道德、社会规范的一般信任以及基于理性、算计性的信任；真实信任能够有效减少和防止欺诈行为的产生，能够产生互惠机制、声誉机制和监督机制，避免机会主义的发生。人际互动形成的信任机制和社会关系网络不仅渗透在商业关系之中，也渗透在科层组织内部，从而影响市场秩序和科层组织内部秩序。由于“最小信任”基础的需要，个体行动者不可能成为孤立的原子式的个人，而是嵌入在社会关系之中，个体行动者的理性与偏好必然受具体情境和社会结构的影响（格兰诺维特，2015）。

（2）嵌入性理论的概念体系。为了建构起新古典理论模型的替代模型，并使之得到实证检验，嵌入性理论上承社会网理论的概念与观点，下启和新古典模型对话的理论模型。以格兰诺维特为核心的新经济社会学者建构起了嵌入性理论的概念体系，使人际互动形成的社会网成为解释社会经济现象的有力工具，如强连接（strong tie）、弱连接（weak tie）、对偶连接（dyadic ties）、嵌入性（embeddedness）、门槛模型（threshold models）、桥连接（bridge tie）、结构洞（structural holes）、信息流动（information flow）、社会网（social networks）、集体行动（collective behavior）、人际互动（interpersonal interaction）、权力与信任、脱耦结构（decoupling structure）与弱耦合结构（weakly coupled structure）、过度社会化（oversocialized approach）与低度社会化（undersocialized approach）等（纪廉 等，2006；格兰诺维特 等，2014；格兰诺维特，2015）。

在分析个人机会获取与社区整合现象时，嵌入性理论根据人际互动的强度区分出强连接与弱连接概念，认为强连接不可能成为网络中两点间的桥，所有的桥都是弱连接。弱连接的消失对于信息传递的可能性所造成的损害，比起强连接的消失要更大。弱连接的多少影响社区的破碎性与整合性，虽然社区小团体内部存在的强连接会增强小团体的凝聚力，但当一个社区内部的小团体间缺少弱连接时，社区因为没有弱连接带来的最小信任而无法整合，从而导致社区破碎化。在分析劳动力市场上的升迁和转业现象时，嵌入性理论将弱连接、人际关系结构、社会结构嵌入、社会网、人际关系投资等概念整合为自己的分析工具，展开与新古典经济学的社会性孤立观点的对话。在分析集体行为时，嵌入性理论把群体中个人在规范和信仰上的差异视为最主要的影响行为结果的因素，构建了门槛概念，提出了门槛模型，以解释个人偏好如何相互作用，最终整合为集体行动的现象。门槛概念的关键点是，一个人决定采取一项行为的成本效益部分取决于有多少人采取相同的决定，这一点是个人净效益超过净成本的门槛。行动越靠近前者门槛越低，行动越靠近后者门槛越高。与门槛概念这种理性思考类似的，还有弱关系的投资、结构洞等概念，它们均是沿着理性选择路径去理解社会网络中的信息流动，且做出了极有说服力的贡献。在分析人类行为动机和社会制度建构时，嵌入性理论提出了包括信任与合作的横向关系、包括权力与遵从的垂直关系等概念，以理解人类行为动机所具有的混合性。在此基础上，嵌入性理论分离出高度脱耦结构、弱耦合结构与高度耦合结构等概念，对由微观走向宏观的制度建构机制进行解释说明。在分析组织行为时，嵌入性理论引入关系连接主轴概念，从家族、种族、宗教和地域等角度探讨单个企业走向企业集团的关系嵌入机制，又从所有权关系、威权结构、道德经济、银行与政府等概念着手，基于组织内部结构与外部环境等视角探讨企业集团在关系嵌入下的发展走向（格兰诺维特，2015）。

（3）嵌入性理论的扩展。自格兰诺维特的《经济行动和社会结构：嵌入性问题》于1985年在《美国社会学杂志》上发表后，经格兰诺维特重新定义的“嵌入性”概念引起了社会学界的关注，该文也成为《美国社会学杂志》创刊以来被引用得最多的文章，嵌入性问题遂成一时显学。在格兰诺维特的嵌入性分类基础上，祖金（Zukin）和迪马乔（Dimaggio）提出嵌入性分为结构嵌入性、认知嵌入性、文化嵌入性和政治嵌入性等4个类型；乌兹（Uzzi）通过深入研究嵌入性与企业绩效的关系，提出了关系嵌入性悖论。在格兰诺维特、巴伯（Barber）、乌兹的研究推动下，嵌入性理论迅速发展，并从新经济社会学领域逐步向外拓展，产业集群、区域经济、组织理论、战略管理和创新理论等众多研究领域很快借鉴了嵌入性理论的研究成果。不同学者根据各自研究主题的需要对嵌入性进行分类，形成了典型性的、在后续研究中被大量引用的几种分析框架，如格兰诺维特的结构嵌入性（structural embeddedness）和关系嵌入性（relational embeddedness）框架，祖金和迪马乔的结构嵌入性、政治嵌入性、认知嵌入性和文化嵌入性框架，安德森（Anderson）、福斯格根（Forsgren）和霍尔姆（Holm）的技术嵌入性（technology embeddedness）与业务嵌入性（business embeddedness）分析框架等。在组织间合作、伙伴关系构建的研究中，哈格多恩（Hagedorn）等将企业嵌入性特征与其所处环境、网络和双边关系情景联系起来，细分出环境嵌入性（environmental embeddedness）、双边嵌入性（dyadic embeddedness）与组织间嵌入性（interorganizational embeddedness）等3个不同层次的嵌入性，将特定国家与产业环境、合作企业间的双边关系及企业组织间网络的历史背景引入嵌入性研究领域，进一步丰富与拓展了嵌入性理论体系（兰建平 等，2009）。

2．社会资本理论

“社会资本”是从新经济社会学演化出来的一个最具影响力的理论概念（布朗，2000）。社会资本概念明显不同于物质资本和人力资本概念。自20世纪70年代末期开始，该概念受到社会学家的广泛关注，建立在社会资本概念基础上的社会资本理论也由此得到迅猛发展，成为新经济社会学的核心理论。目前，社会资本概念与社会资本理论不仅在社会学中得到传播，也在经济学、管理学和政治学等众多领域得到了传播和应用（张其仔，2001；黄锐，2007）。

（1）社会资本概念的源起。社会科学领域对社会资本的研究最先是从社会资本的某些要素开始的，如波茨（Alejandro Portes）认为，法国社会学家涂尔干对群体生活的强调，马克思对自在阶级与自为阶级的区分，都能追溯到社会资本概念的渊源，所以他认为社会资本概念只不过抓住了社会学从一产生就有的观念而已。不过，社会资本概念的真正提出反映了经济学对其他相关学科的影响，也反映了经济学与社会学的某种融合趋势（张其仔，2001）。自经济学诞生以来，资本就是其核心概念。但早期的古典和新古典经济学家主张个人主义，在他们构建的模型中社会资本是不存在的（张其仔，1997）。早期的资本主要是指以机器、设备等实物形态和以货币形态表现的生产性资源（黄锐，2007）。20 世纪 50 年代，美国经济学家舒尔茨和贝克尔开创性地将物质资本概念扩充到人力资本（human capital），首次使“资本”概念摆脱了具体的物质形态而向广义的、抽象的层次扩展（张方华，2005）。新古典经济学描述的利己主义者日益显示出不同于现实生活中的人，这一矛盾促使一些经济学家进一步修改原有的经济理论。率先将社会资本概念引入经济学的经济学家是洛瑞，洛瑞认为，社会资本是众多资源中的一种，广泛存在于家庭关系以及社区的各种组织之中，它对人力资本的发展产生了重要影响（科尔曼，2016）。洛瑞虽然在经济学中率先使用了社会资本这一概念，但他没有就此展开系统的研究。

首次对社会资本进行正式界定并使之在社会学领域广泛使用的是法国著名社会学家布迪厄（Bourdieu）。他在 1977 年的《区隔：趣味判断的社会批判》一文中，提出了 3 种资本形式：经济资本、社会资本和文化资本。1985 年，他在《社会资本的形式》一文中，进一步展开了对社会资本的分析讨论（张其仔，2001）。布迪厄将社会资本和社会关系网络联系起来，从而把社会资本放到了社会学框架之下（黄锐，2007）。美国学者对社会资本的研究在国际上影响最大，在美国学者中较早对社会资本进行系统分析的是科尔曼（Coleman）和普特南（Putnam）。1988 年，在《作为人力资本发展条件的社会资本》一文中，科尔曼强调，人的行动不仅仅受制于金融资本和人力资本，也受制于社会背景。科尔曼在后续《社会理论的基础》一书中，指出社会资本是个人拥有的社会结构资源，并对社会资本的存在形式、创造、保持等进行了系统阐述（科尔曼，2016）。普特南的研究则完全建立在经验研究基础上。在普特南看来，社会信任是社会资本的最关键因素，互惠、规范和公民参与网络是社会信任产生的基础。普特南的研究在个人主义和社群主义之间架起了一座桥梁，使社会资本的提出在社群主义方法所包含的价值与理性选择理论所体现的个人主义之间得以综合（Ferraginal et al.，2017）。普特南的研究改变了社会资本概念局限于社会学领域的格局，使社会资本全面进入经济学、政治学等多个领域，引起学界特别是社会科学界的广泛关注。

社会资本概念的形成与发展有两方面原因。一方面，知识经济使企业资源的平衡向无形的价值创造方向倾斜，独特的资本或资产对可持续竞争优势的重要性日益得到认可，除了物质资本和金融资本之外，其他类型的资本得到了挖掘（Mahmood，2015）；另一方面，20 世纪 70 年代兴起的网络分析，特别是格兰诺维特弱关系与本特结构洞概念的提出，给社会资本概念的提出带来很大启发（科尔曼，2016；曾璨 等，2007）。

（2）社会资本的内涵。布迪厄认为，社会资本是实际存在的或潜在的资源集合体，但是这些资源同某种持久性的网络占有密不可分，而且这一网络为大家共同熟知、公认，是一种体制化的关系网络。这一网络与某个团体的会员制相联系，能够从集体性拥有的资本角度为每一个会员提供帮助和支持，提供为他们赢得声望的“凭证”。这些资本也许会运用一个共同的名称（如部落的、家族的、学校的或班级的、党派的名称）而在社会中得以体制化并得到保障，这些资本也可以通过一整套体制性的行为得到保障。很显然，布迪厄是从关系网络的角度定义社会资本的。在布迪厄看来，特定行动者所占有的社会资本数量，既取决于行动者可以有效加以运用的联系网络规模的大小，又取决于这个关系网络中和行动者有联系的每个人以自己的权力所占有的经济的、文化的或象征性的资本数量的多少。这个关系网络是投资策略的产物，这些策略可能是个人的，也可能是集体的，它们有意或无意地针对某些社会关系的确定或再生产，以备短时间内或较长时间内使用（包亚明，1997）。

科尔曼认为，社会资本是个人拥有的社会结构资源，影响个人行动的能力以及生存的质量。它又不是某种单独的实体，而是具有各种形式的不同实体，但不管以哪一种实体出现，都有两个共同的特征：它由构成社会结构的各要素组成；它能够为结构内部的个人提供行动便利。和其他形式的资本一样，社会资本同样具有生产特性。但与其他形式资本有所不同的是，社会资本存在于人际关系结构之中，它既不依附于独立的个人，也不存在于物质生产过程中。科尔曼对社会资本的研究与布迪厄类似，他们都将社会资本视为人际互动产生的信任和关系网络。科尔曼虽然没有给出明确的社会资本定义，但他指出了社会资本的几种形式：规范和有效惩罚、信息网络、义务与期望、权威关系、多功能社会组织和有意创建的社会组织。科尔曼还认为，社会资本不可转让，具有公共物品性；社会资本的生成和消亡受社会网络的封闭性、社会结构的稳定性与意识形态的影响（科尔曼，2016）。

普特南在继承科尔曼社会资本理论的同时，尝试在更广泛的社会范围内使用社会资本概念。这一点又有别于科尔曼从个人层面讨论社会资本问题。普特南在研究意大利自 20 世纪 70 年代以来的地区政治制度改革引起的南北差异现象时，发现在意大利的不同地区，公民参与公众生活的程度、参与社会组织和自愿联属（association）的情况都存在很大差异，而这些差异又与当地政府绩效和社会经济发展水平存在高度一致性。基于此，普特南认为，社会生活中那些表现为网络、信任和互惠规范的特征构成了一个社会的“社会资本”；任何社会都是由一系列人际沟通和交换的横向和垂直网络组成的，由于横向的公民参与网络有助于化解集体行动困境，因此，横向公民参与网络之中的社会资本影响政府和经济的绩效。从全球范围来看，不同国家的社会资本处于动态变化中，但不存在单一的模式，各国的经济、政治因素都对其社会资本产生了影响（赵延东，2003；贺寨平 等，2014）。

福山则将社会成员之间的信任程度定义为一种社会资本。他认为，在成员间具有较高的互信程度的社会里，经济运行中的交易成本将会大大降低，正式制度产生的缺陷可以由此得到有效弥补。在福山看来，在一些社会资本相对低的国家，信任无法扩展到家庭以外的社会范围，所以这些国家的经济效率难以提高。他认为，美国、日本和德国等国家因为有较高的社会资本和信任程度，其经济社会才得以保持高速发展（黄锐，2007）。

不同学者对社会资本的理解虽然不同，但都强调社会资本的社会网络特性，认为社会资本与特定的社会关系网络联系在一起，两者密不可分，而且社会资本能够赋予个人或群体资源，为个人或群体带来回报（黄锐，2007）。

（3）社会资本的测量。对社会资本的测量角度和方法有很多。从现有研究的总体情况来看，主要存在两大测量方法。第一种方法是采用一个给定社会或社区内的网络、协会的数量以及这些协会的成员人数来衡量该社会或社区的社会资本水平。第二种方法则是直接调查某个给定社会或者社区成员之间的信任水平和参与决策的程度（邹宜斌，2005）。从微观层面来看，社会资本测量的依据主要是个人社会网络状况。布迪厄依据个体所能有效利用的网络关系的幅度与该网络关系成员所拥有的其他资本的数量测量社会资本。科尔曼从社会团体、社会网络和网络摄取这 3 个方面来衡量个人社会资本拥有量。韦恩・贝克提出了 4 个测量指标：网络的结构、规模、成分、侧重点。而格兰诺维特则主要从网络强弱方面进行测量，具体指标有：互动的频率、情感密度、熟识或相互信任的程度、互惠交换（曾璨等，2007；黄锐，2007）。

2.2 社会交换理论

2.2.1 社会交换理论的起源

在社会学理论中，秩序论和功能论主要探索社会结构运行的常态与维持以及运行的效果与优化的问题，但都没有回答社会结构形成的动力与机制问题。第二次世界大战后逐渐兴起的社会交换理论（Social Exchange Theory）对此给出了答案，该理论认为是社会交换使各种各样的人走到一起，人们通过“支付—回报—再支付—再回报”的连续行动，结成了一定的社会关系与结构（宋林飞，1997）。该理论的主要观点是：人类的一切行为都受到某种能够带来奖励或报酬的、或明或暗的交换活动的支配，因此，人类的一切社会活动都可归结为一种交换活动，而人们在社会交往中结成的一定的社会关系也只能是一种交换关系（谈谷铮，1986）。由于当代社会生活日益多样化、复杂化，社会交换理论的许多观点和命题日益为社会科学家们所接受，特别是在经济学、社会心理学和政治学等领域更受重视（侯钧生，2001）。

社会交换理论的理论来源广泛，从古典政治经济学、人类学、早期社会学以及行为心理学等学科中均可找到社会交换理论的理论渊源。特别是经济学与行为心理学的一些概念被引入社会交换理论，成为社会交换理论的核心用语（特纳，1988）。

古典政治经济学的功利主义观对社会交换理论的形成有明显影响。以亚当•斯密为代表的古典政治经济学家认为，人类在自由竞争的市场里与他人进行着交易或交换，理性地寻求最大的物质利益或功利，每个人都期望从相互交换中得到报酬。社会交换理论者借用经济学的这种功利主义思想，吸收了经济学理论体系的成本、报酬、利润等概念。在社会交换理论者看来，经济学对商品交换的分析既适合经济领域，也适合社会领域（特纳，1988；侯钧生，2001）。人类学对社会交换理论的影响间接反映了功利主义思想的影响（特纳，1988）。20 世纪上半叶，以弗雷泽、马林诺夫斯基、摩斯、列维 – 斯特劳斯为代表的西方人类学家对初民社会展开了系列研究。在他们的研究成果中，交换被作为一种社会整合要素引起了学者的关注，这些成果为社会学交换理论的提出提供了一些基本思想（侯钧生，2001）。社会交换理论还受到心理学家，尤其是行为主义心理学家伯勒斯•斯金纳的影响。斯金纳通过对动物的实验观察，认为无论是动物行为还是人类行为都可以用刺激—反应的公式来描述，而且一切行为的目标都在于寻求获取最多报酬和最小惩罚。行为主义心理学的这些观点类似于功利主义成本报酬观点，因此，行为主义的主要理论体系相对完整地被一些社会交换理论学派所吸收。特纳认为，早期社会学对现代社会交换理论也产生了一定影响（特纳，1988）。

乔治•霍曼斯（George Casper Homans）是现代社会交换理论的奠基人，彼得•布劳（Peter Michael Blau）和理查德•爱默森（Richard M. Emerson）则是该理论学派的主要代表人物。霍曼斯的交换理论着眼于从个人层次上进行解释，一般称之为行为主义交换理论。布劳的理论侧重于探索从人际互动的微观层次交换过程发展到支配社区与复杂社会结构的宏观层次交换过程，一般称之为结构交换理论。爱默森把网络分析技术应用于交换理论，其理论一般被称之为交换网理论（侯钧生，2001）。

2.2.2　微观层次的社会交换原理

小群体中个体之间的社会关系属于微观层次。霍曼斯的社会交换理论使用了“方法论个人主义”原则，其研究即着眼于微观层次。霍曼斯认为，人类行为的基本形式是人与人之间面对面的交往，而间接交往不是人类行为的基本形式（宋林飞，1997）。霍曼斯在吸收了经济学和行为心理学基本原理后，对人类微观层次的社会交换行为首先作了如下解释：人们并不总是追求最大利润，他们只是想在交换关系中得到某些利润；人在交换中并不会经常从长远着想或进行理性算计；交换物不仅仅是金钱，还有赞同、依从、尊重、爱和情感以及其他物质产品；所有的人类行为都是交换行为，而不仅仅在市场中才有交换行为（特纳，1988）。霍曼斯又以知觉、刺激、行为、报酬、惩罚、代价、价值、期望等概念为基础，建构包括成功命题、价值命题、攻击—赞同命题、刺激命题、理性命题、剥夺—满足命题在内的关于人类行为的一般命题系统，试图演绎出经验规则，解释人类社会交换行为的基本原理（宋林飞，1997）。

布劳的社会交换理论吸收了多种社会学理论的成果，是交换理论、功能论与辩证冲突论的建设性混合物（特纳，1988），因此布劳的社会交换理论又不同于霍曼斯的交换理论。布劳并不认为一切社会行为都属于交换。在布劳看来，社会交换指的是特定的一些人的自愿行动，这些人的动力是他们期望从别人那里得到的并且一般也确实从别人那里得到了的回报。因此，布劳指出，为了使行为导致社会交换，必须满足两个条件：第一个条件是该行为的最终目标只有通过与他人互动才能达到；第二个条件是该行为必须采取有助于实现这些目标的手段（布劳，1988）。交换行为也包括那些要靠他人报答才能产生的行动，并且该行动在预期的报酬反应不会出现时就会终止（特纳，1988）。以下两种行为则被排除在社会交换行为之外：一是没有目标取向、由无理性的情绪冲动所引起的行为，一是追求理想与终极价值的表现性社会行为。但人类的许多幸福与痛苦的根源都在于其他人的行动，需要通过交换产生的社会互动才能得以实现。社会交换依然具有广泛性，因此布劳试图通过对微观层次的社会交换原理的探讨进一步探究复杂的社会力量和社会结构。布劳认为，原始的心理过程支配着人与人之间的交往过程，因此基于社会吸引的心理机制，布劳展开了对微观层次社会交换规律的探讨（布劳，1988）。

在布劳的研究框架中，社会吸引是一种诱导力量，是个体与他人交往的倾向性，源自于个体对报酬的知觉。个体的心理需要和素质决定着哪些报酬能引起他们的特别注意，也决定了他们将会受到谁的吸引。社会吸引导致社会交换过程的产生，当社会关系中缺乏这种吸引时，社会交换也就不存在。为了唤起报酬知觉和吸引期待，个体将会设法给他人留下印象；给人以深刻印象的品质使一个人变得很有吸引力，并且预示着与此人交往将会得到报酬。交换关系的产生还涉及另一方义务的投入，因为社会交换要求交换参与者相信其他人会报答自己，实质就是要证明自己值得信赖。这也意味着社会交换的出现要求一方以一定的服务付出为代价，另一方以一定的回报为义务。但是，社会交换带来的是未作具体规定的报酬和义务。根据报酬是自发评价还是经过计算的行动、内在的还是外在的、互相提供还是单方面提供等几个因素，布劳提出六大类报酬（布劳，1988）。表 2-1 中列出了布劳提出的社会报酬分类。

表2-1　布劳提出的社会报酬分类

	内在的	外在的	单方面的
自发评价	个人吸引力	社会赞同	尊敬—声望
经过计算的行动	社会承认	工具性服务	服从—权力

资料来源：彼德·布劳，《社会生活中的交换与权力》，孙非、张黎勤译，华夏出版社，1988 年。

在布劳看来，交换双方总是处于不平衡状态，非交互性的交换将会引起权力分化。一个人如果支配着别人所需要的服务，并且与别人支配的任何服务无关，就形成了单方面的服务依赖和义务。单方面的服务依赖迫使一方服从另一方的要求，以免另一方不再继续满足他的服务需要。通过单方面地向其他人提供服务，一方也就积累了一笔别人愿意服从的资本，他可以利用这笔资本把他的意志强加于别人；这样，单方面提供服务的一方就确立了对另一方的权力，另一方则相应地失去了社会独立性。在布劳微观层次的社会交换研究中，他并没有孤立地看待个体间的交换，而是按群体方式在社会关系网络中进行分析。在群体情境下，个体寻求留下好印象的欲望导致竞争过程的产生，交换双方的不平衡导致的权力分化将引起进一步的社会分化。而竞争与分化的过程又增加了社会对支援性社会纽带的需要，从而形成规范和约束，实现小群体的整合（布劳，1988）。

布劳在微观层次的交换研究中虽然没有明确指出交换原理，但特纳从布劳的分析脉络中还是找到了线索（特纳，1988）。布劳的社会交换原理见表 2-2。

表2-2 布劳的社会交换原理

理性原理	人们在做某一项特定活动时，总是期望从他人那里获得利润；获得的利润越多，则人们越可能做出那项特定活动
互惠原理	人们在与他人交换时的报酬越多，则越有可能是互惠义务在促成和引导随之而来的诸种交换；越是违背交换关系中的互惠义务，则那些因违背互惠规范而被消极处罚的参与人被剥夺的就会越多
公正原理	交换关系确立后，越可能受到公平交换规范支配，在交换中越是不履行公平规范，那些因违背规范而被消极处罚的参与人被剥夺的就越多
边际效用原理	人们在从事一项特定活动时，期望得到的报酬越是唾手可得，则这项活动的价值就越小，越不可能从事这项活动
不平衡原理	社会单位之间的某些交换关系越是稳定和平衡，则其他一些交换关系越是可能变得不稳定和不平衡

资料来源：乔纳森·H. 特纳，《现代西方社会学理论》，范伟达译，天津人民出版社，1988年。

2.2.3 宏观层次的社会交换原理

相互关联群体的结构称作宏观结构，探讨宏观结构中的社会交换关系即为研究宏观层次的社会交换。霍曼斯认为社会是在类似引起小群体复杂化的基本交换过程中复杂起来与构造起来的，所有的社会结构基本上都通过同样的交换过程而建成(特纳，1988)。

布劳的宏观层次社会交换研究并不同于霍曼斯的研究。布劳认为，宏观结构和微观结构中的社会交换有某些类似的东西，如交换依然受追求报酬的欲望支配，社会吸引依然是其诱导力量。并且如果宏观层次的交换是平衡的，就会形成相互依赖的关系；如果宏观层次交换是不平衡的，就会出现地位和权力的分化；公平性原则同样适用于宏观层次的社会交换。但这些类似无法掩盖两种结构中交换过程的差别。因为宏观层次社会结构的构成成分也是社会结构，大部分成员之间没有直接的社会互动，所以在存在大量的间接交换的宏观结构中，需要有一种交换媒介，才能把社会交换扩大到直接社会接触的范围以外去，这是宏观层次社会交换与微观层次社会交换的最大不同之处。能够作为这种交换媒介的是共同的价值标准，也就是布劳所说的价值共意。共有价值标准使人们有可能超越个人交易去发展间接交换的复杂网络。布劳分析了共有价值类型及其交换媒介功能(见表2-3)，特别指出了重要成绩或成就与普遍主义价值标准在复杂社会结构中为间接交换发挥的媒介作用，它们是被积累的社会报酬的贮藏所，人们可以利用它们在未来获得利益(布劳，1988)。

表2-3　共有价值类型及其交换媒介功能

共有价值类型	性质	交换媒介功能
特殊主义价值	社会整合和团结的媒介	个人吸引情感的功能替代物，构成社会吸引的特殊主义标准
普遍主义价值	交换和分化媒介	把交换范围扩大到直接社会互动界限之外
合法化价值	组织媒介	赢得服从的权力贮藏所，扩大有组织的社会控制范围
反抗理想	社会变化和再组织媒介	使反抗运动的领袖们与他们的组织权力合法化，并产生对已有权力和制度的抵抗力量

资料来源：彼德·布劳，《社会生活中的交换与权力》，孙非、张黎勤译，华夏出版社，1988年。

价值共意便于各种类型的社会单位之间进行间接交换，制度化则使复杂交换有组织地稳定进行，使合法的社会秩序的生存超过个体的生命长度。当人们和各种形式的集体组织要依赖特别的间接交换网来获取期望的报酬时，要求通过明确的制度和规范使交换网正规化的压力就会明显加大(特纳，1988)。制度化的实现需要满足3个条件：首先，在形式化的程序中，组织原则必须得到具体体现，既要经常体现在书面文献中，还要明确地体现在正式的社会安排中；其次，使这些制度性的形式合法化，并使它们在社会化过程中的社会价值保持活力，从而能够被传递给后代；最后，社区中的统治群体必须强烈地认同这些合法化的价值，而且会为了保存表现这些价值的制度而为它们提供相应的权力，也就是要使制度扎根于权力结构中。布劳按共有价值的分类方式将制度分为四大类：第一，使特殊主义价值永远存在的整合性制度，包括宗教制度与亲属制度；第二，保存那些为了必要社会设置的生产和分配的制度，包括经济制度、分层制度、教育制度和激励制度；第三，使权威合法化和组织永存的组织性制度，包括审判制度和政治制度；第四，反制度成分，由那些尚未被实现的以及尚未在明确的制度形式中表现出来的基本价值和理想构成(布劳，1988)。

2.2.4 基于交换的社会结构机制

不管是霍曼斯还是布劳，他们的社会交换理论并没有停留在微观层次或宏观层次的交换理论上，而是继续探讨由社会交换引发的社会结构及社会结构演进规律。霍曼斯在分析基本交换过程与复杂社会组织之间的关系时，提出了一个制度化过程框架：投资—引发复杂交换关系—复杂社会组织产生—个人初级需求满足困境—打破已有酬偿关系的制度化与制度重构(特纳，1988)。他指出，社会交换的持续存在将带来复杂社会组织的产生、制度化与制度重构。在霍曼斯的交换理论中，社会交换构成推动社会结构演变的重要力量。

布劳在其著作《社会生活中的交换与权力》开篇的引论中就明确指出，该书的目的是通过分析支配个体和群体之间关系的社会过程来帮助人们了解社会结构，了解社会生活怎样被组织成日益复杂的人与人交往的结构。交换是社会生活中极其重要的社会过程，于是，布劳以社会交换作为了解社会结构的切入点，对“吸引—竞争—分化—整合”这一分析思想展开了讨论，使我们看到了由不平衡的社会交换所导致的竞争形成机制、权力分化机制、社会整合机制以及吸引机制(布劳，1988)。布劳提出的社会结构机制见表2-4。

表2-4 布劳提出的社会结构机制

机制类型	影响因素
吸引机制	报酬的期望、角色距离、价值观和才能、社会依赖和依赖恐惧
竞争形成机制	印象竞争、时间竞争、地位竞争、权力竞争、群际竞争
权力分化机制	权力分化、地位分化、群际流动
社会整合机制	共有价值、制度化

资料来源：彼德·布劳，《社会生活中的交换与权力》，孙非、张黎勤译，华夏出版社，1988年。

2.3 服务创新理论

2.3.1 创新理论的渊源与服务创新兴起

1. 创新理论的渊源

约瑟夫·熊彼特(Joseph Alois Schumpeter)是经济学界公认的最早提出“创新”

概念的经济学家(薛光明，2017)。1911年，熊彼特在德文版《经济发展理论》一书中将非均衡理念引入动态的经济分析中，以揭示经济生活循环流转间断性变化的基本现象(熊彼特，2009)。在后续的《经济周期》和《资本主义、社会主义和民主主义》两书中，熊彼特将创新理念加以运用和发挥，形成了以创新理论为基础的独特的理论体系(王蕾 等，2012)。熊彼特认为，创新就是建立一种全新的生产函数，把从来没有过的关于生产要素和生产条件的新组合引入生产体系，从而推动经济的发展。如果仅仅是人口和财富的增长，而在质上没有产生新的现象，不能称作是发展过程，也就不能看作是创新。创新是对均衡的干扰，是流转渠道中自发和间断的变化。熊彼特将新的条件和要素组合分为5种情形：采用一种新产品或某种产品的一种新特性；采用新的生产方法；开辟新的市场；征服或控制原材料或半制成品的新供应来源；任何一种工业采用新的组织。熊彼特区分了创新与发明、经济增长与经济发展的逻辑关系，认为创新源于生产者发动的经济变化，他将新组合称为“企业”，把职能是实现新组合的人称为“企业家”(熊彼特，2009)。在熊彼特看来，企业家的创新活动是经济兴起和发展的主要原因，利润和企业家精神是经济发展的动力(王蕾 等，2012)。熊彼特通过分析创新过程说明了资本主义经济繁荣、衰退、萧条和复苏的周期性过程，并认为这个周期过程的主要决定因素是创新。熊彼特的创新理论可以概括为“发明—创新—扩散”模型(舒俊，2017)。

熊彼特的创新理论起初并没有引起人们的重视，直到1934年其英文版《经济发展理论》出版后才受到学界注意。20世纪50年代以来，以微电子技术为主导的新技术革命的兴起推动了技术进步和经济增长，由此引起的普遍创新现象使经济学家没有理由忽视技术变迁的问题，学界重新对熊彼特的创新理论给予关注，促进了技术创新理论的系统研究并形成了新熊彼特学派(Neo-Schumpeterian School；王蕾 等，2012)。在新熊彼特学派的两个不同研究方向中，以理查德·纳尔逊、伦德瓦尔、克里斯托夫·弗里曼等为代表人物的属于技术创新学派，该学派强调技术创新和技术进步在经济发展中的核心作用，着重研究技术创新与模仿的关系、技术创新与市场结构的关系、技术创新与企业规模的关系，试图建立技术创新扩散、创新周期等理论模型；以兰斯·戴维斯和道格拉斯·诺思等为代表人物的则属于制度创新理论学派，该学派主张将熊彼特创新理论与制度学派的制度理论相结合，研究制度安排对国家经济增长的影响。他们认为，历史上的经济增长并非由技术进步决定，技术进步只是伴随经济增长产生的一个现象或结果，制度创新才是经济增长和社会进步的原因；制度变革影响技术创新(叶明，1990；曹玉娟，2013；舒俊，2017)。

20世纪80年代后期至20世纪90年代初期，经济学界逐渐出现了采用系统学的观点和方法考察和研究技术创新与由技术创新带来的经济发展成效之间的关系，并在此基础上进一步演化形成了“国家创新体系”理论。该理论体系的学术特征是将创新视为一个复杂系统，主张从经济、社会宏观视角来解读各个国家技术创新业绩的差异以及不同企业的技术创新行为的差异。英国经济学家克里斯托弗·弗里曼（C. Freeman）在其《技术政策与经济绩效：日本的经验》中首次使用了“国家创新体系”（National Innovation System，NIS）概念，是该理论体系的第一个开拓者；早期代表性人物还有理查德·纳尔逊、本特阿克·伦德瓦尔(薛光明，2017；舒俊，2017)。从20世纪90年代中期起，随着区域经济理论以及区域合作与产业集群的不断发展，研究者认识到次规模的区域创新网络能比国家总体聚合水平上的技术联盟以更快的速度与更低的成本获得关键性创新元素而实现快速创新，认为“区域”才是真正意义上的经济共同体与创新受益体，区域创新体系（Region Innovation System，RIS）研究逐渐兴起。研究视野因此从单个单元的内部创新转向创新主体与外部环境的联系和互动，推动创新理论研究进入网络交错与系统演化的范式研究阶段。

2．服务创新兴起

自熊彼特提出创新理论以来，主流研究对创新问题的探索存在概念内涵持续收缩的过程，并且从技术创新学派到制度创新学派，再到国家创新体系和区域创新体系理论的形成，均是围绕制造业的技术创新层面展开的，而市场创新与组织变革等创新问题则被忽视(魏江 等，2008)。受此影响，服务创新研究一直没有得到主流学界的足够重视。国外服务创新研究直到20世纪80年代才开始有了一些成果，巴拉斯（Barras）的“逆向产品周期理论”的提出被认为是系统的服务创新研究开始的标志。国内则迟至20世纪末、21世纪初才有学者涉入服务创新领域(汪涛 等，

2010)。在经历了同化主义、分异导向和综合研究方向后，服务创新研究逐渐建立起自己的研究体系和理论体系(Gallouj et al.，2009)。服务创新研究早期占主导地位的是技术主义学派，该学派认为在制造业居主导地位的情形下制定的创新理论和概念体系能够被广泛转移到服务创新研究当中。该学派的研究视角主要侧重于技术驱动服务创新。在服务创新的服务导向框架下，研究者强调服务的独特属性，认为在没有技术维度支持的情况下，服务创新也可以产生，“技术”不是服务创新的必要维度。整合视野下的服务创新研究则重新审视产品与服务的关系，并创新性地将其放在了同一个研究框架之中(蔺雷 等，2005；汪涛 等，2010)。

2.3.2　服务创新的内涵

1．服务创新的定义

从服务业的本质特征来看，服务创新通过新的、发生明显变化的服务观念或服务交付系统，针对特定客户提供一种新的解决问题的方法，以为客户提供更多的附加价值。它是人力资本、技术、组织和能力的集成，具有很强的异质性。从服务创新的影响要素来看，服务创新是新的或大幅度改变的服务概念、客户互动渠道、服务交付系统或技术，单独或共同导致一种或多种对于厂商来说是新的并确实改变服务或产品市场供给方式的功能出现(原小能，2009)。

2．服务创新的特性

与制造业创新相比，服务创新有如下具体表现：

(1)服务创新具有无形性。服务是一种活动与过程，具有无形性，因此服务创新活动也是一种概念性与过程性的创新活动，其结果是一种无形的概念、过程和标准，因此当服务创新现象发生时，很难在服务产品创新和服务过程创新间区分出明显的界限，两者经常是同一创新。

(2)服务创新的创新谱具有宽泛性。服务创新范围广，创新谱宽。虽然服务创新以渐进性创新为主、根本性创新较少，但渐进性的小变化和根本性的重大变化都可能包含在服务创新的范畴里。服务创新的新颖度界定见表2-5。服务创新还经常针对特定客户的特定问题提出一种新的解决办法，因而服务创新往往又是一次性的，但对于特定客户来说仍然是很重要的创新(蔺雷 等，2005)。

表2-5 服务创新的新颖度界定

类型		描述
根本创新型服务	重大创新	对市场而言全新的服务（主要由信息技术等驱动）
	创始业务	在现有服务市场中引入的新服务
	在当前服务市场中引入新服务	为现有顾客和组织提供的新服务（即使该服务通过其他公司也能得到）
渐进创新型服务	服务产品线扩充	现有服务的扩展，如增加新的菜单项以及新的过程
	服务改进	当前提供的服务的特性发生了某种程度的变化
	风格和形式变化	对客户的感知、感情和态度有影响的、形式上的、一定程度的可见变化，不改变服务基本特性的风格变化或者外形变化

资料来源：蔺雷等，2005。

(3)服务创新具有多维度性，同一服务创新中可能包含多种特有的创新形式。相对于技术创新维度来说，服务创新维度中非技术形式的创新维度显得更为重要。总的来看，从服务创新中可归纳出产品创新、市场创新、过程创新、组织创新，也可归纳出特色创新、规范化创新、重组创新、专门化创新、社会创新等独特形式(蔺雷 等，2005；原小能，2009)。

(4)服务创新具有非常明显的顾客导向性。与制造业创新相比，市场需求在服务创新中的推动作用更加明显，顾客经常会以“合作生产者”的身份积极参与整个服务创新过程。因此，服务创新能否顺利进行，取决于顾客与企业间能否建立互信合作机制(蔺雷 等，2005)。

(5)服务创新有时候具有唯一性。服务创新往往是按照本企业服务对象的需求以及企业自身特点进行开发的，对于其他企业来说这种创新有可能不适用，因而不可能像制造业技术创新一样在整个服务行业或部门内得到广泛传播。

(6)人力资源在服务创新中的关键性。服务创新的产生和完成都需要以员工为载体，在服务产品设计、服务产品精选及服务交付系统形成过程中都离不开员工的创新意愿与创新能力，特别是一线员工独立解决问题的能力往往决定了服务创新过程能否顺利进行。因此，服务创新以社会科学和行为科学为基础，而很少像技术创新那样依赖研发部门的研发活动(原小能，2009)。

2.3.3 服务创新的动力

服务企业开展创新活动的驱动力多种多样，既包括企业内部行为主体的驱动，也有来自外部诸多因素的作用。基于对欧洲国家服务企业的调查研究，Sundbo 等(1998)把驱动力划分为内部驱动力和外部驱动力。

1. 服务创新的内部驱动力

在森德博(Sundbo)和加洛奇(Gallouj)的服务创新的驱动力模型(见图 2-1)中，服务创新的内部驱动力来源于企业的管理和战略、员工、创新部门和研发部门。森德博和加洛奇认为，服务创新活动主要由企业内部动力来推动。

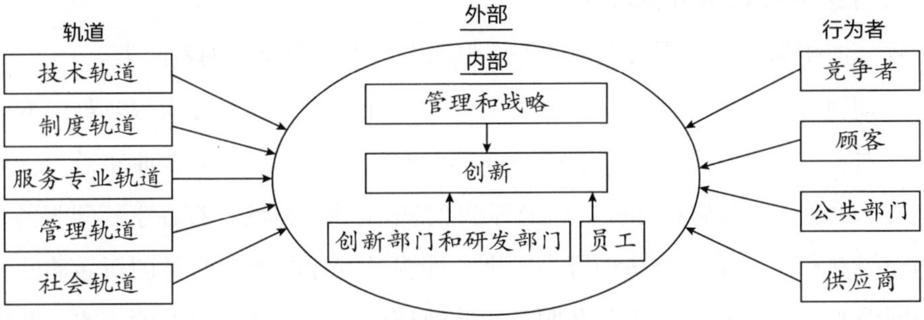

图 2-1　服务创新的驱动力模型

资料来源：Sundbo 等，1998。

服务企业管理和战略是服务创新发生和发展的两种重要内部驱动力。企业战略是服务企业有关自身发展的长期规划以及指导服务企业各项活动的根本准则，是服务企业最为根本、最为有效的内部创新动力。当具有创新意识的服务企业将创新作为战略规划的重要组成部分，并以此作为获取竞争优势、占领市场以及形成良好企业形象的根本手段时，这些手段将会推动创新成为服务企业谋求生存和发展的内在动力。管理作为另一种关键的内部驱动力，主要指企业高层和营销部门的管理活动。因为服务创新通常由市场需求驱动，而营销部门与顾客直接接触并拥有丰富的市场需求知识，当营销部门根据市场的变化与顾客的需求及时通过营销管理活动做出反应时，可能激发某种形式的服务创新产生。高层管理活动则不仅可以针对市场需求做出反应，还可以通过组织变革、新市场开发、运作和传递过程改进而促使创新发生(Sundbo et al.，1998；胡松 等，2006)。

在服务企业中，员工也是服务创新的驱动力来源。服务过程是服务企业员工和顾客间一系列交互作用的过程，因此员工能够直接发现和获取顾客的需求信息，并激发出大量创新思想。同时，员工还能基于自身的知识和创新经验提供有价值的创新思想。在服务创新过程中，一线员工所具有的独特创新驱动作用是不可忽视的。

服务企业中很少存在类似制造企业的正式的研发部门，其创新活动主要通过创新项目团队实现，其相关创新部门可能成为服务创新活动的驱动力来源（胡松等，2006）。

2．服务创新的外部驱动力

森德博和加洛奇将服务创新的外部驱动力分为轨道和行为者两类。

所谓轨道，是指在社会系统中传播的概念和逻辑，通常经由很多难以准确识别的行为者进行传播与扩散。服务企业的创新活动主要受服务专业轨道、管理轨道、技术轨道、制度轨道和社会轨道等5种类型的轨道制约。存在于不同服务专业中的一般性知识、基本方法和行为准则，即服务专业轨道；服务创新活动的产生和发展受服务专业轨道约束并在服务专业轨道内进行。针对组织形式的一般性管理概念和方法，如激励机制、服务管理系统等属于管理轨道。服务创新的技术轨道则是指服务生产和传递过程中必须遵循的有关技术使用和发展的逻辑，如信息和通信技术、网络技术等的使用和发展所遵循的逻辑。制度轨道主要指包括政治环境、管制规则等的变化在内的服务企业的外部制度环境的一般演变规律和趋势，其对服务企业创新活动的影响要比对制造业的影响大。社会一般规则和惯例的演进规律属于社会轨道。社会轨道有可能与技术轨道相符，也有可能不符甚至相反。在驱动服务创新过程中，各类轨道相互作用并共同对服务企业的创新活动产生影响（Sundbo et al.，1998；胡松 等，2006）。

在森德博和加洛奇的服务创新驱动力模型中，行为者包括个体的人和各类企业或组织；行为者对服务企业的创新活动有重要影响，并经常参与服务创新活动过程。在服务创新活动的各类行为者中，顾客是最重要的行为者，他们是创新信息以及创新思想的重要来源，是推动服务企业创新的重要外部驱动力。竞争者对创新活动有一定影响。服务企业可以通过模仿竞争企业而推动其内部服务创新。

供应商通过供需互动可以为服务企业提供大量创新思想，并帮助企业开展具体的服务创新，因而供应商特别是知识供应商也是服务创新思想的重要来源和创新活动的驱动者。公共部门对服务企业的创新活动主要产生间接推动作用：一方面，公共部门本身需要服务；另一方面，公共部门可以为服务企业提供创新所需的条件。同时，公共部门通过对服务企业的监督管制，也可能引发服务创新出现(胡松等，2006)。

2.3.4　服务创新的模型与模式

伴随服务创新研究的深入，学界一方面试图构建通用模型高度概括服务创新动态实践，另一方面试图对服务创新实践进行模式辨析与模式划分，以便有效指导服务创新实践。

1．服务创新的模型

巴拉斯的逆向产品周期模型(Reverse Product Cycle Model，RPC模型)是早期的服务创新动态模型。巴拉斯认为，信息技术代表了一种扶持技术(enabling technology)，在信息技术影响下，服务创新将经历3个演化阶段：渐进的过程创新阶段→根本性的过程创新阶段→产品创新阶段。在第一阶段的供给者导向(supplier dominated)下，服务企业引入技术，通过渐进的过程创新以提高生产过程效率。在第二阶段的标准化过程和学习下，服务企业通过根本性的过程创新提高服务质量。在第三阶段的用户导向(user dominated)下，新的服务产品创新出现了。由于巴拉斯的RPC模型聚焦于信息技术服务业，而非传统服务业，因此，该模型不具有普遍意义(Gallouj et al.，2009)。

由于服务创新并非都由技术推动，非技术因素在服务创新中占有非常重要的地位，因此，基于服务特性，比尔德比克(Bilderbeek)等学者在已有创新模型的基础上提出了服务创新的四维度模型(见图2-2)。该整合概念模型包含新服务概念、新顾客界面、新服务传递系统以及技术等4个维度，不同维度间存在关联和相互作用。比尔德比克等认为，任何一项服务创新都是上述4个维度的特定组合。一项新服务的出现通常意味着新服务概念的形成，同时也需要一个相应的新服务传递系统、新的员工与顾客交互关系，在必要时可能要引入相应的新技术。基于四维模型的服务创新实践运行还需要包括市场营销、组织开发和销售在内的不同职能活动将这4个维度联结起来。不同维度间的关联是服务创新4个维度发挥作用的根本途径，是服务创新得以实现的重要保证。相对来说，服务创新的四维度模型具有广泛的适应性(蔺雷 等，2004)。

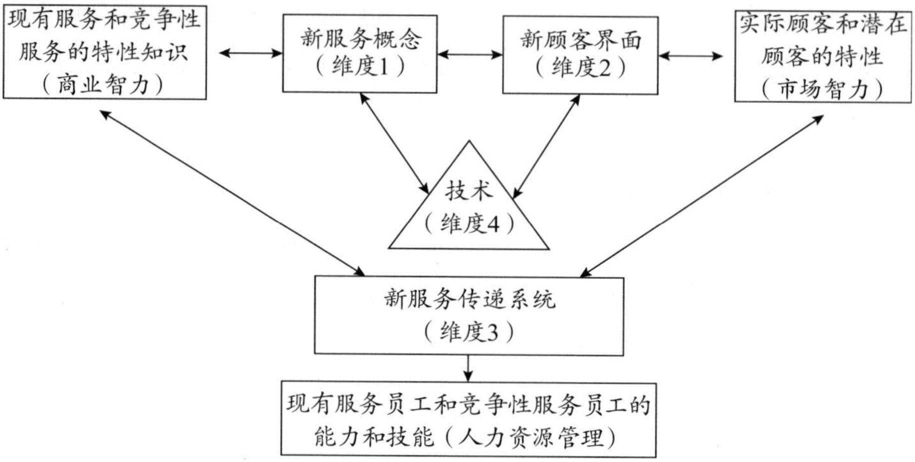

图2-2　服务创新的四维度模型

资料来源：蔺雷等，2004。

2．服务创新的模式

无论是巴拉斯的逆向产品周期模型，还是比尔德比克等的服务创新四维度模型，都隐含了不同类型的服务创新模式。事实上，对服务创新实践中出现的创新模式探索一直都是学界研究的重点。虽然不同学者有不同的服务创新模式划分标准和结论，但一些服务创新模式得到了大部分学者的认可(原小能，2009)。

(1)供应商主导的服务创新模式。该模式下的服务创新主要是由制造商提供的技术所推动的，反过来，应用技术的服务企业很少能影响提供技术的供应商，它们主要依托于从外部购买机器设备将技术应用于服务的生产过程中(杨广 等，2009)。

(2)客户主导的服务创新模式。该模式下，服务企业基于特定客户的特定需求进行创新。一定程度上，每一个服务创新的成功都是对具体的市场需求产生响应的结果。

(3)服务业内部的服务创新模式。该模式下，实际产生的创新活动和创新过程都由服务提供商自身在本行业或本组织范围内实施。这种创新可能具有一定技术性，也可能完全是非技术性的，在大多数情况下都是技术和非技术因素的结合促成的创新。

(4)通过引入中介服务进行的服务创新模式。该模式是在中介服务机构的知识信息资源影响下产生的。中介服务厂商提供的支持创新活动和创新过程的知识资源是否切合客户企业的需要，往往会影响其客户内部的创新过程。这种创新模式主要表现为知识密集型服务业的作用过程(原小能，2009)。

本章小结

人类行动嵌入在由权力、文化、竞争或互惠构成的人际关系网络中，具有混合性动机，而通过网络嵌入获得社会资本优势可以弥补行动者自身知识信息与资源蓄积不足的问题。交换是社会生活中极其重要的社会过程，是社会结构形成的动力，不平衡的社会交换会引发竞争形成、权力分化、社会整合等现象，使简单的直接交换构成的小群体向主要由间接交换构成的复杂社会结构变迁。传统村落活态传承与保持意味着正在运行的社会网在传统村落真实存在，旅游背景下的传统村落社区及传统村落社区旅游参与者能够从社会网中获得丰富的知识信息和资源，形成社会资本优势，从而推动传统村落社区旅游创新发展。本章在新经济社会学视野下，以嵌入性思想为理论基石，整合社会资本理论、社会交换理论和服务创新理论，构建本书的理论基础。该理论基础与传统村落活态传承的现实相符，能够为传统村落旅游地社区重构问题提供恰当的理论分析视角。

第3章　网络嵌入视角下传统村落旅游自组织演化

传统村落因村落景观形态的观赏性、鲜明的历史文化意境与地域特色性，具有极强的旅游吸引力。先后始于2003年与2013年的中国历史文化名村与中国传统村落的评选，推动各具特色的传统村落快速进入公众视野，大量的传统村落不可抗拒地向旅游地演化。虽然我国乡村社会经历了由国家权力下沉到国家权力与乡村社会对话的过程，又通过村民委员会这一机制走上自组织演化之路(李鑫诚，2017)，但传统村落面临功能转型与产业转型双重转型冲突，传统村落旅游也由此引起了更加广泛的关注。学界对传统村落旅游如何发展有两类倾向。第一类倾向是强调传统村落走社区主导的内生式旅游开发之路。齐学栋(2006)提出，传统村落应以内生性旅游开发模式优先，主张渐进式的具有中国特色的可持续发展模式。邹统钎等(2007)认为，以村落为主体的遗产旅游应由地方社区控制，以产业链本地化、经营者共生化与决策权民主化作为旅游开发理念，采取社区主导的旅游开发模式。陈腊娇(2005)通过比较研究指出，在传统村落这种特殊的旅游资源开发中，村民自主旅游开发模式具有明显的优势，是古村落旅游开发的最佳模式。第二类倾向强调传统村落旅游地社区参与。学界普遍认为，传统村落社区居民具有村落遗产资源保护利用主体与传统村落资源本体双重身份，只有把社区参与纳入传统村落旅游发展进程中，使传统村落社区居民分享到发展旅游业带来的社会、经济、文化与环境等多方面的利益，以提升社区居民对传统村落旅游资源的保护意识，才能推动传统村落旅游可持续发展(余向洋，2006；雷海燕 等，2007；颜亚玉 等，2008；杨效忠 等，2008；蒋海萍 等，2009；王纯阳 等，2013；刘嘉

毅 等，2017）。这两类倾向实质上强调的都是旅游地社区在传统村落旅游发展中的主体性地位。而与之相反的一种现实情形则是，在地方政府的推动下，许多大型企业或企业集团动辄以几亿元甚至几十亿元的资金强势介入旅游开发，不少传统村落已经走到了村落整体易主的十字路口。旅游流影响下业已形成的传统村落旅游组织机制在巨型资本面前相形见绌。那么，具有自组织背景的传统村落在向旅游地转型的过程中是否依然具有自组织性？其组织行为有何规律？破解这些问题对旅游影响下传统村落活态传承与保护问题的解决有现实意义，是本书需要首先回答的问题。本章将以江西宜春天宝古村与贾家古村的旅游自组织演化分异为例展开比较研究，并在网络嵌入视角下对演化分异机制进行探究，试图揭示传统村落旅游自组织演化规律，为本书后续的相关研究提供理论支持。

3.1　社会系统自组织与他组织

自组织（self-organization）概念产生于自然科学，是指在自然和物理系统中自发出现的秩序。当自组织理论被应用于社会科学时，可以辨识出两种基本观念（Nederhand et al.，2016）。首先，作为规范或思想概念的自组织规范观。自组织规范观基于人天生就是集体的而不是个人主义的思想，主张在社区(或地方)一级应对社会和经济挑战。其次，作为一种治理概念的自组织功能观。它强调自组织是非政府行动者的行为适应和没有来自于政府压力的集体行动涌现。基于此，Comfort(1994)认为，自组织可以理解为集体交流、决策和行动上彼此适应的过程。这一过程在系统成员共享目标影响下将引起有序结构的产生。Meerkerk 等(2013)做出了类似的解释：自组织是在地方性行动者之间自发的非线性相互作用下，新的治理结构得以涌现和维持的过程。

自组织不受外部控制，但并不排斥外部输入或外部对系统的选择压力；自组织通常是由外部环境的变化或系统边界条件改变所触发的（Boons，2008）。自组织离不开值得信任的关系，以信任为基础的社会资本将刺激产生合作意愿、归属感，促进行为者之间思想、信息与经验的交流，从而使行为者彼此适应形成共享目标（Pierre et al.，2000）。关于自组织的形成，Nederhand 等(2016)认为，地理空间临近性与关键行为者的跨边界活动都是重要的影响因素。

自组织理论在旅游研究中得到了广泛应用，国外如Lowe等(2012)、Hassanli等(2016)分别对连锁酒店创新网络、家庭住宿业涌现的自组织机制进行了分析。国内研究主要集中在区域旅游系统演化(徐菁 等，2008；赵磊 等，2010；阎友兵 等，2012a)、旅游产业集群形成(许登峰，2010；卞显红，2011)、旅游产业融合(沈莹，2012；李伯华 等，2015)等3个方面。传统村落旅游自组织机制还没有引起较多关注(严伟，2016)，传统村落旅游自组织行为规律尚待深入探索。

他组织(hetero-organization)是与自组织对应的概念，由苗东升最先提出。苗东升(1988)认为，自组织与他组织代表两种不同的组织方式，自组织过程的组织力来自系统的内部，他组织过程的组织力则来自系统的外部；自组织与他组织之间不存在不可以逾越的鸿沟，任何系统的组织过程都是自组织与他组织对立统一的过程(苗东升，1988)。他组织概念的提出以及自组织与他组织的这种对立统一机制也引起了学界的关注。传统村落处于社会权力系统的末端，其自组织机制不可能脱离他组织的影响，因此我们在探讨传统村落旅游自组织现象时也将引入他组织概念。

3.2 传统村落旅游地网络嵌入机制

格兰诺维特认为，经济行动嵌入持续存在的个人关系网络，不仅仅发生在波兰尼所界定的前工业社会，也存在于工业社会中。格兰诺维特对“嵌入性”进行改造后将其引入经济社会学，加快了新经济社会学的形成，“嵌入性”由此成为新经济社会学最著名的类比(metaphor；纪廉 等，2006)，“嵌入性”与由网络嵌入形成的“经济制度的社会建构”则构成新经济社会学的两个主要理论概念(格兰诺维特 等，2014)。自20世纪80年代以来，学界围绕嵌入性展开了大量的研究。经济社会学学者认为，网络嵌入通过信任产生关系资本，促进企业间的知识流动(Dyer et al.，2000)；网络嵌入带来能力互补与资源共享，有助于企业积累知识资本以及获取市场优势与技术信息(Yli-Renko et al.，2001)。

3.2.1 旅游背景下传统村落多重网络嵌入性

在传统村落由居住地向旅游目的地演变的过程中，传统村落不断受到各方关注。一方面，由学界引起的自上而下的传统村落相关名录申报工作使传统村落得到各级政府的重视，人们意识到传统村落不再只是简单的农村居民点或乡村聚落，其具有显著的历史文化价值、社会价值和经济价值，是我国农耕文明的见证、“活着”的历史文化博物馆；传统村落的活态保护传承需要政府强力介入（夏周青，2015；罗康智，2017）。围绕传统村落保护的全国性大型学术报告有2005年提出的《中国古村镇保护与发展碛口宣言》（简称《碛口宣言》）、2015年提出的《中国传统村镇协同保护与发展的南岳共识》（简称《南岳共识》）；大型学术会议有2017年举办的中国传统村落保护论坛（南京）；而2017年由住房和城乡建设部召开的“传统村落保护发展国际大会”则具有国际视野。各类与传统村落相关的学术会议和学术研究成果共同推动了学术共识的产生，也使传统村落保护逐渐由理论走向地方政府主导下的传统村落保护实践。政府则通过各类法律法规强势介入传统村落保护进程，国家层面的法律法规有《中华人民共和国城乡规划法》《中华人民共和国文物保护法》《历史文化名城名镇名村保护条例》《传统村落评价认定指标体系（试行）》《中国历史文化名镇名村评价指标体系》《全国历史文化名镇（名村）评选和评价办法》等；各省市县一级政府则根据各地具体情况制定了相关的传统村落保护、旅游开发的制度措施，由此使传统村落不再只是私人财产，而是地方的甚至是国家的，属于全社会共有的人类文化财富。当代传统村落的发展嵌入了政府的政治网络之中。这种网络嵌入源于自上而下的权力网络，因此具有垂直关系的特点。

另一方面，由传统村落作为旅游吸引物而产生的旅游活动引发大量的旅游人流和旅游信息流，使传统村落由交通道路的终端走向经济社会发展的前沿。文旅融合、农旅融合，使传统村落成为旅游投资与旅游经营活动的重要场所，并聚集吃、住、行、游、购、娱六大旅游要素。在旅游活动影响下，传统村落社区村民通过旅游参与嵌入旅游产业网络之中。旅游产业网络嵌入使传统村落迅速从生活居住地向旅游目的地演化，旅游功能逐渐成为传统村落的重要功能。这种网络嵌入通过平等主体间在旅游产业活动中的交往互动而形成，因而是一种水平关系的网络嵌入。

传统村落旅游目的地的发展演化以传统村落旅游资源为依托，以传统村落活态传承为基础，因此传统村落的发展离不开传统村落社区的可持续存在。现今保存下来的传统村落是人类长期适应地理环境的具体创造，大多经历了传统农耕社会的文化建设过程（欧阳奎 等，1993）。各个传统村落基本上都还保留着宗族聚居的生活方式，具有相对封闭的社会单元的外在形态，往往是一村一姓或一姓多村；虽然我国传统宗族宗法体系已被摧毁，但在传统村落中依然保存着较多物态的宗祀建筑以及非物态的人类行为(曹国新，2003)，每个传统村落都因聚族而居形成了各具特色的熟人社会环境和文化网络，传统村落村民的日常交往和生产活动都打上了本村落的历史文化烙印。在旅游背景下，传统村落的活态保持要求传统村落原生的生产与生活活动能够保持，原有的文化网络能够传承。因此，即使旅游活动可能引发传统村落社会结构的变化，村民的生产与生活活动也将嵌入在以传统村落社区原有文化网络为主体的变迁的网络结构中。这种嵌入以平等主体间的交往为基础，是水平的网络嵌入。

可见，旅游背景下的传统村落嵌入在传统村落社区网络、旅游产业网络和政府政治网络中，传统村落社区成为多种信息流、人流和物流交汇的场所，迅速向传统村落旅游目的地演化，因而表现出与一般村落不同的发展演化方向。

3.2.2　多重网络嵌入下传统村落旅游地信任机制与变迁

信任是一种态度，是指相信某人的行为或周围的秩序符合自己的愿望，表现为对自然和社会秩序性、对合作伙伴承担的义务以及对某种角色技术能力的期待(郑也夫，1999)。信任是网络嵌入的基本条件，而人际互动产生的信任则是网络嵌入形成的关键。在传统村落由生活居住地向旅游目的地演变的过程中，存在多种信任机制。

(1) 传统村落旅游地社区内部存在固有的特殊信任机制。传统村落社区是一个熟人社会，村民间彼此熟悉，存在邻里关系、血缘关系，有共同的身份认同和地域认同，在这样一个亲人、熟人、朋友组成的社会环境中，频繁的生产互动、生活互动自然而然会产生较高的信任，进而形成特殊的人际信任关系(张云武，2009；黄荣贵 等，2013)。在存在这种特殊信任机制的环境中，村民根据村民间的交往经历能够很清晰地确认信任对象和判定信任的结果(谢坚钢，2009)。正是这种信任机制的存在，使传统村落村民嵌入了传统村落社区关系网络中。

(2) 传统村落旅游地社区存在明显的制度信任机制的基础。虽然我国乡村社会处于村民自治状态，但乡村社区并非法外之地。乡村自治本身就是我国乡村治理的制度创新形式，它以民主的方式整合了乡村社会，实现了国家以村民自治这种民主化的方式来整合乡村社会的目的（黄辉祥，2007）。传统村落更是由于其具有的历史文化遗产价值，使国家和地方政府通过行政权力强势介入传统村落的保护与资源开发利用中，才拥有不同于一般乡村社区的制度基础。然而这种权力介入又不能不考虑传统村落社区的自治性，只有当传统村落社区建立起对政府权力系统的信任也就是制度信任时，权力介入才能在传统村落社区合作的基础上取得成功（李佳 等，2018）。政府权力介入通过两种途径在传统村落社区形成信任基础：一方面，政府通过对村民委员会的认可获得传统村落社区的认同与信任；另一方面，政府通过传统村落社区对制度评价和政府官员等的信任形成社区信任。一旦这种通过政府与社区间互动形成的制度信任在传统村落社区形成，则传统村落旅游地社区会通过政府政治网络嵌入推动传统村落旅游地可持续发展（赵泉民，2013；李佳 等，2018）。

(3) 传统村落旅游地存在基于契约的信任机制。在旅游信息流和旅游人流等作用下，传统村落由封闭的交通道路终端走向开放的经济社会前沿，旅游活动替代原有的农业经济活动或将原有的农事活动转化为旅游活动，契约意识、契约精神也随之被引入传统村落旅游地，基于契约的信任机制逐渐成为传统村落旅游地重要的信任机制。这种信任机制的生成使传统村落旅游地社区的信任对象范围由相对狭小的熟人社会转向广泛的陌生社会，从而推动了传统村落旅游地普遍信任机制的形成，也为传统村落旅游地嵌入旅游产业网络奠定了信任基础。

在复杂社会环境中，制度既属于社会信任的中介，又为社会信任的形成提供环境保障（张向东，2012）。制度信任机制的形成在提高传统村落旅游地社区信任水平的同时，还将促进传统村落旅游地社区在参与旅游产业活动时信任水平的提高。近年来，自上而下的传统村落保护制度和政策的有效实施，以及自下而上的传统村落活态传承的努力，提高了传统村落旅游地社区的旅游参与意识和参与能力，并在传统村落旅游地社区旅游参与过程中逐渐形成了稳定的旅游产业互动对象。持续的旅游产业互动将推动互动双方的信任水平提高和互动双方的情感因素增加，使基于契约的工具性信任向基于人际关系的真实信任转变。正是由于这一信任机制的转移，旅游背景下的传统村落社区嵌入旅游产业网络，不断由生活居住地向旅游地演化。

3.3 网络嵌入下传统村落旅游地的自组织机制

研究表明，大到区域旅游系统（徐菁 等，2008；阎友兵 等，2012b）、区域旅游产业结构（范艳丽，2009；杨懿 等，2017），小到民族村寨旅游（王林 等，2013；胡家镜，2016）、农业文化遗产旅游（李伯华 等，2015），均具有自组织性。传统村落从生活居住地向旅游目的地演化的过程中，实际上是一个个小微型旅游企业围绕传统村落不断集聚、形成旅游系统的过程。在网络嵌入下，这一过程同样体现出自组织机制。

3.3.1 网络嵌入下传统村落旅游地的自组织条件

如果一个系统在没有受到外界特定干涉的情况下能够获得空间的、时间的或功能的结构，那么该系统被认为是自组织的（吴彤，2001）。自组织的系统能够通过与外界交换物质能量和信息，不断降低系统内部的熵含量，形成一定的驱动机制，由简单向复杂持续地演变，不断提高自身结构的有序度和自适应能力（吴彤，2001；毛焱 等，2013）。1969年普利高津（Prigogine）的研究发现，当一个开放系统达到远离平衡状态的非线性区域时，一旦该系统某个参量达到一定的阈值，系统就会开始从稳定状态进入不稳定状态，在涨落过程中实现突变，由原来的无序结构突然转变为一种在时间、空间或者功能上有新变化的有序结构。这是一种在远离平衡的非线性区域形成的有序结构，并且是以能量耗散的方式来维持自身的稳定，因此该种结构被称为耗散结构（徐菁 等，2008）。开放性、非平衡状态及非线性作用机制和涨落被认为是产生耗散结构、引发系统自组织的基本条件。

网络嵌入下传统村落旅游地具备自组织条件。

(1) 网络嵌入下的传统村落旅游地是一个开放社会。传统村落旅游地除了嵌入传统村落社区社会网络，还嵌入旅游产业网络和政府的政治网络。通过旅游产业网络嵌入，传统村落社区获得了来自旅游产业网络的旅游活动的相关信息流、物质流和能量流；通过政治网络嵌入，传统村落社区获得自上而下的权力支持及相关的信息流、物质流及能量流。由此传统村落社区获得了负熵输入，使传统村落旅游地熵减产生可能，为传统村落旅游地从无序向有序自组织演化奠定了基础。

(2) 网络嵌入下传统村落旅游地远离平衡状态。传统村落社区往往由一个家族或少数几个家族的几十个或几百个家庭构成，由于家庭历史背景、家庭成员经历上的差异，家庭之间在社区旅游参与上有较大的能力差异。在网络嵌入下，传统村落社区家庭间通过网络获得的社会资本也必然会有明显差异。这样，网络嵌入下的传统村落社区家庭之间的社会资本拥有上的明显差异使社区均衡状态极易被破坏，进而导致传统村落旅游地处于非平衡状态。非平衡状态的产生为传统村落旅游地自组织机制的产生提供了动力基础。

(3) 网络嵌入下传统村落旅游地存在非线性作用机制。网络嵌入下传统村落旅游地存在多重网络嵌入，也因此存在多种子系统，如与旅游活动相关的吃、住、行、游、购和娱等六大要素构成的旅游子系统，与传统村落遗产资源相关的历史文化资源保护子系统，与传统村落社区原有生产活动相关的农业活动子系统和村民社区自治子系统等。各子系统在传统村落旅游地非线性地相互作用、相互影响，既为传统村落旅游地非平衡状态的产生创造条件，又为推动传统村落旅游地自组织演化发展提供动力基础。

(4) 网络嵌入下传统村落旅游地存在涨落机制。系统状态量对其平均值的偏离即为涨落。由于传统村落旅游地存在大量子系统，各子系统在获取旅游相关信息或能量时的不平衡性使各子系统的涨落具有随机性。正是由于随机涨落的存在，网络嵌入下传统村落旅游地形成了自组织的触发机制(吴彤，2001)。

3.3.2　网络嵌入下传统村落旅游地的自组织动力

哈肯认为，系统自组织演化的动力不是来自于系统外部的指令，而是来自于系统内部各子系统之间的竞争和协同；也只有如此，系统才能够通过自组织产生演化(吴彤，2001)。竞争是自组织系统演化过程中表现最为活跃的动力，而竞争存在的基础是事物发展的不平衡性。只要事物内部或事物之间存在差异，事物内部的各子系统或事物之间就必然会存在竞争。由于系统内部各个要素或各子系统之间面对外部环境和条件时有不同的适应性与反应，它们各自获取的外部的物质、能量和信息的质和量也存在差异，因而系统内部子系统或要素间必定存在竞争，并且这种竞争将是永存的(哈肯，1984)。竞争的存在与结果反过来又可能造成系统内部或系统之间产生更大的差异性、非均匀性以及不平衡性。由此可见，竞争的产生除了造就系统远离平衡状态的自组织演化条件外，还推动了系统结构由无序向有序的演化。协同则是与竞争相对立的合作、互助、协作和同步，是系统内部各子系统之间的相互协调、合作或同步的联合作用与集体行动，体现的是系统内在的整体性和相关性。在非平衡条件下，系统内部各子系统之间的协同驱使子系统中某些运动趋势走向联合，并加以放大，使这种趋势占据优势地位，从而支配或主导系统整体的自组织演化(吴彤，2001)。

网络嵌入下传统村落旅游地各子系统之间既存在竞争，又存在合作和协同，为传统村落旅游地提供自组织演化的动力。网络嵌入下传统村落存在多种利益相关者，如传统村落社区旅游参与家庭、非旅游参与家庭、村民委员会、村落家族联谊会、传统村落所在地各级政府、村内外来旅游企业、旅游产业链外部企业、学术团体或学术专家个人、旅游者、新闻媒体等，各利益相关者围绕某一利益形成了多种竞争形式。具体来看，主要存在以下竞争形式：

(1) 传统村落社区旅游参与者或参与家庭之间以游客接待量和收入提高为目标的旅游业务竞争；

(2) 传统村落社区旅游参与家庭与非参与家庭之间以生活空间获取或占有为目标的空间竞争；

(3) 旅游者与传统村落社区旅游参与家庭之间以成本—收益为目标的旅游活动竞争；

(4) 传统村落社区旅游参与家庭与旅游产业链外部企业之间以砍价还价为目标的价格竞争；

(5) 传统村落社区与当地政府之间以传统村落遗产资源保护与利用为目标的资源竞争；

(6)传统村落社区旅游参与家庭与村民委员会之间以经营秩序为目标的管理竞争。

此外，还存在政府、外部企业、传统村落社区之间以传统村落旅游地主导权为目标的权力竞争。很显然，由于各利益相关者间利益兴趣的不平衡性，网络嵌入下传统村落旅游地内部众多子系统之间的竞争将持续存在，传统村落旅游地也因此获得了自组织演化的持续动力。

但是，网络嵌入下传统村落旅游地又存在明显的协同合作机制。

(1) 网络嵌入下传统村落旅游地各利益相关者间信任机制的产生将有利于减少各利益相关者间的矛盾冲突，也有利于减少交易成本、管理成本和其他相关的非经济成本，从而使利益相关者由竞争走向协同合作。

(2) 旅游者的旅游体验内在要求各子系统由竞争走向合作。对于旅游者来说，其购买的是一个完整的传统村落旅游体验和经历。这种体验和经历由涉及吃、住、行、游、购、娱六大要素的各个环节构成的服务系统来完成，任何要素和服务子系统的中断将影响旅游者的体验质量和体验的完整性。只有当传统村落旅游地各类利益相关者之间协同合作达成一致时，旅游各要素才能构成连续服务体系并有效运行，这样旅游者才能获得完整的旅游体验，并实现其旅游体验目标。

(3) 传统村落通过政治网络嵌入形成良好的制度环境，也为网络嵌入下传统村落旅游地各利益相关者间的协同合作提供了保障。

网络嵌入下传统村落旅游地各子系统间竞争和协同机制的存在，使传统村落的自组织演化有可能形成自己的特色和方向。

3.3.3　网络嵌入下传统村落旅游地的自组织表现形式

自组织过程是系统内部各个组成成分或各子系统之间的互动过程；当系统中某一组成成分的行为变化引起其他成分的反应时，其他成分的反应反过来可能会影响该成分，从而形成复杂的互动反应。自组织系统与环境之间也存在相应的互动过程。通过这些互动过程，系统不断试探和学习，不断自我评估，寻找新的适合系统的结构和行为模式，并继续接受环境的评估与选择(苗东升，2013)。自组织过程是一种动态的过程，当网络嵌入下传统村落旅游地走向自组织时，会出现传统村落旅游地旅游系统的自创生、自生长、自学习、自适应、自修复和自复制等一系列自组织现象，这些自组织现象相互影响、相互作用，共同推动网络嵌入下传统村落旅游地的自组织演化。

1．网络嵌入下传统村落旅游地的旅游系统自创生与自生长

自创生是指在没有受到特定外力干预下系统从无到有地自我创造、自我产生以及自我形成的过程，而自生长则是自创生后的系统自我完善、自我成熟的过程(苗东升，2013)。网络嵌入下，旅游者的进入使传统村落有了一定规模的旅游流和相关旅游信息流。在旅游流影响下，传统村落的旅游活动将会经历规模由小到大、影响由弱变强的不断演化，围绕旅游活动的开展，各类旅游要素逐渐在传统村落集聚。旅游要素的集聚进一步促进各子系统的分化，形成包括旅游吸引

物、旅游设施和旅游服务在内的传统村落目的地子系统，包括客源市场调查和市场预测在内的传统村落客源市场子系统，以及包括旅游交通设施、旅游信息咨询和信息服务、旅游规划和旅游营销在内的传统村落旅游出行子系统。在出行子系统、目的地子系统和客源市场子系统等各子系统不断自创生和自成长的过程中，在其外围还将形成由政策、制度、环境、人才等因素组成的支持子系统(吴必虎，1998)。网络嵌入下各子系统将相互影响、相互作用，共同推动传统村落旅游地旅游系统的自组织演化。

网络嵌入下传统村落旅游系统的自创生和自生长离不开地方政府的积极参与。地方政府的参与将成为传统村落各子系统运行的有力保障，传统村落的目的地子系统的自创生力量将得到加强，出行子系统也将得到改善。同时，网络嵌入下传统村落旅游系统自创生的一个重要前提是，传统村落本身要有一定旅游吸引力和规模，只有如此才能产生足够的旅游流和足够的旅游空间环境，各子系统特别是目的地子系统才有可能自组织创生。

2．网络嵌入下传统村落旅游地的社区自适应与自学习

一个系统的自适应和自学习可以从两个视角分析。从系统外部来看，自适应和自学习表现为系统与环境之间以一种稳定有序的方式进行物质、能量和信息交换，并且依靠系统自身的力量去建立和维持这种适应和学习过程；从系统内部来看，自适应和自学习表现为系统各个组成成分之间以一种稳定有序的方式互相学习与适应、彼此合作与竞争(苗东升，2013)。网络嵌入下传统村落旅游地最显著的自适应和自学习现象是传统村落旅游地社区的自适应与自学习。这种社区自适应与自学习具体表现为：传统村落旅游地社区在旅游参与过程中能够不断适应宏观旅游环境的变化、传统村落旅游地社区内部的微观旅游环境变化，社区旅游参与主体间能够通过网络嵌入相互学习、相互促进。

网络嵌入下传统村落旅游地的社区自适应和自学习又是传统村落旅游地旅游系统自创生和自生长的资源基础。我国传统村落蕴含丰富的物质文化和非物质文化，传统村落社区是其非物质文化的活的载体。网络嵌入下传统村落社区通过自适应与自学习保障了其非物质文化的活态传承，使传统村落旅游系统的自创生和自生长有了坚实的旅游资源基础。同时，这种内部核心成分的自适应与自学习也能够推动传统村落旅游系统自复制与自修复机制的生成。因此，从这个角度来看，传统村落社区现实生活空间与传统村落原生物理空间一旦分离，将会阻碍传统村落旅游系统的自生长完善甚至自创生机制的形成。

3.4　案例研究

3.4.1　案例地选择

本章选择江西省宜春市天宝古村与贾家古村作为案例地，主要是因为两个传统村落先后间隔一年被列入中国历史文化名村名录，旅游发展的历史跨度相似，且外部力量暂时还没有完全介入，因此不受外力主导影响的传统村落旅游组织机制能够得到客观呈现。

天宝古村位于江西省宜春市宜丰县的天宝乡范围内，距离县城23公里。古村内分布有天宝乡辛会村、辛联村两个行政村，两个村落都以刘姓人为主体，合称天宝古村。天宝古村选址和布局非常精巧，青山环绕，护城河绕村而过，村落整体呈船形形态，与自然环境交相辉映。该传统村落总体规模大，街巷纵横，面积达2平方公里；现有传统民居建筑230余栋，大多数为明清时期古建筑，其余为20世纪50~60年代仿古民居，且有10多处大型院落保存完整；房屋一般坐北朝南，分排林立。明清建筑主要由宗祠、亭阁、官厅、民居、石碑坊、宝塔、庵观寺庙等几大类建筑构成。建筑外观为风火山墙翻天井式，内为木结构，分穿斗式、抬梁式，也有穿斗式与抬梁式相结合的建筑；屋顶多为硬山顶和歇山顶；雕刻艺术高超，木雕、石雕、砖雕、石刻遍及各式花阁门、花窗、门楼、石墩和石础。天宝古村于2008年被列入第四批中国历史文化名村。天宝古村生活气息浓厚，2017年尚有住户2 067户，村内现实际住有居民3 000多人。天宝古村的对外交通便利，大广高速(武吉段)、昌铜高速在天宝乡设有互通出口处。从20世纪90年代初开始，该村踏上了保护与旅游开发之路。

贾家古村位于江西省宜春市南面25公里的高安市新街镇景贤村委会境内。贾家古村始建于宋开宝元年(968)，村落总面积达0.33平方公里。其元、明、清典型江右赣派建筑保存完好，而且较为集中，主要有宗祠、官厅、客厅、雨亭、大堂、民居六大房屋建筑类型，被誉为“现实中的荣国府”。该传统村落规模庞大，传统格局鲜明，现存民宅多达500余栋，其中属于元、明、清的古民宅有300余栋，保存完好且留有堂号的为119栋。贾家古村于2007年被列入第三批中国历史文化名村。与天宝古村不同的是，贾家古村原有居民近3 000人大多已从古村搬出，现在古村生活居住的居民多为老年人，但贾家古村的保护从20世纪80年代中期就开始了。2013年，贾家古村被江西省旅游局景区质量等级评定委员会评定为江西省首批4A级乡村旅游点。

3.4.2 研究设计

本书作者从2016年9月开始对湖南、湖北、安徽与江西四省30多个传统村落进行实地调研，发现不少传统村落存在一定规模的旅游自组织现象。确定将宜春市天宝古村与贾家古村作为案例地后，本章决定采用质性研究方法展开研究。质性研究方法比较适合对内在机理尚不清晰的社会文化现象做出解释性的理解，以为后续深入研究提供线索和理论雏形。质性研究强调在自然状态下运用访谈、实地观察、资料二次分析等多种方法进行信息收集，从而形成结论和理论（凌建勋 等，2003）。

笔者于2017年10月13~19日以及2017年12月10~16日分两次对案例地进行了实地调研，主要采用半结构访谈法并且同步录音，同时结合现场观察与文献资料加以补充印证。访谈对象选取的是利益相关者，具体包括各村所在乡镇负责人、村两委干部、旅游从业者、家族负责人与部分村民。由于天宝古村由辛会村和辛联村两村构成，所以实际上天宝古村的访谈对象分别从两村选取。而贾家古村虽然只是景贤村的一个自然村，但贾家古村居民占景贤村总数的90%以上，调查中发现景贤村两委干部全部来自于贾家古村，所以无须区分。最终完成的情况是，天宝古村与贾家古村分别有13名［包括2名电话访谈者（见表3-1）］和10名［包括1名电话访谈者（见表3-2）］完成了访谈。访谈用时均在30~60分钟之间。

表3-1　天宝古村受访对象、访谈内容与访谈方式

天宝古村受访者	访谈内容	访谈方式
辛联村支书A、辛会村支书B	村落社区组织、村落旅游组织、村落价值认知、规划	当面访谈
天宝乡副乡长C	旅游发展历程、旅游管理现状、村落价值认知、规划	当面访谈
天宝乡副乡长D	旅游发展历程、导游培训	电话访谈
天宝籍作家E	经历、创作动机、村落价值认知	电话访谈

续表

天宝古村受访者	访谈内容	访谈方式
刘氏理事会成员F	宗族组织、与村委会和政府间的关系、是否参与了古村旅游及其相关事务的管理、影响、村落价值认知	当面访谈
旅店老板G与老板娘H	经历、经营历程、村落价值认知、经营收益及影响	当面访谈
土特产店老板I、工艺品店老板J	经历、经营历程、村落价值认知、经营收益及影响	当面访谈
古村导游K、L	以前的经历、培训与管理、交流、村落价值认知	当面访谈
古村村民M	村落价值认知、旅游发展评价	当面访谈

表3-2 贾家古村受访对象、访谈内容与访谈方式

贾家古村受访者	访谈内容	访谈方式
新街镇副镇长A	旅游发展历程、旅游管理现状、村落价值认知、规划	当面访谈
古村旅游公司总经理B	旅游发展历程、旅游管理现状、村落价值认知、规划	电话访谈
贾家古村支书C	村落社区组织、村落旅游组织、村落价值认知、规划	当面访谈
村支委员D	经历、村落价值认知、宗族组织结构	当面访谈
导游员E、F	门票管理、以前的经历、培训与管理、村落价值认知	当面访谈
村民G、H、I、J	村落价值认知、旅游发展评价	当面访谈

3.4.3 研究发现

梳理由访谈所获得的信息，再加上实地观察与文献资料印证，本研究发现，天宝古村与贾家古村在从生活居住地向旅游地转化过程中，自组织非常明显，但两村的旅游自组织出现了明显不同的演化分异特征(见表3-3)。

表3-3 天宝古村与贾家古村旅游自组织演化过程比照

状态	天宝古村	贾家古村
自组织开端	始于刘氏理事会成立 非物质文化保护意识占主导地位	始于村落祖产认知觉醒 物质文化保护意识占主导地位
他组织介入	县乡两级政府介入 刘氏理事会将古建维护功能让位于政府力量	无他组织介入 家族组织隶属于村支部，无独立性
自组织演进	多主体参与下形成旅游自组织网络	村落与村民分离，走向内部他组织

1．天宝古村：他组织介入下走向自组织

(1) 天宝古村旅游自组织开端。天宝古村旅游自组织过程始于古村落遗产保护与传统文化的渐进恢复。1993年，天宝古村开始酝酿天宝墨庄刘氏族谱的修订；1994年，刘氏新修族谱完成。这是天宝古村宗族意识的复兴，也是天宝古村遗产保护潜意识的表现以及古村传统文化的恢复显现。“‘文化大革命’时期，我们天宝的家族组织都没有了，改革开放后，慢慢地一步一步地就恢复了。”（刘氏理事会成员F）。1996年，古村进一步成立了天宝刘氏理事会，这是古村自组织参与村落遗产保护与开发建设的开端。正如天宝古村四季公祠《天宝古村开发乐助碑》前言所述：古村保护开发由刘氏理事会发起。刘氏理事会的成立引来早期游客。早期旅游中，刘氏宗亲的探亲游与历史古建考察游占有一定比例，而且这两类旅游现在所占比例依然不少，但早期游客来访总量很小。

旅店老板G：“20世纪90年代游客有是有，好少。去年(2016年)有个老头子(北京来的专家)，他过来这里旅游。……我说再过几年来看就好看些了，他说那时候就没味道了，要看就要看原汁原味的。他说他十几年之前来过这里，现在弄得好多十几年之前的东西都没有了。这么说他十几年之前来这里看过。”

旅店老板娘H说：“上次浏阳那边也有姓刘的人过来，找我们本家人，他们有那个族谱，按照族谱找过来的。那边好多好多姓刘的都是从我们这里迁过去的。”

(2) 政府他组织力量介入下村民自组织行动。进入21世纪后，宜丰县相关政府力量介入天宝古村的保护与旅游开发。政府力量介入古村旅游的切入点是古村落建筑与环境的保护。自2002年开始，宜丰县各级政府部门投入资金约500万元，用于古村基础设施建设与环境整治。2005年，以天宝乡政府为基础成立古村保护领导小组，2009年和2011年又相继成立古村管理委员会和古村保护开发领导小组，2013年再成立天宝乡旅游工作领导小组。同时，宜丰县政府先后出台了《宜丰县天宝古村保护区保护管理办法》《天宝古村建筑管理暂行规定》《关于做好明清期间古民居调查并加强保护的通知》；天宝乡政府则出台了《关于开发天宝旅游景区重点保护古建筑设施的通知》《天宝古村保护区保护管理办法》《关于要求搬迁古村内所有木竹加工企业的通知》。政府力量介入后，天宝刘氏理事会在古建筑维护方面的功能让位于政府力量，刘氏理事会转而专司刘氏宗亲关系的建设以及部分祠堂的管理。但政府力量介入后其实质性行动并不多，对古建筑的保护也没取得成效，甚至出现了2013年《古村内违章建筑集中爆发，事发宜丰县天宝古村》的报道。古村旅游开发方面寄托于招商引资，但招商一直没有成功(直到2016年年底，江西省旅游公司与宜丰县政府合作，拟通过整体产权置换介入天宝古村旅游开发。2017年10月进入前期合作阶段，迁建小区正式动工。由于本书调研时该开发项目尚未全面展开实施，因此不影响本书的分析)。

天宝辛联村支书 A 说："2000年左右县政府就开始叫外面的老板来，外面的私人老板来了好多批，都没有搞成。因为我们村面积太广了，要的投资太大。"

政府力量介入下虽然招商一直不成功，但天宝古村旅游依然发生了变化，最明显的就是商务客人增加了。天宝古村是宜丰最重要的文化旅游资源，2008年天宝古村入选第四批中国历史文化名村，2013年又入选第一批中国传统村落，天宝古村就此成为宜丰乃至宜春在招商活动中推介的最好的名片之一。周边城市不少旅行社将天宝古村纳入其旅游线路而使之成为旅行社线路中的重要节点，因此天宝古村的游客组织方式也发生了变化，团队游客出现了，其旅游影响也不断扩大。旅游客流的增加为天宝古村带来了商机，天宝古村旅游的自组织活动日益明显。最先自组织参与的是餐饮业，但影响最大的则是古村村民的导游自学活动。2008年天宝乡政府对年轻的机关干部进行了导游培训，后来政府又培训了一批古村里面的年轻村民做导游，这样，天宝古村的正式导游队伍就形成了。在正式导游为客人提供免费讲解服务时，一些村民通过模仿学习成为天宝古村的社会导游。

天宝乡副乡长 D 说："在古村里找到了几个热心的人，培训了一下，给了他们一些资料，一个星期左右吧，然后带他们实地看了几次，一些人就经常会去带一下客人。我们当时贴出了公告，招古村导游，有兴趣、有爱好的都可以过来学。公告贴在古村里面，当时村里面知道了的人有兴趣的自然就找过来，村里面也宣传了一下。村里面毕竟大概晓得谁活跃一点，乡政府平时有人也到村里面去问过，就这样的情况下把这些人叫过来了。大概来了六七个人，来的人都是真正学了的，但是因为有一些年轻人后来又慢慢地出去了，在我们那一次培训了出来的可能还有2个人在村里吧，如果找到他们的话他们还是会去讲解一下。至于后面社会上的那些导游，那是我们天宝古村有了好多客人之后，他们自己发现了这也是一个商机。有时候我们去讲解，他们会跟在后面去听，自己看看资料，慢慢地也学起来了。他们这一波呢，实话实说，他们是自己成长起来的，我们政府呢没有过多去引导。如果他们问我们要资料，我们也会给，如果跟在我们后面听，我们也会带他们。但是，不是我们主动去，而是他们自发来学的。”

⑶ 多行动主体参与下天宝古村旅游的自组织网络。天宝古村旅游到现在规模依然不大，除了2017年乡政府在几个核心古建筑处设置了解说设施，古村没有经正式规划设计的其他旅游接待设施；进入古村不需要门票，政府也只针对与政府联系的政商客人提供免费导游服务。但在旅游流的不断影响下，具有浓厚生活气息的天宝古村社区旅游参与意识和参与能力都增强了，并且内部初步形成了旅游自组织网络。2011年，天宝古村第一家旅游商品店——古村土特产店成立。该店除以实体店为古村游客提供特色产品外，还是拥有2个皇冠的淘宝店。微信兴起后，该店又于2014年左右通过微信经营获得了较好的经营效果。在该店带动下，现在天宝古村经营旅游商品的摊点和实体店铺已经达到了11家。2013年，刘氏理事会开始在四季公祠收取门票，正式成为旅游经营主体。同样在2013年，天宝籍作家E——刘建华女士创作转向，其以天宝古村文化精英政商故事为题材的长篇小说《天宝往事》获得成功，出版发行超过5万册；其后又有《立春秋》《天宝古村先贤小传》陆续问世。这些作品深挖素材，加工出天宝古村的艺术形象，使古村落形象能够以更广泛的方式得以传播。2017年7月，旅店老板G率先由餐饮扩容渗透到旅馆业，面向游客提供全方位的餐饮住宿接待服务。该店主对未来为度假住宿游客提供服务充满期待。这样，围绕游客活动初步形成了古村自组织的产业网络。自组织主体有刘氏理事会、古村社会导游、古村餐饮旅馆、古村土特产与工艺品店、作家个体。如图3-1所示，为天宝古村旅游自组织产业结构简略图。至此，以天宝古村旅游产业网络为依托的目的地子系统已经有了进一步自组织演化的基础。

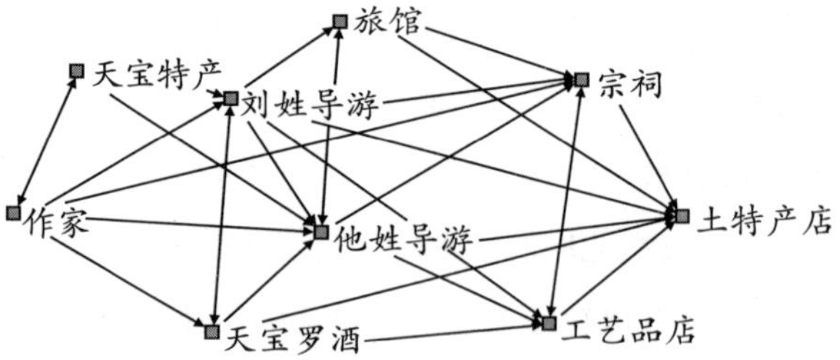

图3-1　天宝古村旅游自组织产业结构简略图

2．贾家古村：由自组织走向内部他组织

(1)始于认知觉醒的贾家古村旅游自组织。贾家古村旅游自组织始于贾家古村村民的认知觉醒。20世纪80年代中期，贾家古村部分先富裕起来的村民开始在村内修建新房。在农村，经受了“文化大革命”后，拆老房建新房本是习以为常的事；但贾家古村时任村主任贾克玖意识到了，村落才是祖产，村内建房是对祖产的破坏。这是贾家古村村民对村落祖产的认知觉醒。于是，在村主任的带领下，贾家古村制定了生活居住区规划，初期由村内往村外周边搬迁建房，1995年后通过兴建圩集吸引村民集中搬迁建房，由此使贾家古村的整体面貌得以保留。

村支委员D说：“保护古村这一块，首先要做老百姓的工作，要群众意识到为什么要保护古村，保护古村有什么好处。首先要宣传，然后带他们到其他古村去参观。党员都去了，然后还有群众代表，我们发班车都发了几次，到了乐安流坑等好几个古村。还有些村小组长，我们带他们到了安义、浙江的好几个古村转了一圈回来。这就是说，首先让一部分人的积极性调动起来，然后他们回来就说，人家那里没有我们贾家古村这么完整，面积没有我们这么大，然后就明白了这种古村的价值，然后再去宣传。”

2004年贾家古村启动的第三批中国历史文化名村的申报，让祖产认知觉醒的贾家古村又产生了对古村资本价值的认知觉醒。利用古村旅游形成造血功能，巩固贾家古村的保护效果，提高古村村民的自觉保护意识，这是贾家古村村干部当时的工作思路。贾家古村的旅游从2005年开始起步，并且按照先旅游接待设施建设、后导游讲解服务引入、再旅游市场营销运作这样一个顺序推动贾家古村旅游演进。

贾家古村旅游公司总经理B说：“我们古村2004年开始申报中国历史文化名村，2007年成功获批，从2005年就开始打造旅游了。因为你仅抓保护的话，老百姓也会烦的。我们首先在高安市找到两个做导游的妇女，也比较年轻，结婚没多久吧，她们也是专职导游。然后请她们到我们这里兼职做导游，然后我们慢慢去挖掘古村历史文化，也添导游组啊，就这样跟她们一起来弄。她们弄了之后，然后就网上发布：贾家古村，有这么一个地方。物价局审定门票，当时定的是35元；我们给旅行社当时定的是10块，挂牌35元。后来我们会经常接到一些大旅行社的会议邀请，我们都会参加。还有一个，针对南昌各个旅行社我们会去走动；曾经也请过120个旅行社的老总，共120号人来贾家古村踩点过，最后合作的有四五家。”

对古村旅游的期待，让贾家古村全体村民参与到搬出古村、搞好古村旅游的村落集体行动中。村民通过从古村搬出的方式参与到贾家古村旅游建设之中。而这种集体行动，没有来自于村落外部的压力，完全是自觉行动。可以说，“贾家古村保护与旅游开发都是由他们自己发起推动的”（新街镇副镇长A）。在这种自组织行动中，贾家古村高起点地完成了《贾家古村保护规划》《贾家村旅游业发展总体规划》，还高标准地兴建了入村大门和停车场。

⑵在旅游期待中走向内部他组织。在古村全体村民的旅游期待中，贾家古村发生了两个方面的变化。一方面，贾家古村博物馆化。自村落规划开始，贾家古村内部基本停止了新房建设，并拆除了大量与古村落特色不符的建于20世纪50~80年代的私房与公房。同时，村里利用2010年之前的自筹资金以及2010年之后获得的政府专项维修资金，对破损的老房子进行修缮。村民按照业已形成的村落搬迁轨道，逐步从村内向贾家圩集方向集中搬迁，现在古村落核心区人口已不足100人，且全是老年人，甚至其中一些还是弱病残之人。

贾家古村支书C说：“人口是逐年搬出来的，在2004年开始申报国家历史文化名村之后，逐渐搬出来的。有的人家房子早建好了，但不是建完了就住进去，要装修好了再进去，大概2010年以后搬出去的人最多。现在住在里面的很少，因为外面做了新房子。中间核心区里面黑漆漆的，看看有100人没有。”

事实上，贾家古村已经成为一座空心村。空心化后各家老房子的入户钥匙均上交村委会，村民成为名义上的老房子所有者。空心化的结果是贾家古村走向博物馆化。

另一方面，村民由传统村落社区旅游参与者变成旁观者。从2005年打造旅游开始，贾家古村旅游公司便作为古村旅游经营管理机构产生了，但与村两委是两块牌子、一套人马。旅游公司一直由村支书负总责，由村民兵营长任公司总经理负责具体的经营管理。但古村旅游经历了导游服务引入与旅游市场营销运作后，旅游从业者队伍并没有扩大，收益也不如预期。贾家古村的团队游客比重较大，导游员E说：“漏票逃票的游客多。”新街镇副镇长A说：“一年的游客量不多，大概三四万人，绝大部分游客是从别的景点带过来的。”古村最初有三四名导游，现仅有导游2名。2名导游每天轮流值班，逢假日则同时上班。但每位导游实际上既要负责导游讲解，又要负责门票收费与检票，甚至还有安保工作。古村旅游公司总经理 B 说："旅游这一块，现在收入来源只有门票收入，门票收费也很低，收入很少，只能保她们两个导游的工资。"部分参与过旅游经营的村民则在刚开始的热情参与之后，适应不了旅游的季节性与波动性，基本上退出了旅游从业者队伍。

导游员 E 说："以前有些人拿鸡蛋过来卖，但要看到很多人来了，他们才会来。以前有几个人卖，现在干脆没有人来卖了，因为这两年游客量少了。前些年游客多的时候，有一次天晴，人家把黑芝麻晒在这里，很多游客来买，全都卖完了。还有那个卖麻油的村民，看到有很多游客，就直接把麻油提出来放到这里，都卖掉了。"

过境的游客在古村停留时间短，让村民感觉游客只是来看他们引以为傲的老房子，认为没有游客、没有生意，以至没有哪个村民为游客提供相关服务，也没有村民去自学做导游。现在，贾家古村村民已经由传统村落社区旅游参与者变成旁观者，古村旅游公司则成为村内唯一的旅游经营主体。博物馆式的古村落与作为旁观者的古村村民两相分离，使"两块牌子、一套人马"的贾家古村旅游公司不再具备组织村民参与旅游的功能，其与村民之间的旅游产业活动目标产生了分离，他组织功能突显。由此，贾家古村旅游自组织向内部他组织演化，旅游系统的进一步自组织演化已经停滞。

3．网络嵌入视角下天宝古村、贾家古村旅游自组织演化分异形成机制

天宝古村旅游在政府他组织介入下依然走向自组织，贾家古村则由始于认知觉醒的旅游自组织走向内部他组织，显示出两个传统村落不同的旅游自组织趋向。那么，两个传统村落内部为什么会产生旅游自组织演化分异？两个村落之间又为什么形成不同的分异路径？网络嵌入理论认为，行动者不能孤立于社会情境之外，更不能完全受工具理性或价值规范内化所左右，而应该嵌入社会关系网络系统之中，并在人际互动过程中重构社会秩序（格兰诺维特，2015）。根据以下两条分析路径，网络嵌入理论对上述演化分异的形成机制能够做出较好的解释。

(1) 权力—信任关系→村民合作或对抗的集体行动。在关系网络之中，有两种关系：一种是以信任为基础的水平关系，合作为其特征；一种是以权力为基础的垂直关系，顺从为其特征。正是嵌入信任与权力构成的关系中，人的利益才能得到体现(纪廉 等，2006)。权力是个人或群体将其意志强加于他人的能力。在社会交往中，权力来源于单方面的依赖。但此时的权力尚处于潜在状态，当权力主体有能力为达到群体的集体目标或为其成员个体目标实现做出贡献时，权力得到群体认可，群体对权力产生信任，群体在信任的基础上顺从权力而获益(布劳，1988)，如此，权力目标才能实现。因此，垂直关系的权力也需要通过嵌入以信任为基础的社会关系网络才能实现，权力—信任关系强度影响权力实现的程度。强权力—信任关系产生合作，弱权力—信任关系产生对抗。在传统村落社区，作为自组织产物的村民委员会需要得到政府的认可才能取得合法性，并需要接受村支书的领导。所以，村民委员会实际上又嵌入政治网络中，需要在传统村落社区重建权力—信任关系，得到村民群体认可，方能实现权力目标。

在天宝古村的旅游自组织演化中，村两委是缺位的。辛会村支书B说："村上哪有钱去搞旅游？另外，我们天宝古村涉及几个村，要是光我们一个辛会村，还好一些。"天宝古村两委不能凭借自身的能力与行动产生权力—信任关系。天宝乡政府虽然介入了古村旅游开发，但没有实质性的行动，也无法通过村两委建立起权力—信任关系。由村民委员会等各级政府所倡导的传统村落建筑保护机制也因此没有建立起来，村民拆老房建新房的行为一直存在。完全建立在信任基础上的天宝刘氏理事会则拥有强权力—信任关系(见图3-2)，所以，源于天宝古村刘氏理事会的古村非物质文化保护与旅游开发的自组织行动，并没有因政府他组织力量的介入而中断。

贾家古村则不同。在老书记贾克玖的领导下，村两委班子通过20世纪80年代的村村通公路建设、1999年的良田化改造和2002年的土地流转这些在全国都比较超前的行动，使村民不断从中获益，从而早已建立起了强有力的权力—信任关系。古村虽有贾氏宗族组织——贾氏理事会，但它隶属于村支部，没有建立独立的权力—信任关系(见图3-3)。因此，始于村落认知觉醒的旅游组织行为获得了贾家古村全体村民的大力支持，从而使贾家古村旅游自组织机制得以形成。即使是在贾家古村旅游走向内部他组织的情况下，村民也还在积极配合村两委倡导的传统村落建筑文化保护的集体行动。

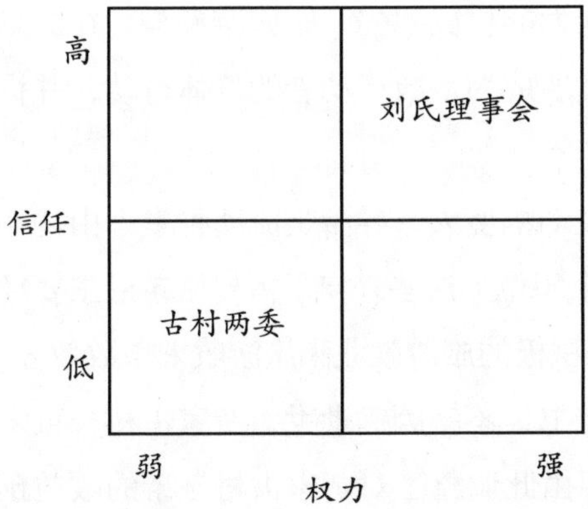

图3-2　天宝古村重要主体权力—信任关系矩阵

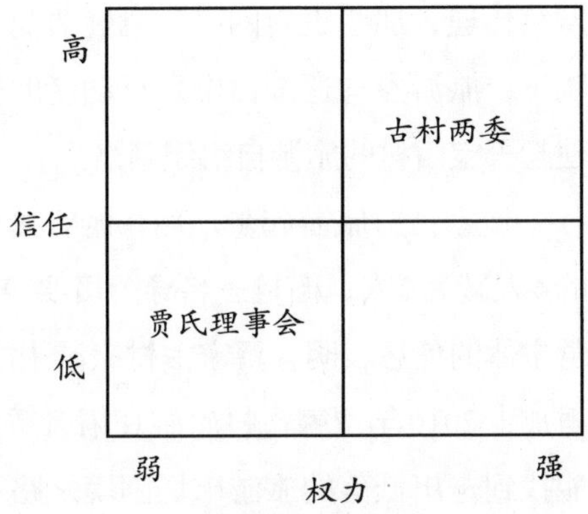

图3-3　贾家古村重要主体权力—信任关系矩阵

贾家古村旅游公司总经理 B 说："老百姓都有自己的事情做。因为土地流转，都有自己的工作，都有自己的收入来源。然后大家都是这样想的，反正这些古房子嘛，腾出来也是腾出来。然后呢，与他们的经济收入也不会发生冲突，如果旅游起来的话，也可以改变他们的收入，是吧！所以，目前，老百姓都没有什么反应，还是比较配合。"

(2) 村落社区网络信息流→村民旅游参与或退出的集体行动。传统村落旅游的自组织过程实质上就是在传统村落社区关系网络中，逐渐自组织形成一个旅游产业网络的过程。因为地理上的临近性以及同宗同族关系，传统村落的社会关系网是密网、强关系网，信任度高。同时，传统村落社区关系网既是情感网，又是咨询网络，信息传递路径多，信息传递速度快。当旅游经济信息流进入传统村落社区网络时，它很容易被嵌入在传统村落社区网络的成员获取而产生一定规模的集体行动。集体行动通过影响传统村落旅游产业网络结构，来影响传统村落旅游的自组织演化进程。

天宝古村不仅有村落内部的强关系网络，也有众多行动者构建的对外弱连接。政府的介入是一个重要契机，它使天宝刘氏理事会专司刘氏宗亲关系网络维护，并建立起大量弱连接，丰富了古村的旅游文化内涵，增强了村民的旅游参与自豪感。政府对导游的培训也传递出有关天宝古村旅游的重要信息，提高了村民对古村旅游的利益期待。生活在村落内部的大量古村居民更是能够直接从旅游流中获得丰富的旅游经济信息。这一系列不同来源的旅游经济信息又通过天宝古村社区网络传递，那些占有网络信息优势而又有能力的村民率先开始旅游参与。在此影响下，旅游参与逐渐由个别行动者的行动发展成为多数行动者的群体行动，并构建起天宝古村的旅游自组织网络。

贾家古村旅游起步之后，游客接待量波动幅度大，导游员流动频繁，由初期的4人减为2人，而且一名导游员要兼任多个职位。这些来自于古村旅游最主要经营主体的信息表明，贾家古村旅游未能带来积极的旅游就业和旅游收入乘数效应。再加上2010年贾家古村旅游开拓者贾克玖老书记不幸因病逝世，贾家古村一直未能找到走出低落的旅游市场困境之路，村民由此调整了对贾家古村旅游的收益预期，逐渐由参与者变成观望者，最后变成旁观者。并且这种行动由个体发展到群体，形成贾家古村村民退出旅游参与的集体行动，也因此使贾家古村旅游自组织走向内部他组织。

3.5 结论与讨论

3.5.1 结论

本章探索了宜春市天宝古村与贾家古村的自组织演化及其分异过程，根据网络嵌入理论分析了分异形成机制，对网络嵌入下传统村落旅游的自组织演化规律有了初步认识。从案例中可以得出以下几点结论：

(1)传统村落旅游系统自创生的触发点具有偶然性，但又有一定的必然性。从本章案例来看，天宝古村的旅游自组织发端于天宝刘氏理事会的成立。具有强权力—信任关系的刘氏理事会建立起众多连接，起到了天宝古村村两委无法起到的作用。宜丰县政府与天宝乡政府介入后，以非物质文化建设见长的理事会在古建维护方面让位于政府他组织。政府没有建立起强权力—信任关系，导致古村内拆旧建新的破坏性行动禁而不止。但政府力量的介入又不断为古村带来旅游经济信息，占有网络信息优势的村民率先参与旅游经营活动，并逐渐由个体行动发展成为集体行动。

贾家古村的旅游自组织始于贾家古村村民的村落祖产认知觉醒。贾家古村村两委在家乡生产与环境建设过程中早已建立起强权力—信任关系，基于认知觉醒的村两委的旅游组织行动得到了全体村民的积极响应与支持。在贾家古村的旅游自组织过程中，一方面，单一的传统村落物质文化觉醒基础上的旅游自组织活动，带来了贾家古村村民与村落的直接分离；另一方面，“两块牌子、一套人马”下的旅游公司经营活动的不景气，降低了村民的旅游收益预期，村民由传统村落社区旅游参与者变成旁观者，最终村民退出旅游活动发展成为集体行动选择。

⑵ 权力—信任关系分异，奠定了不同传统村落旅游系统自生长的分异基础。在本章案例中，具有非正式组织特征的刘氏理事会通过强权力—信任关系在天宝古村旅游自组织演进中发挥了积极作用。天宝古村正式组织没有建立强权力—信任关系，对古村旅游自组织的影响是外部性的。贾家古村正式组织通过强权力—信任关系，使其旅游组织活动获得了全体村民的全力支持，从而能够推动贾家古村在旅游开发一开始就走上了旅游自组织演化道路。

⑶ 村落社区网络信息流分异，推动传统村落旅游地社区自适应演化分异。由案例信息可知，天宝古村社区网络信息流以积极信息为主，村民对村落旅游预期不减。因此，天宝古村旅游在政府他组织介入下依然走向自组织。贾家古村社区网络信息流经历了先积极信息后消极信息的传播，村民对村落旅游的预期下降，也因此，该村旅游由自组织走向内部他组织。

与以往研究不同的是，笔者在案例地访谈中发现，无论是正式组织还是非正式组织，都需要通过构建权力—信任关系，才能够获得具有自组织背景的传统村落群体认同，进而在与村民交往中得以实现权力目标。权力主体的行为能力与形象传达的信息，通过村落社区关系网络影响村落群体行动。村民的行动存在理性的一面。由于受传统村落社会关系网嵌入性影响，村民的行动很容易由个体行动发展为集体行动。

3.5.2　讨论

本章关于网络嵌入下传统村落旅游自组织的研究尚属个案研究，研究发现与所得结论未必具有普遍性。但对于肩负中国传统农耕文化遗产传承重任的传统村落来说，本章带来的启示有一定现实意义。

1. 传统村落社区现实生活空间与村落原生物理空间分离可能导致旅游自组织停滞

贾家古村存在的村落社区现实生活空间与村落原生物理空间分离现象是传统村落旅游开发中的一种比较普遍的现象。这种分离有什么影响？村民与村落间该怎样建立联系？这些是传统村落遗产保护与旅游发展需要重视的问题。从两个传统村落旅游案例地的自组织演化过程比较来看，天宝古村的居民社区与村落具有高度一致性，村民嵌入多重网络中，在旅游客流和旅游信息流影响下，形成的自适应和自学习机制推动了该村旅游产业网络的自组织演化，为旅游系统的自创生与自生长奠定了基础。而贾家古村的居民社区与村落相分离，意味着该村的物质文化资源与非物质文化资源不是处于相对统一重合的状态，而是处于完全分离的状态，由此降低了该村落应有的旅游吸引力，也使得该村落社区网络嵌入下的自适应和自学习机制相异于天宝古村。如此一来，贾家古村原有的旅游系统自创生机制逐渐失去了动力，其自组织处于停滞状态。因此，传统村落的现实生活空间与传统村落的原生物理空间之间保持一定规模的统一性，能够有效驱动网络嵌入下传统村落旅游地社区自适应和自学习机制的形成，从而真正形成社区参与下的旅游系统自组织机制。

2．网络嵌入下传统村落旅游的自组织离不开他组织

传统村落处于社会权力系统末端，其旅游自组织面临诸多问题，其克服困难实现自生长的能力明显不足，其旅游系统很难完全在自组织下达到完善状态，所以外部他组织的介入成为必然。来自于地方政府的他组织是最重要也是当前最主要的外部他组织力量。传统村落所在地政府有多个层级，不同层级的地方政府在传统村落旅游地自组织过程中发挥的组织作用是不同的。可以将乡镇一级政府看成传统村落旅游系统中的一个成分，这样乡镇一级政府发挥的作用来自于传统村落旅游地旅游系统内部，属于旅游自组织。乡镇以上的政府如县级政府则可以看成传统村落旅游系统之外的成分，属于他组织。政府对传统村落旅游系统的完善是非常积极有效的，特别是中西部地区，乡镇一级政府对传统村落的财政支持能力有限，传统村落旅游地自组织更需要有县级以上政府他组织的物质、能量输入。东部发达地区的乡镇一级地方政府可能财政实力雄厚，则乡镇一级政府依然可以在本地传统村落旅游自组织机制形成中发挥重要的支持保障作用。传统村落外部企业也能通过整体租赁、承包经营方式进入传统村落旅游产业，发挥他组织作用。企业的他组织作用主要体现在目的地子系统的设施和服务完善以及客源市场子系统和出行子系统的适应能力提高等方面。

相对于传统村落旅游地社区来说，他组织中无论是县级以上政府还是外部企业都具有强大的物质、能量基础，可以强势介入传统村落旅游地的组织过程，但只有在传统村落旅游地社区建立良好的权力—信任关系时，他组织介入才能成功。

根据传统村落规模、社区与村落空间的关系，可以对不同传统村落旅游自组织的现状和趋势做进一步分析。表3-4是笔者近年实地考察的传统村落旅游的自组织现状与趋势。由于没有获得所考察村落的实际数据资料，表中社区与村落空间关系、规模并非精确计算的结果，而是笔者对所考察的传统村落进行全面比较后，得出的不同村落的空间关系和规模状态，是一种定性的描述。根据比较结果，社区与村落空间关系分为统一、基本统一、分离、基本分离、部分分离、暂时统一但即将分离等几个类型，传统村落规模则分为大、较大、中和小等几个类型，旅游自组织类型分为政府主导下的自组织、企业主导下的自组织、社区主导下的自组织，还有一些传统村落尚处于他组织状态下，无自组织现象。从发展趋势来看，社区与村落空间关系统一、规模大或较大的传统村落，其旅游自组织具有良好的发展趋势。而社区与村落分离、规模也小的传统村落不仅现在没有自组织现象，未来也很难出现旅游自组织现象。这些传统村落旅游需要完全由他组织发挥作用才有发展的可能。

表3-4　网络嵌入下传统村落旅游的自组织现状与趋势

传统村落名称	社区与村落空间关系	规模	旅游组织类型	趋势
湖南省岳阳县张谷英村	统一	大	政府主导下的自组织	良好
安徽黟县西递村	统一	大	政府主导下的自组织	良好
安徽黟县宏村	统一	大	企业主导下的自组织	良好
江西省乐安县流坑村	统一	大	政府主导下的自组织	良好
湖北省武汉市大余湾村	暂时统一但即将分离	较大	企业主导下的自组织	不确定
江西省高安市贾家村	分离	较大	社区主导下的自组织	停滞
湖南省会同县高椅村	统一	大	政府主导下的自组织	良好
湖南省江永县上甘棠村	部分分离	大	政府主导下的自组织	一般
湖南省永州市干岩头村	基本分离	大	政府主导，无自组织	难
江西省宜丰县天宝村	暂时统一但即将分离	大	政府主导下的自组织	不确定

续表

传统村落名称	社区与村落空间关系	规模	旅游组织类型	趋势
安徽省黟县南屏村	基本统一	大	企业主导下的自组织	一般
湖南省辰溪县五保田村	季节性统一	中	政府主导下的自组织	一般
湖南省双牌县坦田村	基本分离	中	政府主导下的自组织	难
湖南省祁阳县龙溪村	基本分离	小	政府主导下的自组织	难
湖北省赤壁市羊楼洞村	部分统一	中	政府主导下的自组织	刚开始
湖南省江永县兰溪村	统一	大	政府主导下的自组织	刚开始
安徽省黟县卢村	基本分离	大	企业主导下的自组织	一般
湖北省武汉市泥人王村	分离	小	企业主导，无自组织	难
湖南省浏阳市楚东村	分离	小	政府主导，无自组织	难
湖北省孝昌县小河村	统一	中	政府主导，无自组织	不确定
江西省安义县古村群	统一	大	企业主导下的自组织	良好
湖北省崇阳县回头岭村	基本分离	小	政府主导，无自组织	难
湖南省新化县正龙村	统一	中	政府主导下的自组织	良好
江西省宜丰县平溪村	基本分离	小	政府主导，无自组织	难
湖北省武汉市罗家岗湾	基本分离	小	政府主导，无自组织	难
湖北省通城县大埚村	部分分离	小	政府主导，无自组织	难
湖北省通城县内冲瑶族村	统一	小	社区主导下的自组织	刚开始
湖南省湘乡市壶天村	部分分离	小	政府主导，无自组织	难
湖南省汨罗市长新村	统一	小	政府主导，无自组织	难
湖南省汨罗市新市村	统一	小	政府主导下的自组织	刚开始
湖南省平江县黄桥村	分离	小	政府主导，无自组织	难
湖南省嘉禾县雷公井村	基本分离	小	政府主导，无自组织	难
湖南省新化县楼下村	分离	小	政府主导，无自组织	难

本章小结

旅游影响下的传统村落旅游地在固有特殊信任基础上形成制度信任，其基于契约的工具性信任向基于人际关系的真实信任转变，推动传统村落旅游地多种网络嵌入机制生成。由于网络嵌入下的传统村落旅游地各子系统间竞争和协同关系的存在，传统村落旅游地旅游系统表现出自创生与自生长，并通过传统村落旅游地的社区自适应与自学习，使传统村落旅游地的自组织演化有可能形成自己的特色和方向。本章的案例研究表明，传统村落旅游地社区村民受权力—信任关系以及社区网络信息流的影响，可能产生村民合作、旅游参与或对抗的集体行动，进而改变传统村落旅游地的自组织演化方向。网络嵌入下的传统村落旅游自组织离不开他组织，传统村落社区现实生活空间与村落的原生物理空间分离可能导致旅游自组织停滞。社区生活空间与村落物理空间之间保持一定规模的统一性，网络嵌入下的传统村落旅游地社区自适应和自学习机制才可能形成，社区参与下的旅游系统自组织演化才可能实现。本章的研究为网络嵌入下传统村落旅游地的社区知识获取、社区旅游创新及旅游创新演化等后续研究提供了启发。

第 4 章　网络嵌入下传统村落旅游地社区知识获取机制

传统村落旅游体验离不开游客对传统村落景观、空间结构、人文环境的感知，更离不开主客互动带来的真实感受。传统村落社区通过旅游参与充当文化经纪人（cultural broker），有助于缩小游客与传统村落旅游目的地之间的距离，使游客获得广泛而深刻的传统村落文化旅游体验（Cohen，1988；Kastenho! et al.，2012）。在社区旅游参与下，传统村落家庭型、小微型旅游企业高度集聚，传统村落社会网格局因之发生显著改变。

⑴ 传统村落社会网复杂化。传统村落社区既存在以地缘、血缘为基础的传统社区关系网络，又有围绕旅游活动形成的村落社区内部旅游产业网络，还有政府力量强力介入下产生的垂直政治网络。

⑵ 传统村落社会网络开放性增强。旅游产业网络的出现使传统村落形成众多外部连接，这种外部连接削弱了传统村落原有的网络封闭性。

⑶ 传统村落社会网行动者多样化，有社区居民、传统村落社区旅游参与者、传统村落旅游总经营商、外部旅游企业、游客和政府机构，甚至还有第三方行动者（尹寿兵 等，2013），这样一来，传统村落原有的相对单一的行动者格局得以改变。

这种由传统村落社区参与引发的小微型旅游企业集聚现象引起了学者的关注。尹寿兵等（2013）通过对皖南古村落旅游小企业的调查研究，发现其小企业经营特征的形成是地理区位和历史传统、古村落文化、市场需求、管理机构变迁、旅游发展等多重因素共同作用的结果；徐雅雯等（2016）从非正式部门视角分析了安徽西递村旅游小企业的成长路径，发现随着传统村落的旅游推进，旅游小企业的主导影响因素由单一向多元转变，外部影响因素的作用力逐渐加强；文彤等(2017)基于桂林龙脊梯田景区平安寨家庭旅馆的访谈数据，揭示了中国传统家文化对本土旅游小企业代际传承的影响。这些研究为本研究也提供了一些启示。但是，与国外学界对旅游小企业的研究相对成熟相比，国内旅游小企业研究刚刚进入研究者的视野，这与国内旅游小企业长期大量存在的现实极为不符(武真真 等，2012)；特别是旅游小企业集聚背景下传统村落社会网络结构关系变化所产生的影响机制没有引起学者们的进一步关注，相关研究仅涉及社会网对传统村落旅游小企业创业过程与成长机制的影响分析(闫婷婷，2016；钱藏，2017)。

在传统村落由生活聚居地演变为旅游目的地的过程中，村民转换了角色，其知识获取紧迫。知识获取有助于传统村落社区旅游参与能力提升及其经营可持续(游勇，2013)，也有助于社区参与基础上的传统村落遗产资源保护机制的建立(Kastenhol et al.，2012；李耕 等，2018)。上一章的研究表明，网络嵌入下的传统村落旅游地系统自组织演化过程表现出社区自学习机制，那么这种社区自学习机制在传统村落旅游地的社区知识获取方面又有什么表现？这是本章将要分析的关键问题。基于此，本章拟以安徽省宏村与湖南省张谷英村为例，对网络嵌入与传统村落社区旅游参与者知识获取之间的关系进行实证研究，试图揭示遗产资源约束下基于网络嵌入的传统村落社区旅游参与者知识获取机制。

4.1　社区概念的产生及其内涵演变

4.1.1　社区概念的产生

社区是最具有可观测性的社会现象研究单位，“从社区着眼，来观察社会，了解社会”很早就被社会人类学当成重要的方法论基础(于显洋 等，2019)。20世纪80年代中期以来，特别是进入20世纪90年代以后，随着我国经济体制改革和社会管理体制改革的不断深入，原来由政府和企事业单位统揽的社会管理与社会服务职能开始分化并回归于社会及社区，成员个体的“单位人”属性逐渐向“社会人”属性过渡，社区在改革开放和现代化进程中的独特地位、价值和功能日渐凸现，社区发展成为各界关注的重要课题(徐永祥，2000)。

“社区”一词的产生经历了德文的 Gemeinschaft 到英文的 Community，然后到中文的"社区"语词旅行(胡鸿保 等，2002；焦若水，2014)。"社区"概念进入学科领域，最早始于1887年德国学者滕尼斯(Tönnies)发表的《共同体与社会》(*Gemeinschaft und Gesellschaft*)一书。20世纪20年代，美国社会学家把滕尼斯的Gemeinschaft译为英文的Community，Community很快成为美国社会学的主要概念(胡鸿保 等，2002)。滕尼斯认为，Gemeinschaft是指那些由具有共同价值取向的同质人口组成的、关系亲密、出入相友、守望相助、疾病相抚、富有人情味的社会关系和社会团体。人们选择加入某一种社会团体，是由于其生活、成长于斯。这是一个自然形成的过程，并不是自己有目的选择的结果(奚从清，1996)。在滕尼斯看来，Gemeinschaft表示任何基于协作关系的有机组织形式，是一个"共同体"，是存在于传统社会里具有亲密关系的社会团体；而社会则是由目的和价值取向均不相同的异质人口组成的，通过契约与分工产生联系的，关系疏远、缺乏感情的团体。滕尼斯提出与"社会"相区分的"社区"这一概念，旨在强调人与人之间所形成的亲密关系和共同的精神意识以及对社区的归属感、认同感，并将它和现代社会作对比，借以说明社会变迁的趋势(胡鸿保 等，2002)。

4.1.2 社区概念内涵的演变

在滕尼斯之后，随着西方国家工业化和城市化的发展，城市居民越来越远离滕尼斯原本所指的社区。而后工业社会和信息社会的来临，使城乡之间的差别逐步消亡，并通过持续的逆城市化运动形成新的乡村社区。在这种历史背景下，学界对社区的内涵与外延的纷争始终没有停止(徐永祥，2000)。在已有的一百多种社区定义中可辨识出两个大的类型：一类认为，社区是由具有共同目标和共同利害关系的人组成的社会团体，此类属于功能主义观点；另一类认为，社区是在一个地区内长期共同生活的、组织化了的人群，该类则属于地区性的观点。虽然社区一词可以从多种角度做出多方面的理解，但基于地区性的观点给社区进行定义逐渐得到了学界的广泛认同。如美国社会学家戴维•波普诺认为，社区是指在一个地理区域里围绕着日常交往方式组织起来的一群人。再如日本社会学家横山宁夫认为，社区具有一定的空间地区，是一种综合性的生活共同体。龙冠海则指出：社区是有地理界限的社会团体，即人们在一个特定的地域内共同生活的组织体系。费孝通教授在其主编的《社会学概论》一书中将社区界定为若干社会群体(家庭、氏族）或社会组织（机关、团体）聚集在某一地域里所形成的一个在生活上互相关联的大集体（奚从清，1996）。关于社区的要素构成，目前有三要素、四要素与五要素构成等不同观点，如吴文藻认为，社区是某一地人民的实际生活，有其物质基础，包括3个要素，即人民、地域、人民的生活方式或文化，其中的地域是社区最显著的特征（何祎金，2018）。徐永祥在社区三要素基础上加了一个组织机构要素。他认为，社区作为居民生活的社会共同体，通常包括4个基本要素，即地域、人口、组织机构和文化。其中，地域是构成社区的自然与人文环境的空间载体，人口或居民是社区运营与变迁的能动主体，组织机构是社区活动得以顺利开展的社会组织形式，而文化则是社区范围内具有地域特质性的精神纽带（徐永祥，2000）。奚从清（1996）认为，一个完整的社区应该包括一定数量的人口、一定的地域空间、相对完备的一整套生活服务设施、特色明显的社区文化以及居民对社区的认同等5个要素。

4.2　社区旅游与传统村落社区参与旅游机制研究进展

4.2.1　社区旅游

社区旅游是以社区为基础的一种旅游发展方式。保继刚等（2002）认为，无论是空间位置、地域范围，还是旅游资源、活动内容，社区与旅游区都存在着较高程度的一致，“旅游与社区的结合”是社区旅游发展方式的基本特征。但社区旅游并不是一种由“旅游与社区”简单结合形成的旅游形式或旅游产品，而是强调社区建设与旅游发展的动态结合，因此要尊重社区的发展规律，要基于社区视角来指导旅游地的开发与经营管理（叶俊 等，2007）。这也就是说，社区旅游需要从社区的角度考虑旅游目的地建设，以社区与旅游互动理论指导旅游目的地社区的总体规划和布局，通过旅游目的地社区结构的优化提高旅游业的效益，谋求旅游业以及旅游目的地的经济效益、社会效益和环境效益的协调统一和最优化（唐顺铁，1998）。社区旅游体现的是一种先进的旅游开发理念，与传统的旅游开发仅仅从旅游景观入手并通过发掘景观的吸引力谋求经济效益最大化不同，社区旅游具有如下3个特点：社区旅游不仅基于旅游景观、旅游环境角度考虑社区建设，还基于社区本身的角度考虑社区建设；社区旅游不仅注重旅游者的满意度，更强调旅游开发中的社区居民参与度；社区旅游发展的宗旨是实现旅游目的地社区的经济效益、社会效益和环境效益的协调统一和最优化(赵福祥 等，2003)。

社区旅游是旅游大众化的重要产物。早在20世纪70年代至80年代，国外就已经开始对社区旅游展开了研究，巴特勒（Butler）、肯特（Kent）、科恩（Cohen）、迪·凯德（de Kadt）、布瓦塞万（Boissevain）以及史密斯（Smith）等是这一时期的代表，其研究的兴趣点主要有旅游影响、居民态度、游客特征等。彼得·墨菲（Peter E. Murphy）于1985年出版的《旅游：社区方法》（*Tourism: A Community Approach*）一书则较全面地吸收了这一时期社区旅游的相关研究成果，成为该时期社区旅游研究的重要著作之一。进入20世纪90年代，社区旅游研究视角更加丰富了，学术群体规模也更大了，国外旅游学术刊物如《旅游研究年鉴》（*Annals of Tourism Research*）、《旅游管理》（*Tourism Management*）等都设立了专栏对社区旅游进行学术讨论，使社区旅游相关研究达到了新的高度，社区旅游也逐渐成为一个多专业参与的新兴交叉学科的研究对象(保继刚 等，2002)。进入21世纪后，社区旅游的研究范围更加广泛，视野更加开阔，涉及社区旅游的众多相关利益主体，也更加注重社区与旅游互动关系的研究，不仅揭示社区旅游所带来的现实问题，更加关注相关问题的解决，以实现旅游与社区共同发展的目标。研究的内容主要涉及社区旅游规划方法、社区居民旅游影响感知与态度、社区旅游参与、社区旅游发展政策、社区旅游影响、旅游与社区的可持续发展、地方旅游企业等(叶俊 等，2007)。

国内社区旅游的研究开始于20世纪90年代，是随着国内旅游业大规模的发展而渐渐凸现出来的。叶俊等(2007)在分析了国内社区旅游研究相关文献后，将国内社区旅游研究划分为3个阶段，认为国内社区旅游研究起步于20世纪90年代，2000年开始进入发展阶段，2003年以后快速进入了高峰阶段。梳理文献发现，国内社区旅游研究主要集中在旅游对社区的影响、旅游与居民、旅游与社区的互动关系、社区参与、社区旅游开发实证研究等方面。

民族地区的社区旅游是国内外学界普遍关注的社区旅游研究现象。李亚娟等(2018)研究发现，国外民族社区旅游经历了由供给侧的初民社会研究，过渡到发展阶段的供给与需求互动研究，并向深化阶段的社区单要素深入研究发展；国内的民族社区旅游研究伴随国家对民族、民俗、文化类主题旅游的关注，以及西部大开发等政策推动，而得到了学界的广泛关注。

4.2.2　传统村落社区参与旅游机制

社区参与旅游是指在旅游决策、旅游开发、旅游规划、旅游管理与旅游监督等旅游发展过程中，充分考虑社区居民的意见和现实需要，并将社区作为旅游开发主体和参与主体，以保证旅游和社区的可持续发展(彭建 等，2012)。在经历了从缺失到凸现的过程后，社区参与旅游目前已成为社区旅游研究的核心内容之一(孙九霞 等，2006)。传统村落成为具有巨大旅游吸引力的旅游活动场所后，不仅仅是一个旅游目的地，也是一个社会学意义上的典型社区。在传统村落这一特定的社区中，聚集着一定数量、有共同意识和利益、交往密切的居民群体(颜亚玉 等，2008)。因为传统民居建筑等核心旅游资源的私人属性以及活态传承的非物质文化的社区属性特征，传统村落社区参与旅游具有内在积极性(王纯阳 等，2013)。传统村落社区参与旅游的研究引起学界的高度重视，特别是对传统村落社区参与旅游机制的形成与参与旅游机制的推动尤为关注。相关研究进展体现在如下几个方面：

(1) 基于传统村落或民族村寨旅游经营模式比较或参与模式探索视角分析社区参与旅游的形成机制。颜亚玉等(2008) 的研究是基于经营模式比较进行社区参与机制分析的代表。其以政府主导的福建省洪坑村经营模式、股份制的福建省下梅村经营模式和“内源式”的安徽省西递村乡镇企业模式作为案例，深入分析了建立在各种利益机制基础上的传统村落社区参与旅游机制，认为不同经营模式背景下，社区参与旅游机制的建立需要综合考虑社区利益表达、利益分享、利益补偿和利益激励的机制建立。李天翼(2007) 对上郎德村的研究则是通过案例研究分析社区参与旅游机制的代表。李天翼的研究发现，上郎德村以工分制为基础的社区参与旅游模式，是在苗族及其社区历史因素、安全第一的农民道义生存伦理因素以及苗族文化传统因素等多因素影响下形成的。

(2) 基于传统村落社区参与旅游实践案例视角分析社区参与旅游的运行机制的障碍。受制于我国社区公民意识远未确立、强政府组织弱民间组织的社会状态以及土地国家所有的约束，我国社区参与旅游机制的建立面临各种难题(保继刚 等，2006)。传统村落社区作为一类特殊的旅游目的地社区，其社区参与旅游的实践中可能面临更多的问题，影响了社区参与旅游的运行机制的建立。明跃玲等(2011) 对德夯苗寨的个案分析表明，社区参与中的文化冲突持续存在，需要建立文化冲突的调适机制以实现社区参与旅游机制的健康运行。唐玲萍(2012)认为，传统村寨社区参与旅游机制难以建立的很大阻力来源于民族村寨社区对旅游社会表象认知的缺失。政治结构是社区参与旅游发展的前提条件，权力结构是目前社区参与旅游发展过程中冲突与矛盾的重要影响因素(时少华，2012a)。翁时秀等(2010)通过对浙江楠溪江芙蓉村的研究发现，由于权力—利益结构网的存在，权力结构关系可能构成社区参与旅游发展的结构性障碍，传统村落社区参与旅游机制的实现有赖于这种结构性障碍的消除。周杰等(2013)认为，传统村落社区参与旅游过程中同时存在过度参与、参与不足的问题，两种现象都不利于传统村落社区参与旅游的运行机制建立，因此需要深刻理解社区参与旅游的内涵和特征。

(3)基于管理视角分析传统村落社区参与旅游机制的建立路径。社区参与既可以使社区居民获得更多的旅游收益，又有助于传统文化的复归和保持，民族认同，以及文化和资源保护意识萌生，并能拓展民族传统文化生存空间(孙九霞，2005)。正是由于社区参与的这些正效应的存在，基于管理视角分析传统村落社区参与旅游机制的建立路径才得到学界的关注。社区增权是社区参与内涵的进一步拓展，是社区参与旅游机制建立的重要途径(王纯阳 等，2013)，也是学界讨论的焦点。保继刚等(2008)在云南省雨崩村社区参与旅游的案例中，发现该村通过经济增权、社会增权和心理增权，实现了社区参与旅游过程中的个人增权，然而雨崩村社区参与旅游机制能否持续，取决于其能否通过制度性增权凸显社区在旅游发展中的主体地位。王纯阳等(2013)提出应从“社区参与”走向“社区增权”，并以广东省开平碉楼村落为例，主张从经济、社会、心理和政治等4个不同层面实现社区增权，提高传统村落社区参与旅游的有效性。针对传统村落文化景观保护的社区参与机制建立，刘小蓓等(2016)主张基于制度增权视角构建村落文化景观保护的保障与激励机制。王维艳(2018)通过对多个传统村落的实地调研，分析了传统村落社区参与旅游的制度增权二元分野机制，研究了比较立法增权与依法增权的实现路径。王维艳等(2013)认为，建构“准股份合作制”社区参与旅游增权框架，可以促进传统村寨社区旅游参与机制的建立。另外，社区参与旅游主体的培育(郭凌 等，2009)或其主体意识的培育(明跃玲，2010)是传统村落社区参与旅游机制建立的重要路径。

从时间分布来看，国内早期的研究偏向于基于经营模式比较和经营模式识别探讨社区参与旅游机制，近期的研究则偏向于根据社区参与旅游实践中的问题分析解决问题的路径，社区增权与社区参与主体的研究是重点。但是，无论是早期研究还是近期研究都存在一些有待深入探讨之处，现有研究大多倾向于他组织视角下的传统村落社区参与旅游的路径探讨。尽管已有研究针对传统村落社区自组织参与模式与机制进行了分析，但自组织背景下的社区参与旅游机制的分析仍然不系统、不深入，特别是对旅游背景下网络嵌入对传统村落社区参与旅游主体的影响的研究尚待加强。本章是在传统村落旅游自组织背景下，对网络嵌入、社区参与旅游和传统村落社区知识获取机制的研究，可以有效弥补这方面的不足。

4.3　研究假设

社区参与旅游的能力在一定条件下是可以增长的，传统村落社区旅游参与者的学习能力不应被忽视。伴随旅游业的发展，传统村落社区旅游参与者会逐渐成为社区旅游的管理者、社区旅游影响的监督者以及社区发展的主人(保继刚 等，2006)。格兰诺维特(2015)认为，经济行为不是由分裂成原子的个体所决定的，而是嵌入人际关系网络中通过人际互动得以实现的。在网络嵌入背景下，传统村落社区旅游参与者的学习能力能够通过传统村落社区自组织学习机制得以增长。

自网络嵌入性理论提出之后，国内外学者做了大量的与嵌入性相关的实证研究，学界对嵌入性的维度或嵌入性来源的认识不断深化。在格兰诺维特的理解中，嵌入性有两个来源，即关系嵌入和结构嵌入(Granovetter，1985)。在祖金和迪马乔的研究中，嵌入性有4个维度，即结构嵌入、认知嵌入、文化嵌入和政治嵌入(胡查平，2019)。根据研究目标的不同，国内有学者将嵌入性分为3个维度，如杨虹等(2008)基于结构嵌入、关系嵌入和文化嵌入3个维度，探讨了社会网络嵌入视角下企业间的知识学习机制；张强(2018)基于关系嵌入、结构嵌入和认知嵌入3个维度，研究了网络嵌入、社会责任与制造业品牌价值的关系。但在实证研究中，最主流的网络嵌入性维度分类还是最初的两维度分类，即分为关系嵌入与结构嵌入，如许晖等(2013)基于关系嵌入、结构嵌入对网络嵌入、组织学习与资源承诺的协同演进关系进行了研究；张悦等(2016)进行了对网络嵌入性与创新绩效的荟萃(Meta)分析；马海燕等(2018)对网络嵌入、服务创新与制造企业转型升级绩效的关系进行了研究。本章也将基于关系嵌入性和结构嵌入性两个维度分析传统村落社区网络嵌入性的影响机制，并从如下几个方面提出相关研究假设。

4.3.1 结构嵌入与传统村落社区旅游参与者知识获取的关系假设

结构嵌入是指行动者在网络中的位置以及网络特征，具体包括网络结构中心性、网络规模范围与网络开放性等(邵云飞 等，2017)。行动者在网络中所处的位置与网络特征决定了其对信息知识和资源的占有量。一般来说，处于网络中心的行动者能够更便利地获取并整合各种信息与资源，跨越结构洞的行动者则是定位良好的知识经纪人(Zach et al.，2017)。旅游背景下的传统村落社区旅游小企业集聚带来的网络复杂化、网络开放化、行动者多样化，既为传统村落社区旅游参与提供了大量的知识获取通道，更为传统村落社区旅游参与带来了丰富的异质性资源和知识信息，改变了传统村落社区原有的行动者同质化产生的知识信息同质和冗余问题(Ahuja，2000)。由此可见，结构嵌入有利于传统村落社区旅游参与者的知识获取。基于此，提出以下假设：

H1：结构嵌入对传统村落社区旅游参与者的知识获取有显著正向影响。

4.3.2 关系嵌入与传统村落社区旅游参与者知识获取的关系假设

关系嵌入建立在相互信任的基础上，主要涉及行动者间基于互惠预期而相互联系的关系问题。关系嵌入强调行动者间相互信任的深度、质量与持久性(Uzzi，1997；李志远 等，2013；孟迪云 等，2016)。在传统村落社区内部，由于地理临近性以及长期交往建立起来的良好信任基础，村落内部知识转移与交换频繁，为传统村落社区旅游参与者获取传统村落旅游产业集聚区内部知识特别是隐性知识提供了可能(Novelli et al.，2006)。同时，在与社区外部的旅游产业网络行动者的长期交往中，传统村落社区旅游参与者的信任机制必然会由特殊信任转向普遍信任，信任机制的改变也为传统村落社区旅游参与者广泛获取外部信息知识提供了可能。此外，由于传统村落是我国传统农耕文化的重要载体，其所具有的遗产价值无可估量，政府力量虽然强势介入，但政府的实际行动往往能够为传统村落社区旅游发展奠定良好基础，因此政府权力容易获得传统村落社区信任，由政府倡导建立的传统村落保护与旅游经营规则和制度能够获得社区认同(布劳，1988)。

旅游行业存在的从业人员高流动性、行业异质性等结构特征在关系嵌入下不再是传统村落社区旅游参与者知识吸收与转移的障碍（Hjalager，2002）。相关研究也表明，关系嵌入有助于行动者从网络获取知识(万元 等，2014)。因此，提出以下假设:

H2：关系嵌入对传统村落社区旅游参与者的知识获取有显著正向影响。

4.3.3　关系嵌入在结构嵌入与传统村落社区旅游参与者知识获取间的中介作用假设

知识获取是企业通过与网络成员互动获取、应用显性知识和隐性知识的过程(陈如芳 等，2016)。旅游业越来越体现出知识密集型服务业的特点，知识获取在旅游体验传递中显得日益重要起来（Collado，2005；OECD，2006）。传统村落社区旅游参与的出现改变了传统村落原有的产业方向，新知识信息获取成为传统村落社区旅游参与的重要前提和保障。社区旅游参与过程中的知识信息往往要经历由显性到隐性，又由隐性到显性的多次转换，才能成为传统村落社区旅游参与者的利用性知识与探索性知识（Weidenfeld et al.，2010）。网络行动者间的相互信任能够减少通过网络嵌入产生的知识获取与转移成本，有利于高度个人化的隐性知识的转移与吸收，也有利于行动者间的知识共享（Saparito et al.，2004）。因此，相比于网络结构嵌入，关系嵌入对传统村落社区旅游参与的知识获取的影响更直接。于是，进一步提出以下假设:

H3：关系嵌入在结构嵌入与传统村落社区旅游参与者知识获取间具有中介作用。

根据上述假设，得到如图4-1所示的本章研究框架。

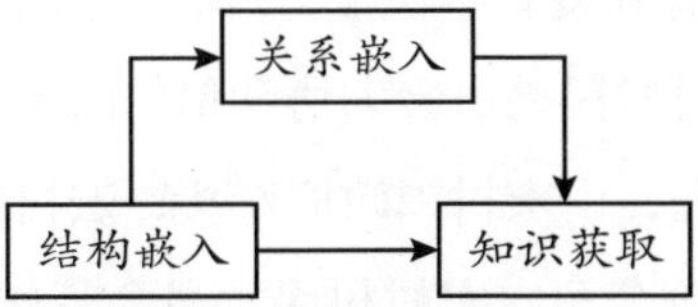

图4-1　本章研究框架

由于本书实证研究中的数据来自于安徽省宏村和湖南省张谷英村，因此，在对上述假设进行实证分析后，本章将继续对两个案例地的网络嵌入和知识获取机制进行比较研究。

4.4 研究设计

4.4.1 案例地选择

本章在选择传统村落旅游案例地时考虑3个方面的因素：一是社区参与旅游的程度与规定；二是传统村落遗产保护力度；三是为便于案例比较，选择的传统村落旅游地生命周期存在差异。基于此，本研究选择了安徽省宏村和湖南省张谷英村作为研究案例地。两个村落均是首批中国历史文化名村、首批中国传统村落，并且宏村于2000年入选世界文化遗产名录，从遗产保护力度来看，两个传统村落完全符合本章研究要求。宏村的旅游开发可追溯至1986年，先后经历了政府主导与外部企业主导的旅游发展模式。目前，宏村社区旅游参与度非常高，截至2017年年底，宏村年接待游客超过200万人次，宏村428户居民家庭中有高达90%的家庭参与了旅游服务接待，其中超过50%的经营客栈住宿。张谷英村旅游始于1991年，先后经历了社区主导、企业主导和政府主导的旅游发展模式，到2018年年底，年接待游客20万左右人次（仅指购票游客）。张谷英村现有村民家庭619户，目前参与旅游接待的有71户，参与率为11.4%。如果仅考虑张谷英村核心区，其社区旅游参与率实际超过35%。从社区参与旅游的程度与规模来看，宏村和张谷英村都适合本章研究的案例要求；再从旅游地生命周期来看，宏村已经进入成熟期，张谷英村尚处于成长期，符合本章研究案例选择的要求。

进一步观察宏村与张谷英村的遗产管理制度，发现这两个传统村落的遗产管理强度非常高。为了加强旅游背景下的文化遗产管理，宏村所在地黟县政府设立了遗产管理局，宏村镇政府则设立了执法分局，建立了以宏村镇执法分局为牵头单位，宏村镇派出所和宏村村民委员会为协助单位的宏村景区违章建筑巡查体系。为了加强宏村旅游市场管理，由宏村镇政府牵头，宏村镇派出所、市场监管分局、执法分局、宏村旅游开发分公司、宏村村民委员会等作为成员单位，成立了宏村景区旅游市场秩序联合巡查组，并建立了宏村景区旅游市场秩序联合巡查制度。在岳阳县政府的高度重视下，张谷英村于2001年成立了张谷英民俗文化建设指挥部，2006年成立了张谷英管理处。随着正式管理机构的设置，张谷英村古民居建筑群保护小组在村内组建起来了，《张谷英村文物保护规划》《张谷英历史文化名村保护规划》《张谷英村古建筑群周边民居改造及环境整治方案》《张谷英村古建筑群维修方案》和《中国传统村落张谷英村保护整体实施方案》也相继建立起来。因此可以说，本章研究所选案例地——张谷英村和宏村的社区参与旅游完全是在遗产资源约束下进行的，它们完全符合本章研究的案例选择要求。

4.4.2　变量测量及样本分析

为了确保变量测量工具的效度和信度，本章研究参考国内外文献中已采用过的测量量表，结合传统村落旅游的实际情形，制定本章研究的测量量表。

结构嵌入性的测量主要从网络中心度、网络范围和网络开放度等3个维度展开，参考田雪等(2015)、周中胜等(2015)、马海燕等(2018)的量表，笔者设计了14个题项。关系嵌入性的测量工具较多，有信任、信息共享与共同解决问题三维度现实问题视角，也有关系质量、关系强度和关系持久度三维度社会资本视角。本章采用后者，即从关系质量、关系强度和关系持久度三维度来测量传统村落社区旅游参与的关系嵌入性。参考姚云浩等(2014)、周中胜等(2015)的量表，围绕"政府管理部门或行业协会、客源地某些单位或中介机构、旅游相关企业或个人、做同行生意的村民和接待过的游客"等与传统村落社区旅游参与相关的5类行动者，设计了15个题项来测量关系嵌入性(见表4-1)。关于知识获取的测量量表，参考Mcevily等(2005)、Yli-Renko等(2001)、李靖华等(2017)、周中胜等(2015)的研究，设计了5个题项(见表4-2)。各量表均采用李克特1~5级量表法，1代表很不同意，5代表非常同意。但是为了便于被调查对象的理解，我们在设计问卷时，分别以"对关系网中所处位置的看法"来表述维度"网络中心度"，以"对旅游从业者关系范围的看法"来表述维度"网络范围"，以"对旅游从业者关系网络开放性的看法"来表述维度"网络开放度"，以"对旅游从业者关系质量的看法"来表述维度"关系质量"，以"对从业者关系密切性的看法"来表述维度"关系强度"，以"对从业者关系持久性的看法"来表述维度"关系持久度"，以"对从业者关系网价值的看法"来表述"知识获取"（详细问卷见第5章附录5A）。

表4-1 嵌入性量表设计

嵌入性类型	维度	题项	参考文献
结构嵌入性	网络中心度	①我在旅游经营中很容易找到合适的合作者	田雪等（2015） 周中胜等（2015） 马海燕等（2018）
		②其他经营者经常希望我提供一些建议或帮助	
		③很多旅游经营者或相关机构都愿意同我合作	
		④我经常介绍其他旅游经营者或相关机构相互认识	
		⑤我经常向其他经营者推荐游客	
	网络范围	①我与政府管理部门或相关行业协会有联系	
		②我与客源地很多单位或中介机构有联系	
		③我与村外的很多旅游经营者或企业有联系	
		④我与村内很多旅游经营者有联系	
		⑤我与曾经来过的一些游客有联系	
	网络开放度	①与我联系的很多政府部门或行业协会是外县的	
		②与我联系的很多中介机构都是外县的	
		③与我联系的很多旅游经营者或企业都是外县的	
		④与我联系的很多游客都是外县的	
关系嵌入性	关系质量	①我容易获得政府管理部门或相关行业协会的支持	姚云浩等（2014） 周中胜等（2015）
		②我愿意信任并委托重要的事情给中介机构等组织	
		③我与旅游相关企业或个人可交换机密信息	
		④我与做同行生意的村民都能够履行承诺	
		⑤我与接待过的游客相互信任	
	关系强度	①我与政府管理部门或行业协会的联系密切	
		②我与客源地某些单位或中介机构的联系密切	
		③我与旅游相关企业或个人联系密切	
		④我与做同行生意的村民联系密切	
		⑤我与接待过的游客联系密切	
	关系持久度	①我与政府管理部门或行业协会的交往时间长	
		②我与客源地某些单位或中介机构的交往时间长	
		③我与旅游相关企业或个人的交往时间长	
		④我与做同行生意的村民交往时间长	
		⑤我与接待过的游客交往时间长	

表4-2　知识获取量表设计

题项	参考文献
①我能从交往对象那里了解古村落旅游相关政策	Mcevily 等（2005） Yli-Renko 等（2001） 李靖华等（2017） 周中胜等（2015）
②我能从交往对象那里学习市场拓展技能与知识	
③我能从交往对象那里学习游客服务技能与知识	
④我能从交往对象那里了解旅游市场信息	
⑤我能从交往对象那里获取经营改进的技能与知识	

为了确保被调查者对题项理解准确，避免产生歧义，笔者通过试调查对相关题项表述进行了多次修改。正式调查于2018年3月28日至4月15日进行。在征得旅游经营家庭同意后，调查人员入户发放问卷，现场回收。在张谷英村面向所有旅游经营家庭，发放问卷68份，回收有效问卷64份；在宏村选择东边井、东边街、月沼、南湖沿边、宏村街、上水圳等旅游经营家庭较集中区域发放问卷108份，回收有效问卷106份。两村共获得问卷176份，有效问卷170份。

在宏村和张谷英村调查所得的有效样本中，男性填答者占58.8%。进一步根据表4-3、表4-4、表4-5、表4-6、表4-7和表4-8所示的受访家庭或受访对象户籍地、年龄、经营类型等的具体分布，可以发现，样本中以21~35岁、36~50岁两个年龄段的被调查者居多，比例分别为32.9%、47.1%。样本中属本村的旅游经营家庭有134户，来自外地但属本镇的有21户，其他外地的有15户。由于样本中其他外地经营户依然属于家庭经营模式，本章仍然将其纳入样本范围。样本中经营住宿以及餐饮住宿同时经营的家庭占比最多，合计占64.1%，这与案例地实际经营类型住宿占优相一致。样本中，高达47.6%的家庭直接从农业转型，受教育程度则以高中学历最多，达38.8%，但也不乏大学本科学历者，宏村甚至还有研究生学历的受访对象。样本中记录到始于1989年的最早经营家庭，2011年之前经营的家庭占50%。样本中宏村旅游经营家庭中有一定外来家庭成分，而张谷英村旅游经营家庭成分较单一，这也与两村实际情形相符。

表4-3　受访家庭户籍地分布

户籍地类型	家庭数 / 个	百分比	有效百分比	累积百分比
村内	134	78.8%	78.8%	78.8%
镇内（不含村内）	21	12.4%	12.4%	91.2%
县内（不含镇内）	4	2.4%	2.4%	93.5%
省内（不含县内）	3	1.8%	1.8%	95.3%
省外	8	4.7%	4.7%	100.0%
合计	170	100.0%	100.0%	

表4-4　受访对象年龄分布

年龄段	受访对象数量 / 个	百分比	有效百分比	累积百分比
20 岁以下	1	0.6%	0.6%	0.6%
21~35 岁	56	32.9%	33.1%	33.7%
36~50 岁	80	47.1%	47.3%	81.0%
51~65 岁	29	17.1%	17.2%	98.2%
65 岁以上	3	1.8%	1.8%	100.0%
合计	169	99.4%	100.0%	
未填答者	1	0.6%		
总计	170	100.0%		

表4-5　受访家庭旅游经营类型分布

经营类型	受访单位数量 / 个	百分比	有效百分比	累积百分比
经营餐饮	15	8.8%	8.8%	8.8%
经营住宿	31	18.2%	18.2%	27.0%
经营餐饮和住宿	78	45.9%	45.9%	72.9%
经营土特产	23	13.5%	13.5%	86.5%①
其他经营类型	23	13.5%	13.5%	100.0%
合计	170	100.0%	100.0%	

注：①此处数据受小数点后数字四舍五入影响。

表4-6　受访者参与旅游经营前的职业分布

职业类型	受访者数量 / 个	百分比	有效百分比	累积百分比
机关事业单位成员	6	3.5%	3.6%	3.6%
教师	6	3.5%	3.6%	7.2%
旅游企业员工	19	11.2%	11.4%	18.6%
其他企业员工	47	27.6%	28.1%	46.7%
离退休人员	4	2.4%	2.4%	49.1%
学生	4	2.4%	2.4%	51.5%
农民	81	47.6%	48.5%	100.0%
合计	167	98.2%	100.0%	
未填答者	3	1.8%		
总计	170	100.0%		

表4-7　受访者接受教育的层次分布

接受教育层次	受访者数量 / 个	百分比	有效百分比	累积百分比
初中及初中以下	64	37.6%	38.1%	38.1%
高中	66	38.8%	39.3%	77.4%
大专	23	13.5%	13.7%	91.1%
本科	13	7.6%	7.7%	98.8%
研究生	2	1.2%	1.2%	100.0%
合计	168	98.8%	100.0%	
未填答者	2	1.2%		
总计	170	100.0%		

表4-8　受访者经营旅游起始时间分布

旅游经营起始时间	受访者数量 / 个	百分比	有效百分比	累积百分比
1989 年	1	0.6%	0.6%	0.6%
1993 年	1	0.6%	0.6%	1.2%
1995 年	1	0.6%	0.6%	1.8%
1996 年	1	0.6%	0.6%	2.4%

续表

旅游经营起始时间	受访者数量 / 个	百分比	有效百分比	累积百分比
1997 年	1	0.6%	0.6%	3.0%
1998 年	4	2.4%	2.4%	5.4%
1999 年	1	0.6%	0.6%	6.0%
2000 年	9	5.3%	5.4%	11.4%
2001 年	6	3.5%	3.6%	15.1%①
2002 年	4	2.4%	2.4%	17.5%
2003 年	5	2.9%	3.0%	20.5%
2004 年	1	0.6%	0.6%	21.1%
2005 年	7	4.1%	4.2%	25.3%
2006 年	5	2.9%	3.0%	28.3%
2007 年	3	1.8%	1.8%	30.1%
2008 年	8	4.7%	4.8%	34.9%
2009 年	4	2.4%	2.4%	37.3%
2010 年	13	7.6%	7.8%	45.2%①
2011 年	8	4.7%	4.8%	50.0%
2012 年	7	4.1%	4.2%	54.2%
2013 年	11	6.5%	6.6%	60.8%
2014 年	16	9.4%	9.6%	70.5%①
2015 年	13	7.6%	7.8%	78.3%
2016 年	15	8.8%	9.0%	87.3%
2017 年	16	9.4%	9.6%	97.0%①
2018 年	5	2.9%	3.0%	100.0%
合计	166	97.6%	100.0%	
未填答者	4	2.4%		
总计	170	100.0%		

注：①此处数据受小数点后数字四舍五入影响。

4.5 数据分析

4.5.1 探索性因子分析

首先进行 KMO 分析，以检测所设计的量表是否适合因子分析。KMO 统计量取值范围在0~1之间。如果各变量间存在内在联系，则由于计算偏相关系数时控制其他因素就会同时控制潜在变量，导致偏相关系数远远小于简单相关系数，此时 KMO 统计量接近1，做因子分析的效果好。KMO 的值越接近1，表明样本越适合做因子分析；相反，KMO 值越小，表明样本越不适合做因子分析。恺撒（Kaiser）给出了 KMO 检验的具体标准为：当 KMO ＞0.9时，非常适合做因子分析；当0.8＜KMO ＜0.9时，适合做因子分析；当0.7＜ KMO ＜0.8时，因子分析适宜性一般；当0.6＜KMO＜0.7时，不太适合做因子分析；当KMO＜0.5时，不适合做因子分析。

本章的探索性因子分析由 SPSS 17.0完成。样本中结构嵌入与关系嵌入的 KMO 值分别为0.841、0.881，均大于0.7；Bartlett 检验的相伴概率均为0.000（见表4-9），说明样本适合做因子分析。采用主成分分析法，进行方差最大旋转提取公因子，按照特征根大于等于1和因子载荷大于0.5的原则选取公因子和题项，最后结构嵌入的1个题项被剔除，剩余的13个题项由3个公因子表达，分别对应网络中心度、网络范围和网络开放度（见表4-10）。关系嵌入的2个题项被剔除，剩余的13个题项可提取3个公因子。其中，第一个公因子主要涉及整体旅游行业的关系嵌入，第二个公因子主要涉及政府部门的关系嵌入，第三个公因子主要涉及社区旅游内部关系嵌入，因此分别命名为行业嵌入、政治嵌入和社区嵌入（见表4-10）。再对样本中知识获取进行探测，KMO 值为0.854，Bartlett 检验的相伴概率为0.000，知识获取没有题项被删除，且无法进一步提取公因子。

表4-9　结构嵌入、关系嵌入、知识获取量表的 KMO 分析和 Bartlett 检验

检验类型		结构嵌入	关系嵌入	知识获取
Kaiser-Meyer-Olkin Measure of Sampling Adequacy		0.841	0.881	0.839
Bartlett's Test of Sphericity	Approx. Chi-Square	976.473	1 369.488	537.796
	df	91	105	10
	Sig.	0.000	0.000	0.000

表4-10 结构嵌入、关系嵌入与知识获取的因子分析、信度与效度

因子		题项	因子载荷	CR	AVE	Cronbach's α系数
结构嵌入	网络中心度	我在旅游经营中很容易找到合作者	0.626	0.778	0.42	0.76
		其他经营者经常希望我提供一些建议或帮助	0.735			
		很多旅游经营者或相关机构都愿意同我合作	0.729			
		我经常介绍其他旅游经营者或相关机构相互认识	0.656			
		我经常向其他经营者推荐游客	0.535			
	网络范围	我与客源地很多单位或中介机构有联系	0.723	0.796	0.48	0.79
		我与村外的很多旅游经营者或企业有联系	0.771			
		我与村内很多旅游经营者有联系	0.728			
		我与曾经来过的一些游客有联系	0.642			
	网络开放度	与我联系的很多政府部门或行业协会是外县的	0.737	0.823	0.54	0.82
		与我联系的很多中介机构都是外县的	0.743			
		与我联系的很多旅游经营者或企业都是外县的	0.777			
		与我联系的很多游客都是外县的	0.712			
关系嵌入	行业嵌入	我与旅游相关企业或个人可交换机密信息	0.545	0.854	0.50	0.85
		我与客源地某些单位或中介机构的联系密切	0.688			
		我与旅游相关企业或个人联系密切	0.720			
		我与接待过的游客联系密切	0.758			
		我与旅游相关企业或个人的交往时间长	0.650			
		我与接待过的游客交往时间长	0.756			
	政治嵌入	我容易获得政府管理部门或相关行业协会的支持	0.852	0.843	0.58	0.84
		我愿意信任并委托重要的事情给中介机构等组织	0.684			
		我与政府管理部门或行业协会的联系密切	0.756			
		我与政府管理部门或行业协会的交往时间长	0.781			
	社区嵌入	我与做同行生意的村民都能够履行承诺	0.850	0.747	0.50	0.73
		我与接待过的游客相互信任	0.840			
		我与做同行生意的村民联系密切	0.532			

续表

因子	题项	因子载荷	CR	AVE	Cronbach's α 系数
知识获取	我能从交往对象那里了解古村落旅游相关政策	0802	0.899	0.65	0.89
	我能从交往对象那里学习市场拓展技能与知识	0.860			
	我能从交往对象那里学习游客服务技能与知识	0.912			
	我能从交往对象那里了解旅游市场信息	0.887			
	我能从交往对象那里获取经营改进的技能与知识	0.742			

从上述探索性因子分析可知，在传统村落社区旅游参与背景下，初始设定的关系质量、关系强度和关系持久度三维度关系嵌入性，实际可区分为行业嵌入、政治嵌入和社区嵌入3个维度，初始设定的结构嵌入三维度与知识获取均得到了验证。

4.5.2　信度和效度分析

由表4-10可知，结构嵌入与关系嵌入各因子的 Cronbach's α 系数均大于0.7，知识获取的 Cronbach's α 系数大于0.8；进一步分析发现，各因子载荷均大于0.5，建构信度（Construct Reliability，CR）均大于0.6，平均变异数抽取量（Average Variance Extracted，AVE）大于或接近0.5，表明本章设计的量表有较高的信度和效度，题项对各因子的反映具有高度一致性，能够较好地测量各因子。本章是在成熟量表的基础上结合传统村落旅游实际设计的题项，因此量表也有较好的内容效度。

4.5.3　假设检验

1．相关分析与假设检验

首先对网络嵌入的两个维度与知识获取进行相关性分析，以社区参与旅游案例地和旅游经营类型作为控制变量同时参与相关分析。如表4-11所示，结构嵌入、关系嵌入与知识获取之间的相关性显著，其中，结构嵌入与知识获取之间的相关系数为0.513，关系嵌入与知识获取之间的相关系数为0.599，且均在0.01的水平下显著正相关，假设 H1 与假设 H2 得到初步验证。

表4-11　控制变量、网络嵌入和知识获取相关性分析

	案例地	经营类型	结构嵌入	关系嵌入	知识获取
案例地	1				
经营类型	0.320**	1			
结构嵌入	0.183*	−0.020	1		
关系嵌入	0.150	−0.027	0.793**	1	
知识获取	0.052	0.021	0.513**	0.599**	1

注：** 表示 $P<0.01$，* 表示 $P<0.05$。

再对结构嵌入、关系嵌入的各个维度与知识获取进行相关性分析。如表4-12所示，网络中心度、网络范围和网络开放度等结构嵌入的3个维度与知识获取之间的相关系数分别为0.383、0.466、0.414，行业嵌入、政治嵌入、社区嵌入等关系嵌入的3个维度与知识获取之间的相关系数分别为0.520、0.536、0.441，且均在0.01的水平下显著正相关，表明结构嵌入与关系嵌入的各维度均可能对知识获取有显著正向影响。

表4-12　控制变量、结构嵌入、关系嵌入和知识获取相关性分析

	案例地	经营类型	网络中心度	网络范围	网络开放度	行业嵌入	政治嵌入	社区嵌入	知识获取
案例地	1								
经营类型	0.320**	1							
网络中心度	0.218**	−0.009	1						
网络范围	0.157*	−0.145	0.526**	1					
网络开放度	0.072	0.088	0.470**	0.498**	1				
行业嵌入	0.102	−0.021	0.567**	0.717**	0.625**	1			
政治嵌入	0.142	−0.041	0.553**	0.531**	0.491**	0.629**	1		
社区嵌入	0.156*	0.003	0.352**	0.484**	0.406**	0.553**	0.430**	1	
知识获取	0.052	0.021	0.383**	0.466**	0.414**	0.520**	0.536**	0.441**	1

注：** 表示 $P<0.01$，* 表示 $P<0.05$。

2．回归分析与假设检验

第一阶段，以知识获取为因变量，以结构嵌入与关系嵌入为自变量，以社区参与旅游案例地和经营类型为控制变量，对知识获取进行层次回归，构建了3个模型。如表4-13所示，模型1以结构嵌入为自变量对知识获取进行回归，结果显示回归系数β值为0.663，且在0.001的水平下显著，表明结构嵌入对传统村落社区旅游参与者的知识获取有显著正向影响，假设H1得到了验证。模型2的自变量调整为关系嵌入，因变量依然是知识获取，结果显示β值为0.677，且在0.001的水平下显著，说明关系嵌入对传统村落社区旅游参与者的知识获取有显著正向影响，假设H2也得到了验证。模型3在模型1的基础上加入关系嵌入作为自变量，对知识获取进行回归，结果显示，关系嵌入的回归系数β值为0.579，且在0.001的水平下显著，而结构嵌入的回归系数明显减小（β值由模型1的0.663减小为0.143）且不显著，说明关系嵌入在结构嵌入与传统村落社区旅游参与者知识获取间具有中介作用，假设H3也得到了验证。

表4-13　结构嵌入、关系嵌入与知识获取的回归结果

变量	模型 1	模型 2	模型 3
（常量）	1.570***	1.565***	1.447***
案例地	−0.090	−0.085	−0.097
经营类型	0.034	0.037	0.038
结构嵌入	0.663***		0.143
关系嵌入		0.677***	0.579***
R^2	0.268	0.364	0.368
调整 R^2	0.255	0.352	0.353
F 值	20.235***	31.601***	24.041***

注：因变量为知识获取，*** 表示 $P<0.001$。

第二阶段，以知识获取为因变量，以结构嵌入、关系嵌入的各个维度为自变量，以社区参与旅游案例地与经营类型为控制变量，对知识获取进行层次回归，构建了6个模型（见表4-14）。本阶段的目标有两个，其一是检验结构嵌入与关系嵌入各维度对知识获取的具体影响，其二是检验关系嵌入各维度是否也存在中介作

用。如表4-14所示，模型4以结构嵌入的3个维度为自变量对知识获取进行回归，回归结果显示，网络范围与网络开放度分别在0.001和0.05的水平下影响显著，且网络范围的影响（β值为0.335）高于网络开放度的影响（β值为0.170）；网络中心度的影响不显著。模型5是以关系嵌入的3个维度为自变量对知识获取进行的回归，结果显示，行业嵌入、政治嵌入和社区嵌入均对知识获取产生显著的正向影响，且政治嵌入（β值为0.275，$P<0.001$）>行业嵌入（β值为0.209，$P<0.05$）>社区嵌入（β值为0.205，$P<0.05$）。模型6是在模型4的基础上加入了关系嵌入作为自变量，结果显示，加入了关系嵌入这一变量后的网络范围与网络开放度这两个变量的β值明显减小且影响也不显著了，网络中心度的β值也由模型4的0.160变为模型6的0.024，表明关系嵌入对结构嵌入的各个维度均存在中介效应。

表4-14　结构嵌入、关系嵌入各维度与知识获取的回归结果

变量	模型4	模型5	模型6	模型7	模型8	模型9
（常量）	1.483***	1.557***	1.385***	1.553***	1.700***	1.030**
所在地	–0.098	–0.098	–0.101	–0.079	–0.114	–0.123
经营类型	0.048	0.039	0.044	0.041	0.055	0.046
网络中心度	0.160		0.024	0.103	0.035	0.144
网络范围	0.335***		0.102	0.194	0.242**	0.250**
网络开放度	0.170*		0.033	0.095	0.097	0.127
关系嵌入			0.563***			
行业嵌入		0.209*		0.269*		
政治嵌入		0.275***			0.297***	
社区嵌入		0.205*				0.250**
R^2	0.279	0.370	0.364	0.307	0.353	0.319
调整R^2	0.257	0.351	0.349	0.281	0.329	0.294
F值	12.670***	19.286***	15.949***	12.021***	14.830***	12.733***

注：因变量为知识获取。* 表示$P<0.05$，** 表示$P<0.01$，*** 表示$P<0.001$。

模型7、模型8和模型9是在模型4的基础上分别加入了行业嵌入、政治嵌入和社区嵌入等作为自变量的知识获取回归模型。可以发现，模型7的行业嵌入（β

值为0.269，$P < 0.05$）对网络范围和网络开放度有明显的中介作用（两者的β值分别为0.168、0.108且不显著）；模型8的政治嵌入（β值为0.297，$P < 0.001$）对网络开放度产生中介作用（β值为0.097且不显著），模型9的社区嵌入（β值为0.250，$P < 0.01$）也对网络开放度产生了中介作用（β值为0.127且不显著）。

至此，本章的所有假设均通过检验获得了支持，同时结构嵌入和关系嵌入的各维度对知识获取的具体影响也得到了验证。

4.5.4　案例地比较

案例地比较首先依据前述表4-11和表4-12的相关性分析数据进行分析。前述表4-11“控制变量、网络嵌入和知识获取相关性分析”中，案例地与结构嵌入之间在0.05的水平上显著正相关，相关系数为0.183，案例地与关系嵌入之间相关性不显著，案例地与知识获取之间的相关性也不显著，但结构嵌入、关系嵌入分别与知识获取之间存在显著相关。本章所选案例地处于不同的旅游地生命周期阶段，宏村旅游业已进入成熟阶段，张谷英村旅游尚处于成长阶段（两村历年接待量折线图见图4-2），前者的社区参与度明显高于后者的社区参与度，说明案例地社区参与旅游的程度不同，虽然对关系嵌入和知识获取的影响不明显，但对传统村落社区旅游参与者在网络嵌入背景下的结构嵌入性有显著影响。再结合表4-12“控制变量、

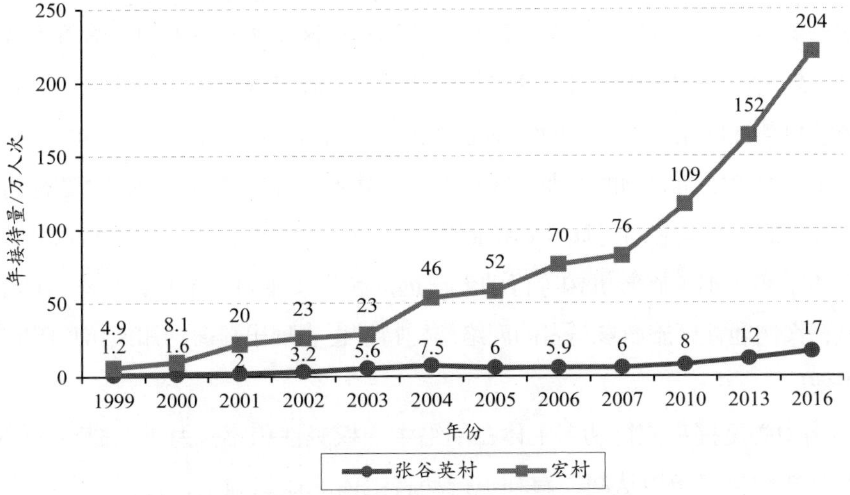

图4-2　张谷英村与宏村历年接待量折线图

数据来源：张谷英管理处，2018年；黟县旅游委员会，2018年。

结构嵌入、关系嵌入和知识获取相关性分析”，可以进一步发现，随着传统村落旅游地走向成熟阶段，传统村落社区旅游参与者易处于网络结构的中心位置，可通过各种渠道获得各类信息，因而在知识获取上具有更多优势。

4.6 结论与讨论

4.6.1 结论

本章以安徽宏村和湖南张谷英村为例，通过理论分析和实证研究，探讨了遗产资源约束下基于网络嵌入的传统村落社区旅游参与者知识获取机制。研究表明，遗产资源约束下，结构嵌入与关系嵌入对传统村落社区旅游参与者的知识获取有显著正向影响。

(1)结构嵌入对传统村落社区旅游参与者的知识获取有显著影响，但影响的大小取决于传统村落社区旅游参与者的网络整体特性(见图4-3所示的实证研究结果)。本章的探索性因子分析验证了传统村落结构嵌入性可由网络中心度、网络范围和网络开放度3个维度表达。网络范围和网络开放度这两个维度与传统村落社区旅游参与者的网络整体特性有关，而网络中心度则与传统村落社区旅游参与者所处网络位置有关。回归分析表明，网络范围与网络开放度均对传统村落社区旅游参与者的知识获取有显著影响，网络中心度影响不显著。这表明结构嵌入对知识获取的影响取决于网络范围扩大与网络开放化，即与传统村落社区旅游参与者的网络整体特性有关。这也就是说，随着传统村落网络行动者类型日趋多样化，异质性行动者的增加利于传统村落社区旅游参与者的知识信息获取。同时，伴随传统村落网络开放度的提高，传统村落旅游影响的地理空间扩大，行动者地理来源更广泛，也更有利于传统村落社区旅游参与者对异质性知识信息的获取。事实上，本章所研究的宏村与张谷英村的游客与相关旅游机构等行动者已远远超出了本村、本县甚至本省的范围。很明显，案例地社区旅游参与者的网络结构特性已表现出显著的知识信息吸收与获取增进效应。

网络中心度提高使行动者主体在网络中的权威性和感召力得以提高，使网络成员对其知识信息予以认同，有利于行动者主体的知识溢出，有利于网络成员的知识获取(唐书林 等，2015)。相关研究也显示，网络中心度对知识获取有显著影响(Tsai，2001；彭伟 等，2012)。但在传统村落社区旅游参与背景下，网络中心度并没有表现出对传统村落社区旅游参与者知识获取的显著性影响，这可能与网络中心度需要通过传统村落社区的网络结构整体特性体现有关，即要通过网络行动者多样化和网络地理空间扩大化实现网络中心度在知识获取上的价值，因此网络中心度的知识获取影响效应被掩盖，也进一步说明了社区旅游参与下的传统村落社区网络结构整体特性的重要性。

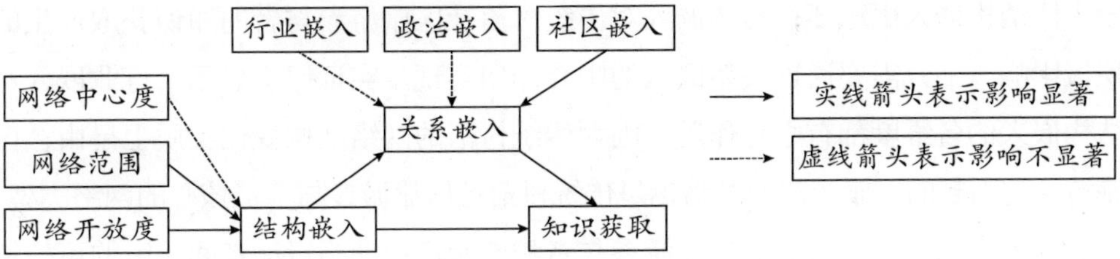

图4-3 实证研究结果

(2)关系嵌入对传统村落社区旅游参与者知识获取影响显著，并产生了中介作用。在传统村落社区旅游参与下，关系嵌入实际可区分为行业嵌入、政治嵌入和社区嵌入。这也就是说，网络关系质量、关系密切性和关系持久性由具体的网络体现。这种区分充分反映了传统村落社区旅游参与下的网络关系演变，即由传统村落社区关系网络向多重关系网络演化，这种演化对传统村落社区旅游参与的影响深刻而显著。因此，关系嵌入对知识获取的影响可进一步从行业嵌入、政治嵌入和社区嵌入3个角度展开分析。

关系嵌入对传统村落社区旅游参与者的知识获取影响积极而显著。从实证研究结果来看，关系嵌入各维度对知识获取的影响力的具体情形是：政治嵌入＞行业嵌入＞社区嵌入。政治嵌入反映了传统村落社区旅游参与者与政府管理相关机构的关系。本章研究结果表明，当地方政府建立了良好的传统村落社区信任基础时，地方政府对传统村落的保护与旅游经营规制不会成为传统村落社区旅游参与者知识获取的障碍；政治嵌入的实质在传统村落表现为遗产资源约束，传统村落社区旅游参与者也只有主动嵌入政治关系中，通过对相关法规与政策的持续解读，建立对相关法规制度的认同与信任，获取社区旅游参与所需要的信息，才能真正保持传统村落的特色和旅游魅力。行业嵌入反映的是传统村落社区旅游参与者与旅游产业链各要素主体间的关系。本章研究结果说明，通过与旅游产业网络行动者互动建立起信任关系，传统村落社区旅游参与者能够低成本获取知识信息，从而保持对旅游市场的敏感性。社区嵌入反映的则是社区内部成员间的关系。社区成员间的信任关系也是传统村落社区旅游参与者最原初的关系，其对传统村落社区旅游参与者知识获取的积极影响也得到了实证。

关系嵌入对传统村落社区旅游参与者的知识获取还具有中介作用。中介作用的存在说明，在传统村落社区旅游参与下，建立在互惠预期与信任基础上的关系嵌入比结构嵌入更重要；结构嵌入对传统村落社区旅游参与者的知识获取产生的积极影响，部分需要通过关系嵌入的中介作用实现。实证研究显示，行业嵌入对结构嵌入的各维度都有中介作用。因为传统村落的网络结构变化实质上是由社区旅游参与引起的，旅游产业网络也是传统村落社区旅游参与下最核心的网络类型，行业嵌入表明了传统村落社区旅游参与者和旅游产业网络行动者间关系的可持续性和可预期性，因而行业嵌入相比结构嵌入各维度更能直接影响知识获取，具有中介作用。政治嵌入与社区嵌入都只对网络开放度产生中介作用，说明政府关系和社区关系能够彰显社区的网络开放度，网络开放度通过高信任度的政府关系、高承诺的社区村民间关系对知识获取产生影响。

(3)处于不同旅游地生命周期发展阶段的传统村落社区旅游参与者网络嵌入性对知识获取的影响机制不同。成熟阶段的传统村落社区参与率高于处于成长阶段的传统村落社区参与率，两者的传统村落社区旅游参与者的网络嵌入存在显著差异。虽然本章研究并没有发现两案例地之间在知识获取上存在显著差异，但随着传统村落旅游地的不断发展演化，案例地间网络嵌入的差异性会反映到案例地间的知识获取机制上。

4.6.2 讨论与管理启示

贾拉格尔(Hjalager，2002)认为，旅游业由于结构性问题存在明显的知识转移障碍，但交易系统、技术系统、基础设施系统和规制系统等4种知识转移渠道有助于这种知识转移与知识获取障碍的消除(见图4-4)。本章研究已证实，传统村落网络范围与网络开放度均对知识获取有显著正向影响，而行业嵌入、政治嵌入与社区嵌入除了对知识获取有显著正向影响外，还产生了中介作用。可见，本章研究实际上佐证了贾拉格尔的旅游业知识转移渠道理论。知识获取是社区旅游参与能力提升的基础，是旅游创新的前因条件(Weidenfeld et al.，2010)。对于传统村落旅游地来说，网络嵌入下的传统村落社区参与者知识获取机制值得管理者重视。

本章研究有如下两点启示：

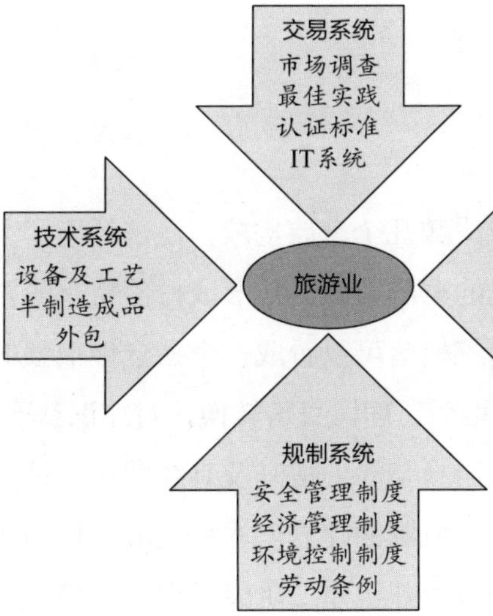

图4-4　旅游业知识转移渠道

资料来源：Hjalager，2002。

(1) 政府规制强势介入有助于传统村落社区旅游参与者的知识获取。中国传统村落和中国历史文化名村的评选已经实施了多年，但传统村落列入名录后的开发与保护规制的执行并没有完全落实。传统村落遗产资源保护与开发规章制度的落实需要相关管理机构强势介入。政府规制介入的前提是，管理机构建立和社区间的互信关系，使规制获得社区认同。这样，规制的介入将有利于传统村落社区旅游参与者在遗产资源约束下的知识获取和旅游创新。

(2) 传统村落社区旅游关系嵌入机制的形成需要相关管理机构发挥协调支持作用。社区旅游参与引起旅游小微企业集聚，市场机制则成为传统村落旅游地演化发展的重要力量；市场带来的传统村落社区旅游参与的盲目性和短视性，不利于行业嵌入、政治嵌入与社区嵌入机制的建立。相关管理机构应该协调传统村落社区旅游参与者建立跨家庭、跨部门的相关协会组织，以建立社区内部的协调机制，构建行业信任基础，推动传统村落由特殊信任转向普遍信任，使传统村落社区旅游围绕关系嵌入方向发展，促进低成本知识获取机制的形成。

本章以宏村和张谷英村为例展开研究，调研中发现案例地实际存在关系嵌入的创新之处，本章不曾涉及，值得后续研究的深入。此外，本章设计的量表尽管参考了国内外成熟量表，但在题项选择以及题项表述方面依然存在一些不足，未来需要对这些方面进行改进。

本章小结

传统村落一般由一个家族或少数几个家族构成，往往经历了上百年甚至几百年聚族而居的共同生活，有自己的家族组织，并形成村落特有的村落文化或家族传承，从这个角度来看，一个传统村落可以看成一个独立性很强的社区。传统村落由生活聚居地转型为旅游目的地后，居民身份转换，对知识获取有了更多要求。知识获取有利于传统村落社区旅游参与能力提升及其经营可持续，有利于社区参与基础上的传统村落遗产资源保护机制的建立。本章选取宏村与张谷英村为案例地，通过问卷调查、探索性因子分析并构建二阶段层次回归模型，对遗产资源约束下基于网络嵌入的传统村落社区旅游参与者知识获取机制进行实证研究，研究结果表明，结构嵌入的三维度初始设定得到了验证，关系嵌入可区分为行业嵌入、政治嵌入和社区嵌入3个维度。这种区分充分反映了传统村落社区旅游参与下的网络关系演变，即由传统村落社区关系网络向多重关系网络演化。

结构嵌入对知识获取的影响取决于网络范围扩大与网络开放化，即与传统村落社区旅游参与者的网络整体特性有关。关系嵌入同时具有中介作用，关系嵌入各维度的中介作用则存在一定差异。中介作用的存在说明，在传统村落社区旅游参与下，建立在互惠预期与信任基础上的关系嵌入比结构嵌入更重要，结构嵌入对传统村落社区旅游参与者知识获取产生的积极影响，部分需要通过关系嵌入及其维度的中介作用实现。处于不同旅游地生命周期发展阶段的传统村落社区旅游参与者的网络嵌入性对知识获取的影响机制不同。

本章佐证了贾拉格尔的旅游业知识转移渠道理论，对于传统村落来说，网络嵌入的知识获取机制值得管理者重视。本章研究结果有两点管理启示：政府规制强势介入有助于传统村落社区旅游参与者的知识获取；传统村落社区旅游关系嵌入机制的形成需要相关管理机构发挥协调支持作用。

本章对传统村落社区知识获取机制的研究实质上体现了网络嵌入下的社区自学习机制，对后续关于传统村落旅游地社区的旅游创新研究有一定的启示。

第5章 关系嵌入、知识获取与资源约束下传统村落社区旅游创新意愿

传统村落蕴藏着丰富的历史信息和文化景观，是中国传统农耕文明留下的最大遗产(康璟瑶 等，2016)。国内传统村落旅游已经经历了30多年的旅游开发(姚国荣 等，2004)，大多数传统村落虽然仍然属于“旅游发展初级阶段的弱权利意识型古村落”(翁时秀 等，2011)，呈现“门票经济”特点(孟明浩 等，2008)，但部分传统村落旅游地已经走出“门票经济”困境，由文化观光型向度假体验型迈进，并且在社区旅游参与下产生小微型、家庭型旅游企业高度集聚的现象。传统村落网络结构与网络关系也因此发生显著改变，推动传统村落社区旅游在资源约束下由文化内涵深度挖掘向旅游体验主题塑造方向演进，呈现出自组织旅游创新特点(Novelli et al.，2006；李文兵 等，2015)。传统村落小微型旅游企业集聚现象引起众多学者关注，但梳理现有文献发现，资源约束下传统村落社区参与旅游所展现出的创新机制并没有引起学者们的关注，相关研究仅涉及社会网对传统村落旅游小企业创业过程与成长机制的影响分析(闫婷婷，2016；钱藏，2017)。而第4章的实证研究表明，关系嵌入对资源约束下的传统村落社区旅游参与者的知识获取既有直接作用，又有中介作用，显示出关系嵌入的影响强于结构嵌入的影响。探讨资源约束下基于关系嵌入的传统村落社区旅游创新意愿形成机制并进行案例比较，既有助于社区旅游参与能力的提升，也有助于基于社区参与的传统村落遗产活态保持机制的建立(李耕 等，2018)。本章在第4章的研究基础上，继续以安徽宏村与湖南张谷英村为例，通过对关系嵌入、知识获取与资源约束下传统村落旅游创新意愿的关系研究，试图揭示关系嵌入对传统村落社区旅游参与创新意愿

的影响机制，为传统村落旅游地社区重构以及传统村落活态传承与保持管理提供理论参考。

5.1 旅游创新认知误区

自近代旅游业产生以来，旅游创新便纵贯其历史过程。托马斯·库克包价旅游的推出、迪士尼主题公园的建立以及麦当劳餐饮模式的产生，无一不是旅游创新的结果。然而，回顾创新研究史，可知旅游创新很少进入创新研究的学术主流之中（Hjalager，2010）。基于此，本章首先通过对旅游创新认知误区的形成与修正进行系统分析，试图还原旅游创新的真实面貌。

5.1.1 旅游创新认知误区的形成

个体认知误区的形成源于认知主体对认知客体产生的感觉错误、知觉偏离。在认知过程中，个体的认知活动受认知主体、认知客体与认知情境等多种因素影响，可能产生感知偏差，由此影响认知主体的整体认知过程，从而形成认知误区。创新是旅游业形成与发展的基石，但旅游创新现象陷入认知误区，被认为只是创新的接受者；或者虽有创新，但创新极少。旅游创新认知误区极大地限制了研究者对旅游创新规律的探索（李文兵 等，2015）。

（1）学界对服务业的认知经历是导致旅游创新认知误区形成的主要原因。学界对服务业的认知深受古典经济学家亚当·斯密对生产性劳动与非生产性劳动划分的影响（Bryson et al.，2012）。亚当·斯密（2014）认为："有一种劳动，加在物上，能增加物的价值；另一种劳动，却不能够。前者因可生产价值，可称为生产性劳动，后者可称为非生产性劳动。"按照这种两极劳动划分法，亚当·斯密将服务业归入非生产性劳动，在斯密看来，服务业无法带来财富积累。受此影响，直至20世纪80年代早期，很少有学者对服务业研究感兴趣，对旅游服务创新的认知因而受到极大的限制。

（2）产业革命影响下的产业演进规律对旅游创新认知误区的产生也有很大的影响。18世纪以来的3次产业革命是以工业革命为基础的产业创新过程，它不仅使人类社会由农业社会步入工业社会，而且由蒸汽时代进入电气时代，再进入信息时代。3次产业革命使人类社会物质财富不断增长，工业率先取代农业成为推动社会经济发展的主导力量。虽然服务业在3次产业革命中也由弱变强，但在20世纪60年代之前，服务业始终处于次要地位。因此，在很长一段时间里，围绕工业制造业的创新研究成为自熊彼特提出创造性破坏概念以来最主要的研究领域（Vence et al.，2009)，这样必然会导致旅游创新认知误区的惯性存在。

(3) 旅游业本身的属性也是旅游创新认知误区形成的重要因素。旅游业属于消费性服务行业，在广泛提高社会就业人口比重方面发挥了重要的作用。但旅游企业以中小型企业甚至小微型企业为主体，专业化程度低，其就业门槛相对不高，就业面广而人员素质参差不齐，这样极易形成学界对旅游创新的认知误区，以至于由旅游活动引发产生的旅游业虽然创新明显，但这种由旅游产业链延伸带来的衍生创新成果极易被旅游学界忽略(李柏文，2014)。长期以来，研发投入与专利申请等测量制造业创新的指标成为评价包括旅游在内的服务创新的主要指标（Salter et al.，2006)，这样势必造成旅游创新实践及其能力被低估。因此，虽然同为服务性行业，但与生产性服务行业相比，旅游业更易陷入创新认知的误区(李文兵 等，2015)。

5.1.2　旅游创新认知误区的修正

认知误区的修正是认知主体对认知客体的不断靠近，是认知重塑，从而还原认知客体真实面目的过程。旅游创新认知误区的修正首先在于包括旅游业在内的服务业的不断壮大。3次产业革命引起了产业结构的巨大变化，在继工业成为社会经济发展主导力量之后，服务业逐渐占据重要地位。从20世纪60年代开始，发达国家服务业所占比重逐渐超越工业所占比重，成为国民经济的主导产业，进入服务经济时代。美国在20世纪60年代中期率先转型，英国、德国与日本则分别在20世纪80年代中期、20世纪80年代末与20世纪90年代初相继实现向服务经济的转型(蓝庆新，2008)。与此同时，旅游业也不断壮大，并于20世纪90年代初期发展成为世界上最大的产业和就业部门(范文清，1994)。服务业主导地位的建立以及旅游业的壮大在旅游创新的认知重塑过程中，逐渐发挥其巨大的修正作用。

服务创新调查对旅游创新认知误区的修正也有很大的影响。对旅游创新的调查能够揭示旅游服务创新的本来面目，修正旅游创新认知误区。国外学界较系统的大规模服务创新调查始于1995年，目前最为著名的3项调查分别是欧盟 SI4S 项目、意大利IIS服务创新调查和德国学者的服务创新调查；其中，欧盟SI4S项目和意大利IIS服务创新调查均涵盖旅游服务。国内涵盖旅游的服务创新调查以清华大学的服务创新调查为典型(汪涛 等，2010)。国内外服务创新的调查结果均表明，包括旅游在内的服务业中存在显著的创新活动，并表现出不同于制造业创新的特点(王君正 等，2008；李文兵 等，2015)。

5.2 旅游创新概念界定与特征

5.2.1 旅游创新概念界定

1912年，熊彼特首次将创新理念引入其经济学著作《经济发展理论》，进而形成熊彼特创新理论体系(王蕾 等，2012)。20世纪90年代后期，服务创新现象引起学界关注，通过与制造业创新研究同化(assimilation)、分异(demarcation)和整合(synthesis)，服务创新逐渐成为创新研究的重要对象(江金波 等，2017)。但旅游创新研究一直未得到学界重视，对旅游创新内涵的认识和把握也缺乏一致性(宋慧林 等，2013；Hjalager，2010)。Hall 等(2008)认为，旅游创新为新思想、过程、产品或服务的产生、接受和实施。Iordache (2015)认为，旅游创新是给旅游者提供形的体验感知，是游客在休闲、教育、美学方面的新感知。Poon (1993)认为，旅游创新是新技术在旅游业中的运用。当前对旅游创新概念界定的视角主要是借用以熊彼特创新概念为基础的《奥斯陆手册》，它认为旅游创新是指旅游企业为了获得竞争优势，在工作组织或商业实践中实施显著改进的或新的产品或服务、过程、新的组织方法或新的营销方法；旅游创新包括产品或服务创新、组织创新、过程创新和营销创新等维度(Zach et al.，2017)。如表5-1所示，为不同文献对旅游创新概念的解读。但这种具有整合特点的分析方法往往低估了旅游创新的程度，在实际测量旅游创新时，需要进行相应的扩展，才能识别旅游创新中潜藏的维度(Camison et al.，2012；Booyens et al.，2016)。旅游业的突破性创新较少，因此，基于旅游服务视角，旅游创新可理解为迎合目的地利益相关者或游客的需要，相对于组织而言是新的或需要新的能力改进的产品、服务或流程，是新的理念、组织过程、产品或服务的产生、接受和实施的过程(Zach，2016；Hoarau，2016)。旅游创新与服务创新有许多共同之处，但旅游产品的体验本质又使旅游创新不同于一般服务创新（Stamboulis et al.，2003）。旅游体验的形成涉及主题故事的构造以及对符号文本的叙述，因此，旅游创新又是一个围绕旅游体验主题的知识密集型过程，这正是旅游创新不同于一般服务创新之处(李文兵 等，2015；Hoarau，2016)。旅游体验视角也是本书对传统村落旅游创新研究的出发点。

表5-1　不同文献对旅游创新概念的解读

旅游创新定义	文献
旅游创新是指实施新的或显著改进的产品（良好的服务）或流程、新的营销方法或新的企业实践、工作场所或外部关系的组织方法	Zach 等，2017
旅游创新为新思想、过程、产品或服务的产生、接受和实施	Hall 等，2008
旅游创新是给旅游者提供新的体验感知，是游客在休闲、教育、美学方面的新感知	Iordache，2015
旅游创新是新技术在旅游业中的运用，尤其是在资源有限情况下运用新技术发展旅游业	Poon，1993

5.2.2　旅游创新特征

自旅游行业的企业创新崛起开始，旅游企业便进入创新轨道。旅游企业创新崛起始于旅行社的创设。1845 年，托马斯・库克旅行社的设立，是世界旅游史上以赢利为目标的旅游要素首次真正意义上的新组合，原来分散的、自发的、单独进行的旅游活动首次成为有组织的、社会化的旅游活动，旅行与旅游这项古老的社会性活动逐渐变成一项经济与文化性事业(傅广生，2005)，近代旅游业也由此开端。1923 年，上海商业储蓄银行旅行部(1927 年6月改名为中国旅行社)的诞生，则意味着中国旅游史上旅游要素的首次新组合；它既是中国近代旅游业的开端，又是中国本土旅游企业创新的起点(郑焱，1996)。

迪士尼主题公园的诞生则是旅游企业创新道路上耀眼的标志。旅游企业创新没有终点，其创新模式既有供应商主导的创新，也有客户主导的创新，更有旅游企业内部主导的创新。旅游企业创新呈现出如比尔德贝德（Bilderbeed）等所概括出的服务创新四维模型所体现的特征：新的旅游服务概念化创新、新的游客界面创新、新的旅游服务传递系统创新以及新的技术选择创新（Bilderbeed et al.，1998）。这明显不同于制造业创新的特征，故专利申请与研发投入等衡量制造业创新程度的指标不能用于旅游企业创新研究了。因此，旅游创新展现出无形性、创新的新颖度范围广泛性、多维度创新性、以顾客导向为主的多导向性、专业性与易模仿性等特征(宋慧林 等，2013)。

5.3 关系嵌入性及关系社会资本

5.3.1 关系嵌入性

网络嵌入性概念自被提出后，便被不同领域的专家学者从微观、中观以及宏观等多个层面进行探讨(徐蕾，2012)。最早提出的结构嵌入性与关系嵌入性属于微观层面的研究，也被认为是最本质的分类方法(许冠南，2008；杜健 等，2018)。关系嵌入性是指经济行动者嵌入其所在的关系网络并受其影响和决定(Granovetter，1973)。关系嵌入性主要研究的是关系要素，即网络参与者间相互联系的二元交易关系问题，也即交易双方之间相互理解、信任和承诺的程度(Granovetter，1985；许冠南 等，2011)。与结构嵌入性相比，关系嵌入性强调将直接联结作为企业获取信息与资源的机制所起到的作用(许冠南，2008)。关于关系嵌入性的作用机制，格兰诺维特认为，关系嵌入性划分为两个维度——强连接与弱连接：弱连接是个人获得机会以及社区整合不可或缺的因素；强连接则增强了地方的凝聚力，但又导致社会整体的破碎化(Granovetter，1985)；在资源与信息传递过程中，弱连接相对于强连接更为重要(Granovetter，1973)。Uzzi (1997) 认为，关系嵌入性与企业绩效呈现倒 U 形分布关系，中间状态最为有效。但大多数学者则认为，企业间的关系嵌入性越强，企业从网络中获取的知识与资源越多，越有利于在竞争中赢得优势(许冠南 等，2011)。很显然，不同学者对关系嵌入性机制的看法各异，但这并不影响学者对关系嵌入性对企业影响的正向认识。

5.3.2 关系社会资本

格兰诺维特认为，工具主义还原论者把人们的互动过程限定于个人利益动机的解释，抽象掉了关系这一基本层面，而这种关系体现的是经济互动以及所有其他行动的特征。格兰诺维特进一步指出，关系有水平层次的关系与垂直层次的关系两个层次，其中水平层次的关系包含行动的信任和合作特征，垂直层次的关系包含行动的权力与顺从特征；这些特征都大大超出了单纯用个人利益动机所能解释的范围。信任与权力经常揳入利益与行动之中，纯粹的利益驱动行为模型被认为是一种极为典型的去背景化分析模型(纪廉 等，2006)。

早期社会学高度重视群体的结构边界与文化认同对人类社会行为的制约，关系这一概念作为研究人际联系性和群体联系性的学术概念，并没有进入早期主流社会学的研究视野。尽管社会网络分析于20世纪70年代始于美国并走向世界，西方社会学也不乏社会关系的研究，但国内学者认为，在社会学发展史上，中国学者在联系性视角方面的研究要先于西方学者，在全球化时代背景下也是中国学者率先提出关系社会学。如胡先缙提出的脸面逻辑论、费孝通倡导的差序格局论、梁漱溟建构的伦理本位论、杨庆堃得出的关系帮扶论，都是在关系研究方面进行开拓性探索的典型成果；特别是费孝通的差序格局论，奠定了中国关系研究的学理基石(边燕杰 等，2019)。

相较于西方现代社会结构的团体格局，中国是差序格局，更强调人际关系和关系网络，关系是中国文化和制度中极为重要的组成部分(费孝通，1998；边燕杰 等，2013)；中国文化条件下的关系与关系网络成为行动者之间特殊主义的、带有情感色彩的、具有人情交换功能的社会纽带(边燕杰 等，2013)。与西方社会资本表现出的关系纽带呈现出的弱连带性、偶发义务性和承载功能单一性特征相比(Nahapiet et al.，1998)，中国的社会资本呈现出强关系纽带的特殊功能、义务性和复用性频发特征，因此边燕杰等(2013)将中国的社会资本称之为关系社会资本。杨国枢认为，在中国传统社会差序格局里，中国人的社会取向呈现家族取向、关系取向、权威取向及他人取向。根据关系亲疏程度不同，杨国枢将关系取向分为三大类，即家人关系、熟人关系及生人关系：在家人关系中，家人间以责任为原则，因而具有最低的社会交换预期；在熟人关系中，人们以人情作为交往原则，根据既有人情关系进行进一步的人情往来与交换；生人关系则以利害作为交往原则，产生的是最高的社会交换预期(杨国枢，2005)。在差序格局中，人情交换在工具理性行为与情感感性行为关系中能够发挥平衡作用，因此，在持续的交换互动中，人际信任网络得以向外部逐步拓展，社会交换的广度和深度不断加大，以自我为中心的信任网络不断拓展到以血缘为基础的小圈子之外，从而产生圈内与圈外之间的动态边界(李智超 等，2012)。但是，差序格局又是一个立体结构，既有属于纵向的、刚性的、等级化的“序”，也有属于横向的、弹性的、以自我为中心的“差”，差序格局的维系有赖于等级差异的不断再生产(阎云翔，2006)。边燕杰等(2019)认为，差序格局并不只是中国传统社会的基本结构特征，在当代中国的城乡社会环境中，差序格局仍然持续发挥着作用。这是本章开展进一步研究必须了解的认知前提。

5.4 研究假设

5.4.1 关系嵌入与资源约束下传统村落社区旅游创新意愿的关系假设

国内传统村落曾经是明清时期知识分子、乡绅群体活动的场所，大多经历了明清时期的乡村社区整合和建设，因而文化底蕴深厚。传统村落旅游体验离不开游客对传统村落空间结构、人文环境和景观的感知，也离不开主客互动带来的真实性感受。传统村落社区通过旅游参与充当文化经纪人，有助于缩小游客与传统村落旅游地之间的距离，使游客获得广泛而深刻的传统村落文化旅游体验(Cohen，1988；Kastenhol et al.，2012)。传统村落旅游业的出现带来家庭型、小微型旅游企业的高度集聚，推动传统村落社区社会网、旅游产业网以及垂直介入的政治网相互交织演化，使传统村落社会网日趋开放化、复杂化，行动者日趋多元化。

在嵌入性机制下，传统村落社区旅游参与者嵌入多重网络中，其行动必然受社会网的影响，同时，又可能通过自身行动影响传统村落社会网，从而影响传统村落旅游地的整体演化(格兰诺维特，2015)。关系嵌入是嵌入性的重要维度，涉及行动者间基于互惠预期而相互联系的关系。关系嵌入强调行动者间相互信任的深度、持久性与质量。关系嵌入性越强，越有利于合作的实现与问题的共同解决(Uzzi，1997；李志远 等，2013)。多项研究表明，关系嵌入对中小企业创新能力与创新绩效有显著影响(简兆权 等，2015；张方华，2010)。但传统村落社区旅游参与者文化层次相对较低，创新能力相对不足，因此资源约束下传统村落社区旅游创新意愿的提升尤为重要。本研究认为，创新意愿体现的是创新主体对创新的心理倾向和动机，传统村落社区旅游参与下的多重关系嵌入能够提升传统村落社区旅游参与者的创新意愿。

由此得到如下关系假设：

H1：关系嵌入对传统村落社区旅游参与者创新意愿的正向影响显著。

5.4.2　关系嵌入与资源约束下传统村落社区旅游参与者知识获取的关系假设

知识是可持续竞争优势之源，外部知识获取可以有效降低中小企业知识生产能力不足的不利影响。知识获取又是一个社会化的过程，个体通过与网络成员互动，能够获取并应用显性和隐性的知识（Hajek et al.，2014；陈如芳 等，2016），个体知识由此既得到量的积累，又得到质的提升。在知识获取的过程中，关系嵌入能够降低通过社会网获取与转移知识的成本，有利于高度个人化的隐性知识的转移与吸收，也有利于行动者间的知识共享（Saparito et al.，2004）。一般而言，弱关系有利于异质性知识获取，强关系则加速知识信息传播，促进隐性知识共享（Lecuona et al.，2014）。在传统村落由生活聚居地演变为旅游地后，其村民的角色得以转换，其对新的信息知识的获取非常迫切。由于地理临近性与长期交往产生的信任基础，传统村落社区内部知识信息交流与转移频繁，为传统村落社区旅游参与者获取社区内部知识特别是隐性知识提供了可能（Novelli et al.，2006）；通过旅游产业网络，村落外部知识也成为传统村落社区旅游参与的重要知识获取来源。可见，传统村落社区旅游具有良好的关系嵌入基础，这种建立在信任基础上的关系嵌入有利于资源约束下传统村落社区旅游参与者的知识信息获取。

由此得到如下关系假设：

H2：关系嵌入对传统村落社区旅游参与者知识获取的正向影响显著。

5.4.3　知识获取与资源约束下传统村落社区旅游创新意愿的关系假设

知识在旅游创新中的作用不仅体现在新旅游体验概念的构思、设计和市场导入阶段，也体现在旅游体验概念创新的维持阶段（Eide et al.，2017）。旅游体验概念创新的维持要求旅游体验供给者不断获取游客、旅游吸引物以及旅游市场的相关知识信息。只有这样，旅游体验创新产生的竞争优势才能得以维持。在传统村落社区旅游参与下，处于集聚中的传统村落社区旅游参与者通过多种网络获取大量的探索性知识和利用性知识，驱动创新引领者的旅游创新及其创新扩散，使传统村落社区旅游参与者的创新意识显性化，参与者主动克服困难实现创新的意愿增强。但受政府强势介入而建立的传统村落保护制度与旅游经营规则的影响，传统村落社区参与旅游创新是在资源约束下的旅游创新，其旅游创新意愿也必然建立在资源约束之上。虽然传统村落社区存在生活方式型旅游企业，但相关研究表明(陈蕾 等，2014；谭华云，2015；徐红罡 等，2017)，生活方式型旅游企业的持续存在离不开在地方性知识挖掘基础上的创新改进。可见，知识获取对传统村落旅游创新及创新意愿能够产生正向影响。

由此得到如下关系假设：

H3：知识获取对传统村落社区旅游参与者创新意愿的正向影响显著。

根据以上假设，得到如图5-1所示的关系嵌入、知识获取与创新意愿初始模型M0。

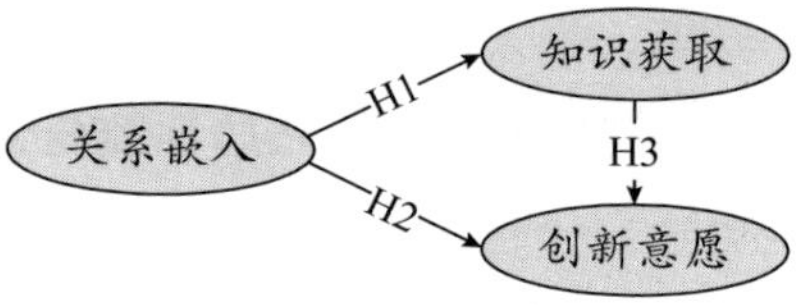

图5-1　初始模型M0

5.5　研究设计[①]

5.5.1　传统村落旅游案例地选择

本章研究对传统村落旅游案例地的选择有3种考虑：其一是社区旅游参与程度与规模；其二是传统村落遗产保护力度(李渊 等，2017；刘娟 等，2017)；其三是为便于案例比较，选择的传统村落旅游地生命周期存在差异。据此选择安徽宏村和湖南张谷英村作为案例地。两个村落均为第一批中国历史文化名村、第一批中国传统村落，且宏村早在2000年已入选世界文化遗产名录，从遗产资源保护力度看，两个传统村落案例地完全符合本章的研究要求。宏村旅游可追溯至1986年，经历了政府主导与外部企业主导的旅游发展模式，现已进入旅游地生命周期成熟阶段。截至2017年年底，宏村428户居民家庭中有高达90%的家庭参与了旅游服务接待，其中超过50%的家庭经营客栈住宿，旅游参与度很高。张谷英村旅游始于1991年，先后经历了政府主导、企业主导和政府重新主导的旅游发展模式，尚处于旅游地生命周期成长发展阶段。现有村民家庭619户，参与旅游接待的有71

① 本章案例选择依据与第4章相近，为了减少内容重复，本章的案例选择依据分析尽量简略了。本章测量量表设计与样本分析，也与第4章存在较多重合，为了分析需要，保留了部分重复内容。

户，参与度为11.5%，且张谷英村经营客栈的家庭占旅游参与家庭的近1/3，说明其呈现由观光向度假旅游转型的趋向；如果仅考虑张谷英村核心区旅游参与情况，其社区旅游参与度实际超过35%。所以，从社区旅游参与度和所处生命周期来看，张谷英村和宏村都符合本章研究的案例地选择要求。

5.5.2 量表及问卷调查设计

为了确保变量测量工具的信度和效度，本章参考了国内外相关文献中采用的测量量表，结合传统村落旅游实际，制定本章的测量量表。关系嵌入性的测量工具较多，有信任、信息共享与共同解决问题的现实问题视角，也有关系质量、关系强度和关系持久度的社会资本视角。本章采用社会资本视角，即从关系质量、关系强度和关系持久度三维度测量传统村落社区的关系嵌入性。参考相关量表，围绕政府管理部门或行业协会、客源地某些单位或中介机构、旅游相关企业或个人、做同行生意的村民和接待过的游客等与传统村落社区旅游参与相关的5类行动者，设计了15个题项(姚云浩 等，2014；周中胜 等，2015)。知识获取的测量量表则参考了相关文献的量表(周中胜 等，2015；Mcevily，2005；Yli-Renko et al.，2001；李靖华 等，2017)，设计了5个题项。旅游创新意愿的测量量表参考了相关文献的量表(张文浩 等，2013；吉敏 等，2015；曹勇 等，2016；Parrilli et al.，2013)，设计了4个题项(见表5-2)。各量表均采用李克特1~5级量表法，1表示很不同意，5表示非常同意。但是为了便于被调查对象理解，按照类似于第4章所采取的方法，用“对改善经营方式的看法”表述“旅游创新意愿”(见本章附录5A)。

表5-2　旅游创新意愿的测量量表设计

题项	参考文献
①我愿意根据古村特色，探索提高游客满意水平的新服务方式	张文浩等，2013；吉敏等，2015；曹勇等，2016；Parrilli 等，2013
②我乐于改善经营接待环境，使之更有古村特色、对游客更有吸引力	
③我愿意克服困难开发与经营更有古村文化特色的产品	
④我希望在挖掘古村文化内涵的基础上，探索提高旅游收入的经营方式	

为了确保被调查者对题项理解无误，笔者通过对张谷英村的预调查对相关题项的表述进行了多次调整与修改，正式调查于2018年3月28日至4月15日进行。

在张谷英村面向所有的旅游经营家庭发放问卷68份，回收有效问卷64份；在宏村选择沿南湖边、东边街、东边井、月沼、宏村街和上水圳等旅游经营家庭较集中的区域发放问卷108份，回收有效问卷106份。两村共获得有效问卷170份，问卷总有效率为96.5%。

样本中男性达58.8%，21~35岁、36~50岁年龄段旅游经营家庭占比最多，分别为32.9%、47.1%。样本中属于宏村或张谷英村的旅游经营家庭有134户，来自外地但属本县或本镇的有21户，其他情形有15户；因为样本中外地经营户的经营模式类似于家庭经营，本章仍将其纳入了样本范围。样本中经营住宿以及餐饮和住宿同时经营的家庭占比最高，合计64.1%，这与两案例地经营类型中住宿占优的实际相一致。样本中有高达47.6%的家庭直接从农业转型而来，受教育程度以高中学历者最多，达38.8%，但也不乏大学本科学历者，宏村甚至还有研究生学历者。样本中记录到起始于1989年、在2011年之前开始经营的家庭有50%。宏村旅游经营家庭中的外来户占了一定比例，而张谷英村旅游经营家庭成分相对单一，这与两个村的实际情形相符。

5.6 实证分析

5.6.1 探索性因子分析与假设修正

3个变量中，关系嵌入属于外生潜变量，知识获取与旅游创新意愿属于内生潜变量。首先探测外生潜变量关系嵌入的维度，用SPSS进行因子分析来完成。KMO分析和Bartlett检验的结果显示，样本数据的KMO值高达0.881，Bartlett检验的相伴概率为0.000，说明样本适合因子分析(见表5-3)。通过主成分分析，选择方差最大旋转，根据特征根大于等于1和因子荷载大于0.5的原则选取公因子和题项，结果有2个题项被剔除，余下的13个题项归入3个公因子。其中，第一公因子主要涉及整体旅游行业，第二公因子主要涉及政府部门或相关协会，第三公因子主要涉及社区旅游参与内部关系，因此分别命名为行业嵌入、政治嵌入和社区嵌入(见表5-4)。内生潜变量也适合因子分析(KMO值为0.854，Bartlett相伴概率为0.000，见表5-5)，继续按同样的方法得到知识获取和创新意愿两个公因子，结果没有题项被剔除，且所提公因子与原始设定一致(见表5-6)。

表5-3　外生潜变量量表的 KMO 分析和 Bartlett 检验

Kaiser-Meyer-Olkin Measure of Sampling Adequacy		0.881
Bartlett's Test of Sphericity	Approx. Chi-Square	1 369.488
	df	105
	Sig.	0.000

表5-4　外生潜变量的因子分析

因子	变量题项	因子荷载	特征根	方差	CR	AVE	Cronbach's α 系数	
行业嵌入	我与客源地某些单位或中介机构的联系密切	0.688	5.895	45.350%	0.854	0.50	0.852	0.897
	我与旅游相关企业或个人可交换机密信息	0.545						
	我与旅游相关企业或个人联系密切	0.720						
	我与接待过的游客交往时间长	0.756						
	我与旅游相关企业或个人的交往时间长	0.650						
	我与接待过的游客联系密切	0.758						
政治嵌入	我容易获得政府管理部门或相关行业协会的支持	0.852	1.510	11.617%	0.843	0.577	0.841	
	我与政府管理部门或行业协会的交往时间长	0.781						
	我与政府管理部门或行业协会的联系密切	0.756						
	我愿意信任并委托重要的事情给中介机构等组织	0.684						
社区嵌入	我与做同行生意的村民都能够履行承诺	0.850	1.094	8.414%	0.747	0.50	0.733	
	我与做同行生意的村民联系密切	0.532						
	我与接待过的游客相互信任	0.840						

表5-5　内生潜变量量表的 KMO 分析和 Bartlett 检验

Kaiser-Meyer-Olkin Measure of Sampling Adequacy		0.854
Bartlett's Test of Sphericity	Approx. Chi-Square	845.740
	df	36
	Sig.	0.000

表5-6　内生潜变量因子分析

因子	变量题项	因子荷载	特征根	方差	CR	AVE	Cronbach's α系数	
知识获取	我能从交往对象那里学习旅游服务技能与知识	0.885						
	我能从交往对象那里学习市场拓展技能与知识	0.816						
	我能从交往对象那里了解古村落旅游相关政策	0.798						
	我能从交往对象那里获取经营改进的技能与知识	0.734	4.569	50.76%	0.899	0.645	0.896	
	我能从交往对象那里了解旅游市场信息	0.856						0.875
创新意愿	根据古村特色探索新服务方式	0.766						
	开发经营具有古村文化特色的产品	0.831						
	改善有古村特色的经营接待环境	0.820	1.667	18.52%	0.829	0.550	0.830	
	基于古村文化特色探索新经营方式	0.746						

由上述探索性因子分析可知，在传统村落社区旅游参与背景下，初始设定的关系质量、关系强度和关系持久性三维度关系嵌入性，实际区分为行业嵌入、政治嵌入和社区嵌入三维度，因此对假设H1和H2做如下修正，得到如图5-2所示的假设模型M1。

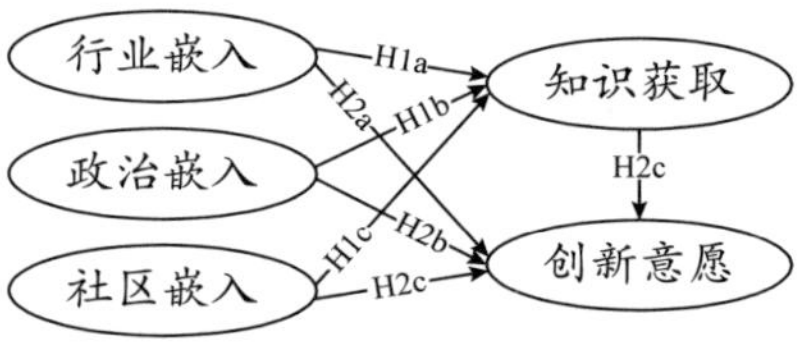

图5-2　假设模型M1

H1a：行业嵌入对传统村落社区旅游参与者知识获取的正向影响显著。

H1b：政治嵌入对传统村落社区旅游参与者知识获取的正向影响显著。

H1c：社区嵌入对传统村落社区旅游参与者知识获取的正向影响显著。

H2a：行业嵌入对传统村落社区旅游参与者创新意愿的正向影响显著。

H2b：政治嵌入对传统村落社区旅游参与者创新意愿的正向影响显著。

H2c：社区嵌入对传统村落社区旅游参与者创新意愿的正向影响显著。

5.6.2 信度和效度分析

如表5-4、表5-6所示，关系嵌入各维度与整体测量量表的 Cronbach's α 系数都大于0.7，知识获取和创新意愿测量量表的 Cronbach's α 系数都大于0.8。各变量的组合信度（CR）大于0.6，平均变异数抽取量（AVE）大于0.5，说明设计的量表信度和会聚效度都很高，各题项对潜变量的反映具有高度一致性，能够较好地测量潜变量。同时，本章在成熟量表的基础上结合传统村落旅游经营实际设计各变量题项，因此量表也有较好的内容效度。

5.6.3 假设检验

采用极大似然估计法对由2个内生潜变量和3个外生潜变量构成的模型 M1 进行参数估计。本章研究以结构方程模型的 t 值检验作为参数估计显著的判断依据：当 t 的绝对值大于等于1.96时，参数估计显著。运行 LISREL 8.70软件得到各种参数估计值。由表5-7可知，假设 H1b、H1c、H2c 和 H3 通过了检验，而假设 H1a、H2a 和 H2b 均未通过检验。取消3条没有通过 t 值检验的路径，得到修正模型 M2。继续运行 LISREL 8.70软件对模型 M2进行参数估计，得到修正模型 M2的各项估计值(见图5-3)。

表5-7　模型 M1假设检验

假设	H1a	H1b	H1c	H2a	H2b	H2c	H3
标准化参数值	0.24	0.28	0.21	0.23	−0.18	0.40	0.29
t 值	1.65	2.23	1.96	1.41	−1.28	3.24	2.78
路径	γ_{11}	γ_{12}	γ_{13}	γ_{21}	γ_{22}	γ_{23}	β_{21}
结论	否定	支持	支持	否定	否定	支持	支持

观察表5-8中修正模型 M2的假设检验，发现4条路径的标准化参数估计 t 值均超过了1.96，说明修正模型 M2成立。同时，修正模型 M2对样本数据有较好的拟合(见表5-9)。本章测得 $RMSEA$ 值为0.074，说明模型拟合度较高(近似误差均方根 $RMSEA$ 值小于等于0.05时模型“良好拟合”，介于0.05~0.08之间时模型“算是不错的拟合”，介于0.08~0.10之间时模型“中度拟合”，大于0.10则表示模型“不良拟合”）。X^2/df 为1.92，属于0~3的合理区间；进一步由表5-5可知，本章研究的比

较拟合指数 *CFI* 值和增值拟合指数 *IFI* 值都达到了0.9的良好拟合要求（*CFI* 和 *IFI* 取值均在0~1之间，值越大越好），简效规范拟合指数 *PNFI* 和简效良性拟合指数 *PGFI* 也达到了大于0.5的拟合要求，非规范拟合指数 *NNFI* 取值为0.90，同样达到了0.9的拟合要求。

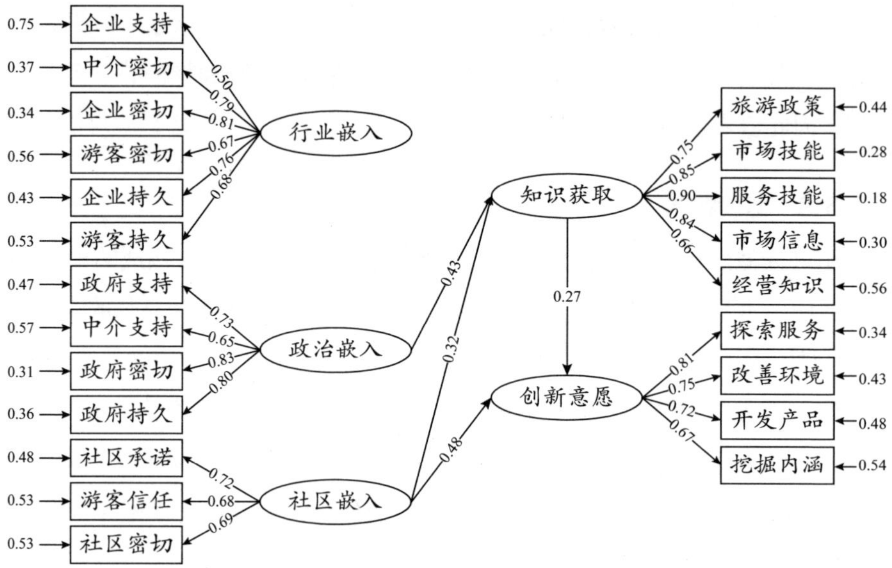

图5-3　修正模型M2及其估计

表5-8　修正模型M2假设检验

假设	H1b	H1c	H2c	H3
标准化参数值	0.43	0.32	0.48	0.27
t 值	4.45	3.32	4.57	2.74
路径	γ_{12}	γ_{13}	γ_{23}	β_{21}
结论	支持	支持	支持	支持

表5-9　模型M2拟合指数

拟合指数	X^2/df	*RMSEA*	*CFI*	*IFI*	*PNFI*	*PGFI*	*NNFI*
实际值	1.92	0.074	0.92	0.91	0.71	0.66	0.90
临界值	3	0.08	0.9	0.9	0.5	0.5	0.9
拟合度	良好	良好	良好	良好	良好	良好	良好

以上分析表明，政治嵌入对传统村落社区旅游参与者知识获取的正向影响显著，其路径系数为0.43，但对创新意愿的直接正向影响不显著，只能通过知识获取间接影响社区旅游创新意愿的形成与提升；社区嵌入对传统村落社区旅游参与者知识获取的正向影响显著，对社区旅游参与创新意愿的正向影响也显著，路径系数分别为0.32和0.48；知识获取对传统村落社区旅游参与的创新意愿有显著正向影响，路径系数为0.27。但行业嵌入不仅对传统村落社区旅游参与者知识获取的正向影响不显著，对传统村落社区旅游参与者创新意愿的正向影响也不显著。

5.6.4　案例地比较

以样本来源地和经营类型为因素变量，以行业嵌入、政治嵌入、社区嵌入、知识获取与创新意愿为因变量，进行多变量多因素方差分析。由表5-10可以发现，张谷英村的关系嵌入各维度均值都高于宏村，但在政治嵌入与社区嵌入两个关系嵌入维度上，两个传统村落案例地间存在显著差异，行业嵌入上的差异则不明显。张谷英村旅游创新意愿与知识获取两方面的均值虽然都高于宏村，但差异不显著。由因素变量家庭经营类型引起的方差变异不显著，但从样本来源地与经营类型的交互效应看，其在知识获取上有明显差异。上述分析表明，样本来源案例地不同引起的因变量方差变异远比经营类型不同引起的变异明显。宏村和张谷英村两个旅游案例地在关系嵌入的两个维度上存在显著的均值差异，虽然在创新意愿方面的差别表现得尚不显著，但在知识获取上差异显著。

表5-10　样本来源地和因素变量主效应方差分析检验结果

因变量	均值		因素变量					
			样本来源地		经营类型		样本来源地 × 经营类型	
	张谷英	宏村	*F* 值	显著性	*F* 值	显著性	*F* 值	显著性
知识获取	3.915 6	3.839 6	0.192	0.662	0.302	0.876	3.782	0.006**
创新意愿	4.394 5	4.259 4	1.280	0.260	0.554	0.696	0.833	0.506
行业嵌入	3.429 7	3.275 2	2.465	0.118	0.877	0.479	1.274	0.282
政治嵌入	3.269 5	3.016 5	5.349	0.022**	1.243	0.295	0.750	0.559
社区嵌入	4.088 5	3.874 2	4.776	0.030**	0.401	0.808	0.309	0.872

注：** 表示在0.05的水平上显著。

由两个案例地的进一步比较(见表5-11)发现，在社区旅游参与度低的张谷英村，外来家庭所占比例也低，而在社区旅游参与度高的宏村，外来家庭所占比例也高，但表现在两个传统村落的关系嵌入上，则是张谷英村的政治嵌入与社区嵌入均值都显著高于宏村。根据案例地历年旅游数据统计，张谷英村游客接待量长期以来都在低位缓慢增长，2010年之前年游客接待量均没突破10万人次，2017年游客接待量接近20万人次；而宏村的游客接待量一直在快速增长，2010年已突破100万人次，2016年已超过200万人次。这说明两个传统村落旅游地处于完全不同的发育阶段，从旅游地生命周期角度分析，张谷英村旅游开始从旅游地生命周期的参与阶段进入成长发展阶段，宏村则经历了快速发展阶段，开始进入较成熟的阶段。可见，在传统村落旅游地从生活聚居地向成熟旅游地演化的过程中，伴随社区旅游参与度的提高，传统村落社区旅游参与者中的外来成分也逐渐增多，但传统村落旅游地的社区嵌入与政治嵌入却出现明显的下降趋势。

表5-11　案例地间社区参与度、外来家庭比例及关系嵌入的比较

案例地	社区旅游参与度	外来家庭比例	政治嵌入均值	社区嵌入均值
张谷英村	11.4%（核心区35%）	3%	3.2695	4.088 5
宏村	90%	32%	3.0165	3.874 2

注：数据均来源于本章研究的调查统计。

5.7　结论与讨论

以首批中国历史文化名村安徽宏村和湖南张谷英村为例，通过理论分析、实证研究和案例比较，本章对基于关系嵌入的传统村落社区旅游创新意愿的形成机理(见图5-4)有了初步认识。

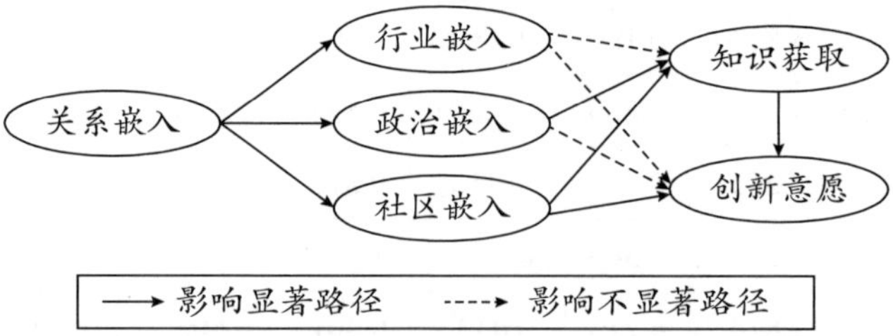

图5-4　基于关系嵌入的传统村落社区旅游参与创新意愿的形成机理

(1) 关系嵌入对资源约束下传统村落社区旅游的创新意愿影响明显。但在传统村落背景下，关系质量、关系密切性和关系持久性三维度关系嵌入性由具体的网络所体现，关系嵌入实际区分为行业嵌入、政治嵌入和社区嵌入。这种区分充分反映了传统村落社区旅游参与下网络关系的演化趋势，这种网络关系演化对传统村落社区旅游参与的影响深刻而显著。一般认为，行业嵌入能够为行动者带来相关行业信息，有利于行动者提升创新意愿并提高创新绩效（Parrilli et al.，2013）。但在传统村落社区，行业嵌入对传统村落社区旅游参与者的知识获取和创新意愿的影响并不显著。可能的解释是，行业嵌入降低了社区旅游参与家庭获取日常旅游经营信息的成本，但传统村落旅游创新更依赖于对传统村落文化内涵的挖掘，因此由行业嵌入获得的信息难以转化为传统村落社区的旅游创新信息，这种信息对社区旅游创新意愿的影响并不明显。不过传统村落的个别创新引领者有可能利用行业嵌入捕捉到旅游创新信息和知识，成为旅游创新者，并通过村落社区密集网络的传播与扩散促生搭便车现象，因此行业嵌入的意义依然不可否认。

(2) 政治嵌入对资源约束下传统村落旅游的创新意愿有显著的间接作用。政治嵌入反映了传统村落社区与政府机构或行业协会间的互信关系。研究结果显示，传统村落社区旅游参与者能够通过政治嵌入获取知识，其创新意愿显著提升，说明了地方政府对传统村落保护与旅游经营规制的必要性，且它不会对传统村落社区旅游创新意愿的形成产生障碍。但政治嵌入机制产生的前提是政府的相关规定与制度获得社区认同与信任。本质上，政治嵌入在传统村落表现为遗产资源约束，离开了政治嵌入，所有的旅游创新都是创造性破坏。传统村落社区旅游参与者只有通过政治嵌入，正确解读相关法规与政策，获取参与社区旅游的必要信息，才能明确旅游创新的范围与界限，真正保持传统村落的旅游特色和文化魅力。政治嵌入通过知识获取间接作用于传统村落社区旅游创新意愿的形成，进一步佐证了贾拉格尔的旅游业知识转移渠道理论：旅游业中知识转移障碍的克服可通过4种知识转移渠道实现，规制系统便是其中之一。在各种规章制度以禁令、强制性行动和惩罚等监管形式向行业发出明确行为信号的同时，规章制度内含的知识会通过潜在用户群迅速传播。但要发挥各种规章制度在传统村落社区的知识转移功能，规章制度的制定应具有一定前瞻性并能够获得传统村落社区旅游参与者的认同，这对规章制度制定者提出了更高的要求。

(3) 社区嵌入是资源约束下传统村落旅游创新意愿产生与提高最重要的推动因素。实证结果表明，社区嵌入的影响机制有两种：一是直接影响创新意愿的形成，路径系数高达0.48，居所有路径系数之首；二是通过知识获取间接影响传统村落社区旅游创新意愿的形成。这种双重作用机制体现了传统村落小微型旅游企业集聚的深刻影响。社区旅游参与引起的旅游产业集聚建立在传统乡村的熟人社会基础上，良好的信任基础伴随旅游产业集聚，促使传统村落社区旅游参与者互动增多、范围不断扩大，村落社区信任由特殊信任走向普遍信任，社会资本更加丰富，地方意识随之增强。因此，社区旅游参与基础上的旅游产业集聚区内部关系网是传统村落社区旅游参与者的首要旅游创新资源。通过社区关系嵌入，传统村落社区旅游参与者能够低成本获得旅游创新信息，在竞争和合作情形下，其旅游创新意愿必然会显著提升。从这个视角看，旅游影响下传统村落社区的存在以及社区嵌入的实现，既能丰富传统村落文化旅游体验产品，又能提高传统村落旅游体验的吸引力，使传统村落形成旅游竞争优势。

(4) 从长期看，传统村落社区旅游创新意愿形成机制的顺利实现可能会面临一些干扰。处于不同发育阶段的传统村落在社区旅游参与程度上存在差异，反映在不同村落的政治嵌入和社区嵌入两个关系嵌入的维度上也有显著差别，具体表现为社区旅游参与度提高，政治嵌入与社区嵌入度下降。虽然实证研究尚未检测到传统村落社区旅游参与者在旅游创新意愿上存在案例间的显著不同，但由因变量的交互效应看，不同发育阶段的案例地间的不同经营类型的知识获取已有显著差异。有可能随着社区旅游参与度提高，某些旅游经营家庭的知识获取反而会减少。因此，长期看，伴随社区旅游参与度提高与外来成员增加，传统村落社区旅游创新意愿形成机制的实现需要克服由此造成的干扰。

5.8 研究启示

在传统村落旅游小微型企业集聚趋势下，市场机制已成为传统村落旅游地演化发展不可忽视的力量。市场在推动传统村落旅游地发展的同时，往往使社区旅游参与产生盲目性和短视性，对传统村落关系嵌入机制的建立极为不利。如何规避市场的盲目性和短视性带来的问题，推动传统村落关系嵌入机制的建立，以提升旅游创新意愿与创新绩效，本章有如下启示：

(1) 社区嵌入是基础。社区嵌入的建立需要相关管理机构发挥作用，引导传统村落社区旅游参与者建立跨家庭、跨部门的相关协会组织，建立村落社区内部协调机制，以构建社区内部行业的信任基础，推动传统村落普遍信任机制的生成，使传统村落社区旅游在关系嵌入的基础上向旅游创新演进。

(2) 政治嵌入是关键。政治嵌入的前提是建立传统村落社区对政府规制的认同与信任，并在政府规制下形成遗产资源约束。政府相关管理机构应主动与社区建立互信关系，以推动政治嵌入机制的实现，提高传统村落社区的旅游创新意愿。

(3) 政治嵌入与社区嵌入下降风险预警是保障。在传统村落旅游地从生活聚居地演化为成熟旅游地的过程中，外来旅游参与者逐渐增多，社区旅游参与者可能背离传统村落资源约束，导致政治嵌入与社区嵌入均存在下降的风险。如何加强对外来旅游参与者的管理，建立政治嵌入和社区嵌入下降风险预警机制，推动传统村落关系嵌入协调机制的建立，促使传统村落旅游创新在资源约束下演进，同样值得传统村落旅游地管理者重视。

因为样本规模所限，本章没有分别构建两案例地的结构方程模型，也没有构建不同类型经营家庭的结构方程模型，今后类似研究有必要扩大样本规模，以进一步比较不同层次的传统村落或不同类型的经营家庭在社区旅游创新机制上的差异。本章在量表设计上依然存在调查对象选择和创新意愿表达方面的不足，今后类似研究的量表设计需要更加科学、合理。另外，传统村落社区旅游创新意愿提升的影响机理也值得后续研究者关注。

本章小结

认知误区限制了研究者对旅游创新规律的探索。旅游创新是一个围绕旅游体验主题的知识密集型过程，以渐进性、非技术性创新为其主要创新表现形式。专利申请与研发投入等指标不适用于旅游企业创新研究。虽然传统村落社区旅游参与者的文化层次普遍较低，创新能力相对不足，但在资源约束下，传统村落社区旅游创新意愿依然表现明显。本章以安徽宏村与湖南张谷英村为案例地，通过探索性因子分析与结构方程模型检验，对关系嵌入、知识获取与资源约束下传统村落旅游创新意愿的关系进行实证研究与案例比较，研究结果表明：传统村落社区旅游参与背景下的关系嵌入实际区分为行业嵌入、政治嵌入和社区嵌入三维度，其中，行业嵌入对传统村落社区旅游参与者的知识获取和旅游创新意愿的影响不显著，政治嵌入通过知识获取影响社区旅游创新意愿，社区嵌入对社区旅游创新意愿有双重作用机制，是最重要的社区旅游创新意愿驱动因素。传统村落在从生活聚居地演化为成熟旅游地的过程中，存在社区嵌入与政治嵌入下降的风险。长期看，传统村落社区旅游创新意愿形成机制的实现需要克服由此造成的干扰。

本章的研究进一步体现了网络嵌入下传统村落旅游地社区自学习机制的作用。

附录5A

传统村落社区旅游经营环境问卷调查表

各位村民朋友，你们好！

传统村落旅游既能让我们对传统文化进行再认识，又能够给我们以美的体验和享受。在旅游背景下，经营环境对传统村落演变将产生很大影响。为此，我们制定了本问卷，希望能够获得您对相关问题最真实的看法，以便我们展开下一阶段的研究。

衷心感谢您的支持和协助！

第一部分　填表者个人基本情况

1. 您的性别是：A. 男　B. 女
2. 您是张谷英村人吗：A. 是　B. 不是
3. 若您不是张谷英村人，则您来自于（　　）省（　　）市（　　）县。
4. 您的年龄是：

   A.20岁以下　B.21~35岁　C.36~50岁　D.51岁~65岁　E.65岁以上
5. 您的现岗位是：

   A. 经营餐饮　B. 住宿接待　C. 经营餐饮和住宿　D. 卖土特产　F. 其他
6. 您曾经的职业是：

   A. 机关事业单位人员　B. 教师　C. 旅游企业员工　D. 其他企业员工

   E. 离退休人员　F. 学生　G. 其他

7. 您的受教育程度：

A. 初中及初中以下　B. 高中　C. 大专　D. 本科　E. 研究生

8. 您做游客生意是从(　　　　)年开始的。

第二部分　传统村落旅游从业者之间的关系

一、对自身关系状态的看法(1~5表示您认可的程度，1表示很不同意，5表示非常同意，打√选择)

1. 对关系网中所处位置的看法	很不同意	不同意	没意见	同意	非常同意
①我在旅游经营中很容易找到合适的合作者	1	2	3	4	5
②其他经营者经常希望我提供一些建议或帮助	1	2	3	4	5
③很多旅游经营者或相关机构都愿意同我合作	1	2	3	4	5
④我经常介绍其他旅游经营者或相关机构相互认识	1	2	3	4	5
⑤我经常向其他经营者推荐游客	1	2	3	4	5
2. 对旅游从业者关系范围的看法	很不同意	不同意	没意见	同意	非常同意
①我与政府管理部门或相关行业协会有联系	1	2	3	4	5
②我与客源地很多单位或中介机构有联系	1	2	3	4	5
③我与村外的很多旅游经营者或企业有联系	1	2	3	4	5
④我与村内很多旅游经营者有联系	1	2	3	4	5
⑤我与曾经来过的一些游客有联系	1	2	3	4	5
3. 对旅游从业者关系网络开放性的看法	很不同意	不同意	没意见	同意	非常同意
①与我联系的很多政府部门或行业协会是外县的	1	2	3	4	5
②与我联系的很多中介机构都是外县的	1	2	3	4	5
③与我联系的很多旅游经营者或企业都是外县的	1	2	3	4	5
④与我联系的很多游客都是外县的	1	2	3	4	5
4. 对旅游从业者关系质量的看法	很不同意	不同意	没意见	同意	非常同意
①我容易获得政府管理部门或相关行业协会的支持	1	2	3	4	5
②我愿意信任并委托重要的事情给中介机构等组织	1	2	3	4	5
③我与旅游相关企业或个人可交换机密信息	1	2	3	4	5
④我与做同行生意的村民都能够履行承诺	1	2	3	4	5
⑤我与接待过的游客相互信任	1	2	3	4	5

续表

5. 对从业者关系密切性的看法	很不同意	不同意	没意见	同意	非常同意
①我与政府管理部门或行业协会的联系密切	1	2	3	4	5
②我与客源地某些单位或中介机构的联系密切	1	2	3	4	5
③我与旅游相关企业或个人联系密切	1	2	3	4	5
④我与做同行生意的村民联系密切	1	2	3	4	5
⑤我与接待过的游客联系密切	1	2	3	4	5
6. 对从业者关系持久性的看法	很不同意	不同意	没意见	同意	非常同意
①我与政府管理部门或行业协会的交往时间长	1	2	3	4	5
②我与客源地某些单位或中介机构的交往时间长	1	2	3	4	5
③我与旅游相关企业或个人的交往时间长	1	2	3	4	5
④我与做同行生意的村民交往时间长	1	2	3	4	5
⑤我与接待过的游客交往时间长	1	2	3	4	5

二、对从业者关系网作用的看法(1~5表示您认可的程度，1表示很不同意，5表示非常同意，打√选择)

1. 对从业者关系网价值的看法	很不同意	不同意	没意见	同意	非常同意
①我能从交往对象那里了解传统村落旅游相关政策	1	2	3	4	5
②我能从交往对象那里学习市场拓展技能与知识	1	2	3	4	5
③我能从交往对象那里学习游客服务技能与知识	1	2	3	4	5
④我能从交往对象那里了解旅游市场信息	1	2	3	4	5
⑤我能从交往对象那里获取经营改进的技能与知识	1	2	3	4	5
2. 对改善经营方式的看法	很不同意	不同意	没意见	同意	非常同意
①我愿意根据古村特色，探索提高游客满意水平的新服务方式	1	2	3	4	5
②我乐于改善经营接待环境，使之更有古村特色、对游客更有吸引力	1	2	3	4	5
③我愿意克服困难开发与经营更有古村文化特色的产品	1	2	3	4	5
④我希望在挖掘古村文化内涵的基础上，探索提高旅游收入的经营方式	1	2	3	4	5

第 6 章　网络嵌入下认知重构与传统村落社区旅游创新演化

学界认为，传统村落旅游地社区居民既是传统村落遗产资源保护利用的主体，又是传统村落资源本体，具有双重身份特征；只有将社区参与纳入传统村落旅游发展进程中，使传统村落居民分享到旅游业带来的多种利益，才能更好地推动传统村落旅游地可持续发展(余向洋，2006；雷海燕 等，2007；颜亚玉 等，2003；杨效忠 等，2008)。同时，传统村落通过社区旅游参与充当“文化经纪人”(cultural brokers)，有利于缩小游客与传统村落旅游地之间的距离，使游客在主客互动中获得传统村落文化的真实性感受和体验(Cohen，1988；Kastenhol et al.，2012)。由此可见，无论从主体还是客体来看，传统村落旅游地的可持续发展都离不开社区旅游参与及社区旅游参与的可持续。传统村落旅游地发展过程中的社区参与得到了学界高度重视，研究者大多从传统村落旅游地社区参与模式(蒋海萍 等，2009；雷海燕 等，2007；彭思涛 等，2009；谢晶晶 等，2018)、社区参与机制(颜亚玉 等，2003；蔡碧凡 等，2013)、社区参与效度评价(张志森 等，2016)和社区增权(王纯阳 等，2013)等多个视角进行了研究，试图探讨提高传统村落社区旅游参与有效性的途径，通过社区参与真正实现传统村落旅游地的可持续。本书认为，传统村落社区旅游参与可持续需要创新，更离不开社区内生的旅游创新。传统村落社区的旅游创新能够推动传统村落旅游产品的多样化和个性化，既有利于传统村落文化的活态传承，又有利于提高传统村落的旅游吸引力(冯德昱 等，2006)，因此，社区内生的旅游创新将是传统村落旅游地可持续发展的坚实保障。

传统村落旅游创新问题也得到了学界的关注，已有的研究大多从规划角度展开(吴文智 等，2003；谭春霞 等，2009)，属于他组织角度的研究；从自组织角度对传统村落旅游地创新现象的研究很少见(李燕妮 等，2013)，关于传统村落旅游创新演化的研究成果则尚未出现。第4章和第5章的研究结果表明，网络嵌入有利于传统村落旅游地社区的知识获取，关系嵌入则对传统村落旅游地社区的旅游创新意愿有显著影响，实质上反映了网络嵌入下传统村落旅游地社区的自学习机制及其产生的深刻影响。那么，网络嵌入下传统村落社区旅游参与过程中是否存在旅游创新实践、是否存在旅游创新演化现象呢？网络嵌入下传统村落旅游地社区的自学习机制能否进一步带来社区旅游创新演化？这是本章希望回答的第一个方面的问题。本章以张谷英村为例，通过历史回溯，试图获取张谷英村旅游创新年谱，并采用扎根理论方法探究张谷英村旅游创新的认知基础和认知维度，分析网络嵌入下的张谷英村社区旅游创新演化机制。本章的研究将拓展和丰富传统村落旅游创新研究体系，并为传统村落旅游创新管理提供理论依据，为传统村落旅游地社区重构研究提供新的理论视角。

6.1 相关研究综述

6.1.1 经济变迁中的创新演化

经济变迁演化的思想可以追溯到马歇尔和熊彼特，特别是1912年熊彼特创新概念的提出，为经济演化找到了内生性动因(陈道江 等，2003)，奠定了经济演化思想的坚实理论基础。1982年纳尔逊和温特的著作《经济变迁的演化理论》问世，进一步揭示了经济演化中创新的影响机制(纳尔逊 等，1997)，从动态演化视角理解社会经济过程逐渐得到经济学家认可(刘志高 等，2007)。创新行为本身的演化现象也日益引起学界的关注。创新行为广泛存在于企业、产业和区域等不同层次中(王蕾 等，2012)，创新演化现象也在企业、产业和区域3个不同层次上得以体现。

1．企业层次的创新演化

企业是创新和经济增长的主体，是建立技术能力的一个重要来源，且随着时间的推移不断发展。虽然市场、产品和背景知识也可能会随时间的推移发生相当大的变化，但是，由于企业生产过程中学习的累积性，企业技术能力的特征将在相当长的时期内持续下去，因而企业层次的创新演化一直是学者研究的热点

(Cantwell et al., 1999)。Smith (2008) 认为，企业层次的创新演化始于企业的经历和观察，经过优化调适的实践阶段、一般化的原理阶段、可预测的模型阶段和模型实证阶段，最后通过基于实践的理论化阶段完成一个创新演化循环（见图6-1）。Datta (2011) 建立了社会企业的社会创新过程(social innovation process)模型，认为社会企业的社会创新演化过程包括问题发现和新思想产生的初始期、新思想得到检验提炼的发展期以及新思想扩散的扩展期3个阶段。企业创新演化是一个过程，企业的不同要素对其创新演化过程中的不同阶段产生的影响有差异(Damanpour et al., 2006)。

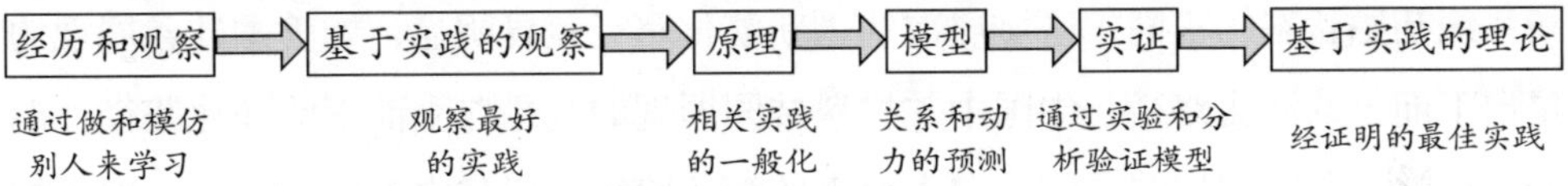

图6-1　史密斯的企业层次创新演化循环模型

资料来源：Smith，2008。

从现有文献来看，企业层次的创新演化研究主要涉及3个方面：企业组织创新演化、企业协作创新演化以及企业技术创新演化。企业层次的技术创新演化一直是企业层次创新研究的核心领域，目前的研究主要集中在以下4个方面：技术创新演化的特性与轨迹、技术创新演化的过程、技术创新模式与能力的演化、技术创新集群的演化（孙冰，2010）。关于企业组织创新演化方面的研究，大多数研究者采用达尔文主义演化模型分析创新在企业种群层次被动的变异—选择—保留过程，并研究外部环境要素对企业创新演化过程的影响。也有学者在达尔文主义演化模型的基础上，引入拉马克主义的适应观，构建组织创新演化的适应性变异—选择—保留过程模型，并从环境、组织和个体3个不同层面分析创新演化各阶段的影响机制(Damanpour et al., 2006；金玮 等，2017)；很显然，这一研究思路强调了企业组织本身在创新演化中的能动性。企业协作创新演化也越来越受到重视。企业通过采取合作创新战略来降低企业技术创新的风险，以在合作创新的过程中提升自身的吸收能力（潘群 等，2017）。当前的研究方向主要包括企业技术合作创新演化模型（蒋铁军 等，2015）、技术合作创新演化路径（潘群 等，2017）、技术合作创新演化机制（李朝明 等，2013）。

2．产业层次和区域层次的创新演化

产业层次和区域层次的创新演化超越了单个企业创新演化的范畴，体现出与企业层次不一样的创新演化轨迹。在发展中国家，产业创新演化容易锁定在低层次创新轨道上，形成明显的创新演化路径依赖(Nirjar，2008)。由于企业知识溢出、衍生效应、企业学习以及临近性，产业集群创新演化或产业创新网络演化成为产业层次创新演化的主要趋向，产业集群创新演化或创新网络演化现象也是产业层次创新演化研究的主要领域(Baum et al.，2010；Frenkel et al.，2015；范如国 等，2017)。区域层次的创新演化表现为国家创新系统或区域创新系统的演化。由于创新系统初始状态的不同，区域层次的创新演化路径差异明显，如美国硅谷展现的是自下而上的演化路径，中国中关村科技园展现的则是自上而下的演化路径，而新竹科学工业园展现的虽同为自上而下的演化路径，但与中关村相比又有很大的差异(李振国，2010)。区域层次的创新主体多元化、创新演化过程复杂化，使区域层次的创新演化现象引起了学界的广泛兴趣。当前的关注点主要有：区域创新演化机制(龙海雯 等，2016)、区域创新演化模型构建(Groenewegen et al.，2006)、区域创新演化路径以及区域政策创新演化等(Garrett-Jones，2004)。

3．旅游创新演化

学界主要基于旅游目的地创新系统视角展开旅游创新演化研究。相关研究认为，旅游创新演化的动力来自于区域旅游创新系统的自组织。区域旅游具备创新系统的3个关键构成要素：企业、政府与知识机构。区域旅游能够在目的地旅游吸引物的基础上形成旅游创新系统(李文兵 等，2015)。佩克兰纳(Pechlaner)等人认为，区域旅游创新系统形成的前提是有共同的目标，利益相关者有相应的能力和学习意愿，有足够的能够在网络中发挥作用的组织机构，以及参与组织有能够构造清晰网络的能力。治理能力从公共部门转移到半私人和中间组织是区域旅游创新系统形成的关键(Pechlaner et al.，2012)。一旦区域旅游创新系统形成，在企业、政府与知识机构的三重推动下，区域旅游创新系统将通过从无序到有序、从落后到先进与从有到优的自组织演化过程，推动区域旅游创新的演进(景荣 等，2013)。关于旅游创新演化机制的研究主要有两个研究方向：一个是基于历史过程的案例研究，另一个是基于理论假设的实证研究。国外的研究中，贾拉格尔做了较深入具体的工作，其研究多属于案例研究。Hjalager（2009）通过对关键行动者的访谈，研究了丹麦罗斯基勒（Roskilde）摇滚乐音乐节由草根文化现象演化为文化旅游创新系统的过程与机理。Hjalager（2010）还以同样的思路分析了丹麦菲英（Funen）岛休闲旅游创新系统的形成机理。Pechlaner 等（2012）研究了意大利南蒂罗尔（South Tyrol）社区型目的地旅游创新系统的演化机理。马特森（Mattsson）是第二个方向的主要研究者。Mattsson 等（2005）构建了基于吸引物的旅游创新系统模型，并进行了实证。在马特森的基于吸引物的区域旅游目的地创新系统模型中，情境设计者作为创新的发起者，将吸引物转化为景观；情境经营者（scene taker）则发挥其企业家才能，维护或适应性改变情境，构建区域目的地合作网络。在情境经营者的积极影响下，即使许多旅游企业没有创新性，没有参与创新系统与网络，基于吸引物的区域旅游创新系统也能够成功发展（Mattsson et al.，2005）。国内尚没有第一个方向的成果，相关研究多限于理论分析（宋振春 等，2012）。

6.1.2　认知与创新

1．认知对创新的影响

认知影响个体对创新机会的发现（Shane，2003）、创新风险感知（苏敬勤 等，2012）及创新效价评估（张婕 等，2014），个体通过对创新期望—创新效价的权衡产生创新行动决策（Unsworth et al.，2010）。已有研究表明，临近性认知（Arenas et al.，2006）、身份认知（李琳 等，2011）、敌意认知以及差错认知（刘嫦娥 等，2017）等不同视角的认知都对个体创新有直接影响，或者起中介作用。认知上的标签化是企业惯性形成不可忽视的因素，对企业创新既有有利的一面，又可能成为企业创新的障碍。认知上的标签化可分为感知中的标签化、注意中的标签化、思维中的标签化和学习中的标签化。各类认知标签化的影响又有所不同，如注意中的标签化产生的障碍性影响在企业中主要表现为决策者、管理者、研发者、技术人员以及营销人员可能会对工作中出现的各种新情况、新问题视而不见，并且往往习惯于将它们归入过往的标签当中，有可能按老办法加以解决（孟庆伟 等，2005）。文献分析还发现，认知距离不仅对单个企业的创新产生影响，还对产业集群或企业技术联盟产生影响（李琳 等，2011 ；毛崇峰 等，2016 ；曾德明 等，2017）。

认知是个体对感知到的信息进行加工形成某种知识信念的心理过程，认知重构则是个体形成新的信念体系的过程(陈丽辉 等，2016)。企业家认知重构意味着创新机会与威胁发现能力的改变、创新意愿与倾向的改变、创新信息获取能力的改变，意味着新的创新认知基础的形成，这些都必然影响企业创新的产生与演化(Teece，2010)。毫无疑问，旅游经营者的认知重构也必然影响旅游创新的产生与演化，因此，在认知重构基础上探讨旅游创新及其演化具有现实意义。如果传统村落社区存在旅游创新，那么网络嵌入下的认知重构必然会对传统村落旅游创新演化产生影响。揭示传统村落社区旅游参与者的创新认知基础与认知维度、认知重构机制及其对传统村落旅游创新演化的影响机制，在传统村落活态传承与保护的国家战略背景下尤为重要，而从现有文献分析来看，这方面的研究还很欠缺。这也是本章希望回答的第二个方面的问题。

2．与创新相关的认知维度与认知风格

学界对企业家创新认知维度有较多研究，但不同学者对与创新相关的企业家认知维度存在不同的看法。如Teece (2010)认为企业家的认知包含机会利用能力、机会与威胁发现能力以及资源重新配置能力；Mitchell等(2000)认为意愿认知、配置认知和能力认知构成了企业家认知；陈静等(2017)则认为企业家认知包括创新倾向、关注焦点和信息获取3个方面；Papadakis等(1998)从企业家的认知能力角度进行了企业家认知维度分析，指出企业家认知能力包括对环境的认知、管理的风格和对组织的认知等。

认知风格可分为个体认知风格和团队认知风格。个体认知风格是指个体收集、编码与应用信息的偏好方式和习惯模式(张婕 等，2014)。柯顿(Kirton)将个体认知风格分为两大类，即适应性风格和创新性风格(Kirton，2003)。Cools等(2007)则将个体认知风格分为学习型风格、计划型风格和创造型风格。相关研究发现，个体认知风格通过影响个体的创新自我效能，影响创新绩效(张婕 等，2014)；企业家的认知风格一旦形成，往往会影响企业商业模式创新(Emsley et al.，2006；陈静 等，2017)；一般员工则可能通过团队形成团队认知风格，团队认知风格一旦形成，将在团队创新中起显著的正向作用(杨付 等，2012)。

总的来说，经济变迁与创新演化的研究为本章对家庭型小微企业高度集聚的传统村落旅游创新演化研究提供了理论借鉴。但现有关于经济变迁中的创新演化研究主要以制造业为主要研究对象，有关服务业特别是国内旅游业的创新演化实证研究很少见，只有少数学者就旅游地创新系统进行了理论分析(李文兵 等，2015)。总而言之，虽然学界对旅游创新的维度与旅游创新的体验本质有了较一致的认识，但对旅游创新的认知不足依然制约着旅游创新行为的产生，对旅游创新研究本身也有一定阻碍作用，对传统村落旅游地创新演化研究尚待深入探索(饶勇，2009；李文兵 等，2015)。本章将在网络嵌入视角下对张谷英村进行案例研究，希望对此有所突破。

6.2 研究设计

6.2.1 案例地选择

本章以张谷英村作为传统村落旅游创新演化的案例研究对象，基于如下考虑：

(1)张谷英村作为传统村落型旅游目的地，规模较大，有较强的旅游吸引力基础。村落形成于明清时期，是由具有600多年繁衍发展历史的张谷英公后裔聚族而居形成的血缘村落。村落特色鲜明，较完整地保留了明清建筑风貌，总建筑面积达5.1万平方米。现保存完好的有当大门、西头岸、枫树屋、东头岸、王家塅、石大门、上新屋等建筑群。其主体建筑群沿龙形山延伸呈龙形村落格局，各建筑群布局均为干枝式结构。2001年该村被评为全国文物保护单位，2003年又成为首批12个国家级历史文化名村之一，2012年被列入首批中国传统村落名录。

(2)该村社区旅游参与有较长的历程。张谷英村旅游始于1991年，先后经历了社区主导、企业主导和政府主导的旅游开发模式。村内有村民家庭619户，参与旅游接待的有70多户。2018年，张谷英村全年接待各类游客达30万人次，排除免票部分后实际接待游客20万人次。旅游参与成分中以本村村民为主体，这既为获取村落原住民旅游参与的真实信息带来了便利，也为了解传统村落旅游创新演化历程提供了可能。

(3)该村游客接待量逐年增长，表明张谷英村在社区参与下，旅游创新演化的连续性可能会相当明显。

(4)笔者跟踪研究张谷英村有十多年历史，有翔实的对照资料，且对该村社区参与旅游创新及创新演化实际有直观感受。

因此，张谷英村作为社区旅游创新演化研究案例是适合的，本章的研究成果对成长阶段的传统村落旅游创新管理具有指导意义。

6.2.2 方案设计与信息采集

1．传统村落社区旅游创新现象判别

本章试图通过采集张谷英村社区参与旅游创新的信息，构建旅游创新年谱，探索传统村落社区旅游创新演化机制，因此将历史回溯融合在问卷调查和访谈中，以获取村民参与旅游创新的历史信息。方案设计中面临的最大问题是如何判别旅游创新。笔者认为，传统村落社区旅游创新包括两个层面的创新行动，即既有家庭层面或者说企业层面的旅游创新，也有社区层面或者说区域产业层面的旅游创新。参照第5章关于旅游创新内涵的分析，我们将“与别人相比有哪些不一样”作为家庭层面旅游经营创新的判断依据，将社区整体旅游经营中首次出现的行为作为社区层面旅游创新的判断依据，并结合实地观察中所得的与创新相关的信息，拟从技术、营销、餐饮、住宿、地方特色产品等多维度进行评判。

2．问卷方案设计

此处在前述对旅游创新现象判别的基础上进行问卷设计与问卷对象选择。

⑴开放式问卷设计。笔者从5个方面设计了17个开放式问题，如在体验创新方面设计了“在提高游客体验方面，你有哪些不同于别人的想法?”等4个问题，在服务创新方面设计了“你提供了哪些和别人不一样的服务项目或旅游项目，并且一直想办法改进？”等8个问题，在创新信息来源方面设计了“……你的创新信息主要来源于哪些方面？”和“……请你列出最具创新能力的5个家庭，按照从强到弱的顺序排列。”2个问题，在创新的影响方面设计了“创新对你家有什么影响，对整个张谷英村有什么影响？你为什么要创新？”1个问题，在张谷英村旅游的整体创新方面设计了“在张谷英村二十多年的旅游开发中，你认为有哪些大的创新之处？……”等2个问题（见本章附录6A）。

⑵问卷对象选择。问卷对象的选择参考当地村民的意见，主要依据是经营过程中有旅游创新表现。最终选择了近20户参与旅游经营的家庭作为本章研究方案的问卷调查对象。

3．访谈对象选择和访谈提纲设计

访谈对象选择范围从旅游经营的村民扩展到村两委干部和张谷英管理处主要负责人，其中，村民访谈对象的选择依据是有较突出的旅游创新能力，紧紧围绕“有哪些旅游创新表现？”“创新想法是如何产生的？”和“为什么要进行旅游创业创新?”等问题进行访谈，力图通过这些问题获取张谷英村社区旅游创新的认知信息。针对张谷英管理处主要负责人和村两委干部访谈对象的选择要求是，被选对象比较熟悉张谷英村的旅游发展历程。围绕“对张谷英村旅游经营有什么管理措施？”和“对村民旅游创新有什么看法和支持措施？”等问题，展开针对村两委干部和管理处主要负责人的访谈(见表6-1)。

表6-1　访谈提纲设计

访谈对象	访谈提纲
旅游创新能力突出的旅游经营家庭成员	有哪些旅游创新表现?
	创新想法是如何产生的?
	为什么要进行旅游创业创新?
村两委干部和张谷英管理处主要负责人	对张谷英村旅游经营有什么管理措施?
	对村民旅游创新有什么看法和支持措施?

村民旅游创新能力按照以下公式计算：

$$AI = \sum D_i$$

式中：AI 是家庭旅游创新能力，D_i 是被第 i 个问卷调查对象列入最有创新能力家庭的创新得分。D_i 取值在0~5之间，当排名在最有创新能力5个家庭的第1位时记为5分，往后依次递减1分；如果没有被第 i 个问卷对象选入最有创新能力名单则得分为0。

4．旅游创新信息采集

开放式问卷调查于2019年1月10日至1月15日完成，在熟悉张谷英村社区旅游经营行情的村民引导下，选择了有旅游创新表现的18户村民家庭作为问卷调查对象(见表6-2)，每份问卷填答用时45分钟左右。问卷回收后统计得到张谷英村旅游创新能力排名，再从中依次选择排名靠前的村民家庭作为访谈对象(见表6-3)，于2019年3月7日至3月8日、3月25日至3月26日完成访谈，每个访谈对象访谈30~60分钟，最终得到了7位村民家庭的深度访谈信息。考虑到第8位受访者不再提供更多信息，在总结整理了总时长为385分钟的录音后结束了此阶段访谈。针对村两委和管理处的访谈于2019年4月8日进行，并在当天完成对村委会主任和两位管理处负责人的访谈任务，各用时45分钟左右。通过问卷调查和多角度访谈，我们既证实了张谷英村社区存在旅游创新现象，又获得了张谷英村社区旅游创新演化研究所需的相关信息。

表6-2　问卷对象概况

受访者	经营类型	创业时间	受访者	经营类型	创业时间
HQ	客栈、餐饮	2018 年	XQ	住宿、土特产	2015 年
HH	餐饮、住宿、策划	2002 年	KH	餐饮、住宿、土特产	2016 年
YQ	餐饮、住宿、土特产	2001 年	ZJ	土特产	2005 年
CZ	餐饮、住宿、酒吧	2018 年	RJ	餐饮、住宿	2017 年
WP	豆制品	2012 年	FL	豆制品	2000 年
HF	住宿、土特产	2001 年	XF	土特产	2001 年
ZW	餐饮、住宿	2017 年	LB	展览、土特产	2014 年
HR	餐饮、住宿、土特产	2012 年	ZX	住宿	2013 年
KR	豆制品	2008 年	JA	餐饮、住宿、土特产	1998 年

表6-3　家庭的旅游创新能力得分表

受访者	HH	ZW	RJ	HR	JA	HF	CZ	YQ	HQ	KH	HX	SJ	ZX	SM	WP	SY
AI 值	52	38	35	20	15	10	8	7	3	4	3	5	5	5	1	3

本章后续部分作如下安排：第三节将以开放式问卷材料为分析依据，通过创新行为识别，构建旅游创新年谱，探索张谷英村旅游创新演化路径；第四节将以深度访谈资料为分析依据，采用扎根理论方法研究编码，探究张谷英村旅游创新的认知基础和认知维度；第五节围绕张谷英村社区旅游参与者认知重构机制，探索网络嵌入下认知重构对该村旅游创新演化的影响；第六节将在上述研究的基础上得出结论并讨论。

6.3　张谷英村社区旅游创新年谱及演化路径

6.3.1　张谷英村社区旅游创新年谱构建

首先识别社区旅游创新行为。整理18份开放式问卷，综合考虑首次出现的社区旅游经营行为和家庭旅游经营中特色之处，汇总18户家庭旅游创新的基本内容。如表6-4所示，接受调查的家庭在旅游经营过程中有过创新，特别是旅游体验、服务内容、营销、留住回头客、形象提升等方面创新性非常明显。根据方案设计的旅游创新判别标准，共识别出27处旅游创新现象。然后参考针对管理处和村两委干部的访谈信息，确认所识别的创新行为及其发生的准确时间。最后，构建社区旅游创新演化思维导图。将27处创新行为按发生的时间顺序构建思维导图，形成如图6-2所示的旅游创新年谱。

表6-4　各被调查家庭的旅游创新内容

家庭序号	创新内容						
	旅游体验	服务内容	营销	留住回头客	形象提升	技术	合作
1	参与式古村民俗体验	游客自磨豆浆、制作豆腐		加微信，留电话，每天更新客栈动态	团队举行陀螺、铁环等游戏	微信	
2	参与式古村文化体验	编草鞋、玩龙舞狮、制作青砖、制作岳州扇、表演成人礼、读家风族戒、唱劝孝歌	制作美篇美图发朋友圈，为不同学生群体制定活动内容与目标	研学游，写生	项目齐全、服务细致	微信、文化活动的策划组织	成立文化教育公司
3	古村民俗	游客参与饮食加工，介绍古村文化历史	推荐本地特色	让每一位游客成为自己的回头客	价格、服务		
4	孝友文化体验	体验历史场景式生活，出专著，字画文化体验		材料真，价格适中	服务细，语言文明		
5		臭豆腐					
6	古村休闲文化	农耕文化挖掘，打草鞋，做糍粑		互惠互利，服务周到	卫生间	网络	
7	绣楼民俗	绣楼生活体验，K歌		细节	四合院、吊脚楼	网络	

续表

家庭序号	创新内容						
	旅游体验	服务内容	营销	留住回头客	形象提升	技术	合作
8	古村特色	吊脚楼		价格优惠			
9	增加项目	介绍豆制品与古村老酒组合		服务周到，介绍产品			
10	提高服务水平，营造家的感觉	土特产制作		介绍古村特色		网络	酒店宾馆
11	做特色	投客所好	做别人没有的东西	薄利	质量		
12	提高村民素质，搞好孝友家风	有特色，诚信	诚信	热情	诚信谦虚，货真价实		
13	木头主题的原生态文化	花盆、木桌、木床、四季花色	到外面拉客，发朋友圈，做网红	把客人当亲人，炭烤茶，木头钟	为感冒客人抓药，服务细致	微信	
14	要有主人翁意识	豆制品原汁原味	薄利经营	热情，细心介绍	提高产品质量		
15		烧烤			诚信，和气		
16	绣楼文化	介绍古村文化，提供绣楼观赏项目	让游客亲身体验	留下联系方式，免费参观或提供优惠	不断学习，提高古村落价值		
17	建议增加景点	利用临水环境					
18	做特色			热情	诚信谦虚		

6.3.2 从服务创新主导向体验创新主导的演化路径分析

张谷英村社区旅游始于1991年。从这一年开始，张谷英村逐渐从农业向旅游业转型，其对外输出也逐渐由农产品向旅游服务产品转化，这是该村经济社会发展过程中最大的整体创新行动。村民家庭参与旅游的创新行为最初出现在1998年，这一年产生了面向游客的第一家餐馆，之后的2001年和2002年相继出现了第一个销售土特产的家庭和第一家民宿客栈。进一步观察如图6-2所示的张谷英村社区旅游创新年谱，从1998年到2018年共计21年的社区旅游创新演化历程，可分为两个不同的演化阶段。

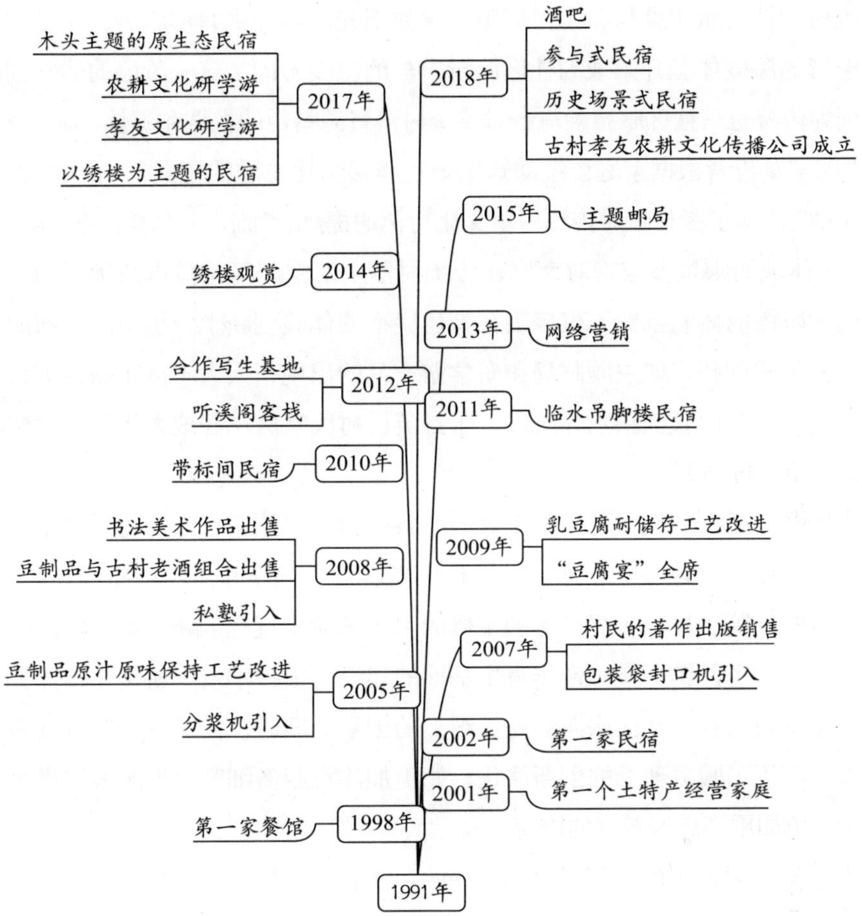

图6-2　张谷英村社区旅游创新年谱

第一个创新演化阶段大致在1998年到2009年之间。此阶段以服务创新居于主导地位，特别是有形服务设施和服务商品方面的提升是主流创新现象，共计产生了12个社区旅游创新行为。餐饮、住宿、土特产加工销售以及文创现象均在这一阶段发生了，其中豆制品的加工制作创新最为突出。与豆制品相关的创新行为占了这一阶段的50%，如豆制品的加工与包装工艺改进，在豆制品加工效率提升和质量优化上起到了很大的作用。丰富的豆制品也成为这一阶段张谷英村旅游地社区重要的收入来源。

第二个创新演化阶段从2010年开始直到现在。这一阶段以体验创新为主导。2010年带标间民宿的出现既是第一阶段演化的结果，也是新演化阶段的起点，它使传统村落社区旅游参与者不再局限于仅为观光游客提供有形服务，为度假游客提供无形的深度体验开始成为社区旅游参与的重要方向。这一阶段的体验创新突出表现为传统村落社区旅游参与者对传统村落资源特色的挖掘和提炼，如“绣楼民宿”体现了参与者根据家庭传统建筑历史对绣楼文化主题的挖掘，“木头主题的原生态民宿”体现了参与者对传统村落文化特色的提炼，“临水吊脚楼民宿”和“听溪阁客栈”体现的则是参与者对家庭在传统村落中的空间区位特点与优势的充分利用。这一阶段的体验创新不仅表现在特色民宿的体验创新上，也出现了新的旅游体验产品形式创新，如主题邮局和研学游产品的出现，大大丰富了张谷英村的旅游体验类型。在体验创新主导阶段，张谷英村村民家庭已经成为张谷英村旅游体验深化的重要推动者。

在服务创新主导向体验创新主导的张谷英村社区旅游创新演化路径中，伴随服务(产品)创新和体验创新演化，过程创新、营销创新和组织创新演化产生了。第一阶段的豆制品加工工具和包装工具的引入推动了过程创新，第二阶段的网络技术引入推动了营销创新，合作写生基地的建设与古村孝友农耕文化传播公司的成立则意味着张谷英社区旅游参与组织上的创新。同时，社区参与旅游创新演化中还伴随产生了服务理念的创新演化，如更加注意服务细节、为游客提供服务更加主动、更加重视忠诚游客的培育。

上述旅游创新年谱与创新演化路径的存在表明，传统村落社区旅游参与不仅存在旅游创新现象，而且形成了从服务创新主导向旅游体验创新主导的演化路径。

6.4 张谷英村社区旅游创新的认知基础和认知维度

本部分的研究将依托针对村民的有关社区旅游创新的深度访谈录音资料，采用扎根理论方法，探索张谷英村社区旅游创新的认知基础，然后在此基础上探讨张谷英村社区旅游创新的认知维度。扎根理论方法是以研究者本人作为研究工具，通过对原始资料进行持续的概念化、范畴化，从而形成新理论的质性研究方法。该研究方法包括开放性编码、主轴编码和选择性编码3个编码过程(王君怡 等，2018)。

6.4.1 张谷英村社区旅游创新的认知基础识别

本节将通过三阶段编码辨识张谷英村社区旅游创新的认知基础。

1．开放性编码

首先提取访谈录音信息得到7 000多字的核心文本数据。为避免研究者主观干扰，不设置立场，保持客观性。通过对核心文本数据逐段逐句寻找关键词，反复概念化提炼，抽象出贴切原始文本数据的28个概念。再对28个概念进行整合重组，将具有相似性的概念范畴化归类形成12个初始范畴（见表6-5）。

表6-5　开放性编码结果（范畴化）

原始语句举例	概念化	初始范畴	初始范畴的性质	性质的维度
父母老了，我们必须留在家里（JA）；父母老了，小孩子读高中，不回来不行（HR）；后来小孩要人带，就回家了（CZ）	子女、父母	赡养意识	对老幼关爱的信念和认知	弱—强烈
在外面哪怕一年攒钱多些，但老家还是要回来的（RJ）；树长千年，叶落归根（RJ）	家、根	家庭观念	对家的依恋的信念和认知	弱—强烈
老家气候好、水好，我喜欢（RJ）；在国外打豆腐没有这里好吃，泡的茶也没这里好喝（RJ）；收入跟在外打工差不多，相对来说在家里舒适一点（HR）	环境好、舒适	宜居性认知	对传统村落生活居住适宜性的信念和认知	模糊—清晰
我这个是景点，有投资价值，现在资金回收慢，以后会好的（ZW）；房子历史上经营客栈，又是豆腐世家（CZ）	投资价值、文化资源	资源价值认知	对传统村落资源价值的信念和认知	弱—强烈
前年管理处维修我这里，借机装修成民宿（ZW）；2017年管理处批准我们可以维修（CZ）；很多人来参观、投资宣传，感觉到做旅游是一个新产业（HH）；当时旅游线路是经过这边的（HF）	机遇	创业机会识别	对各种创业机遇的信念和认知	弱—强烈
我们农耕文化活动利用孝廉馆，管理处也不收费（HH）；还有海怀与举安和恒辉几家，管理处支持很多（HR）	政府支持			
客人看到家里晒了菜，他们就会问、就会想买（HF）；游客进来吃一餐便饭，一桌两桌，慢慢就变成了餐馆（JA）；那个时候游客要求多了，都要求住宿（HH）；有些远的、下午来的游客需要住宿（HH）	游客需求	市场意识	对游客市场动向的信念和认知	模糊—清晰
做生意并不是只做一次，要做回头客，这一点很重要（HF）；做生意不做回头客不行（HF）	回头客			

续表

原始语句举例	概念化	初始范畴	初始范畴的性质	性质的维度
做生意要以诚待人，价格要优惠还是要优惠（HR）	服务态度	市场意识	对游客市场动向的信念和认知	模糊—清晰
没有卫生间游客就不住（HH）；我们在外面跑也知道，一般房子必须要有卫生间（HF）；做生意要搞服务，要做质量（HF）	硬件设施			
一看网上的点评，客人就把房子退了（HF）；现在这个信息时代，没有那个东西不行（HF）；网络可以让别人了解有这么一个客栈（ZW）	网络信息			
淡季很难，有贷款（RJ）；以前做生意，款很难收到（ZW）；外面投资亏了好多钱，不愿再出去了（HF）	生意波动、投资亏损、资金回收慢	风险意识	对可能亏损的感受和信念	低—高
2012年禁止公费吃喝、公费旅游（JA）；本身餐馆又多（JA）；其他家庭模仿形成恶性竞争（HF）；ZSG只接待学生，他有点恶性循环（HR）	政策影响、恶性竞争	危机意识	对各种不利因素影响的感受和看法	低—高
从小就喜欢做生意，愿意把生意做好（ZW）	个人兴趣	自我效能	对自我优势的信念和认知	低—高
自己在文化方面比别人不同一点、高一点（HH）；但是他做生意呢，他年龄大了，赶不上（HR）	比较优势			
点子放在脑子里，365天时时在想（RJ）；要生存必须创新（ZW）	勤奋、创新	创新意识	追求新奇的信念和认知	低—高
和别人合作，竞争力增强了，不和其他人产生不良竞争（HJ）；现在我们的专业团队还是不行（HH）	合作、竞争力	团队意识	与他人合作共同解决问题的信念和认知	弱—强烈
牌子还没有挂，要用木板，做大气些（CZ）；做餐饮感觉如果都和别人一样，就没有味道（HH）；复制别人，永远无法超越（RJ）	特色、超越	特色意识	特色化的信念和认知	低—高

2．主轴编码

反复比较由开放性编码阶段得到的12个初始范畴，分析各范畴之间的关联性，并对照原始文本数据研究各范畴之间可能存在的潜在关系，重新构建更高一层次的主范畴，最后得到了4个主范畴。如表6-6所示，4个主范畴分别命名为家庭责任、村落价值、创新能力和创新意愿。

表6-6　主轴编码和选择性编码结果

开放性编码（初始范畴）	主轴编码（主范畴）	选择性编码（核心范畴）
赡养意识	家庭责任	旅游创新
家庭观念		
宜居性认知	村落价值	
资源价值认知		
创业机会识别	创新能力	
市场意识		
风险意识		
危机意识		
自我效能		
创新意识	创新意愿	
团队意识		
特色意识		

3．选择性编码

通过核心范畴寻找，构建故事线串联起其他所有的范畴，可以形成初步的理论。由于对村民的访谈是围绕旅游创业创新的动因展开的，所以，本章研究的核心范畴即旅游创新。初始范畴是对原始数据的高度概括，主范畴反映了各初始范畴之间存在的关系，核心范畴统率所有范畴。因此，本章研究的核心范畴——旅游创新统领所有12个初始范畴和4个主范畴，12个初始范畴则构成核心范畴“旅游创新”的基础。由表6-5所示可知，本章研究方案中初始范畴反映的是传统村落社区旅游参与者对相关认知客体的信念、感受或看法，也就是说，12个初始范畴构成张谷英村旅游创新的认知基础。

6.4.2 张谷英村社区旅游创新的认知维度区分

进一步观察表6-6可以发现，赡养意识、家庭观念、宜居性认知、资源价值认知、创业机会识别、市场意识、风险意识、危机意识、自我效能、创新意识、团队意识和特色意识作为社区旅游创新的认知基础，通过传统村落社区旅游参与者的家庭责任、村落价值、创新能力和创新意愿，影响社区旅游创新的形成。其中，赡养意识和家庭观念体现了传统村落社区旅游参与者的家庭责任认知，宜居性认知和资源价值认知体现的是传统村落社区旅游参与者对传统村落的价值认知，创业机会识别、市场意识、风险意识、危机意识和自我效能体现的是传统村落社区旅游参与者的创新能力，创新意识、团队意识和特色意识反映的是传统村落社区旅游参与者的创新意愿。可见，传统村落社区旅游创新的认知基础可划分为4个维度的结构，即家庭责任认知维、村落价值认知维、创新能力认知维和创新意愿认知维。旅游创新四维认知结构的划分说明，传统村落旅游创新的形成需要得到4个方面的认知支持，传统村落旅游创新演化离不开四维创新认知基础(见图6-3)。相对来说，创新能力认知维和创新意愿认知维具有普遍意义，是所有创新活动的认知基础；家庭责任认知维和村落价值认知维具有指引作用，如果没有家庭责任认知维和村落价值认知维作为认知基础，则传统村落社区参与旅游不会发生，传统村落社区参与基础上的旅游创新与创新演化更不会出现。

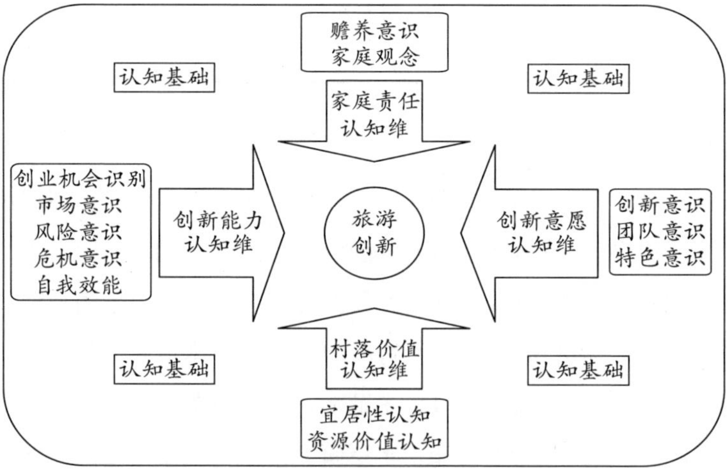

图6-3 张谷英村社区旅游创新的认知维度

6.5 网络嵌入下认知重构对张谷英村社区旅游创新演化的影响机制

6.5.1 网络嵌入下张谷英村社区旅游参与者的认知重构机制

人的认知过程是一个信息加工过程。认知活动离不开环境信息的输入，也离不开人的大脑对信息的获得、贮存、加工和使用等心理过程；也就是说，认知过程是认知主体对从认知客体处获得的信息进行处理的过程(王甦 等，2006)。在认知客体变化与认知主体认知能力提高的情形下，传统村落社区旅游参与者的认知结构必然改变或重构，其认知重构机制见图6-4。

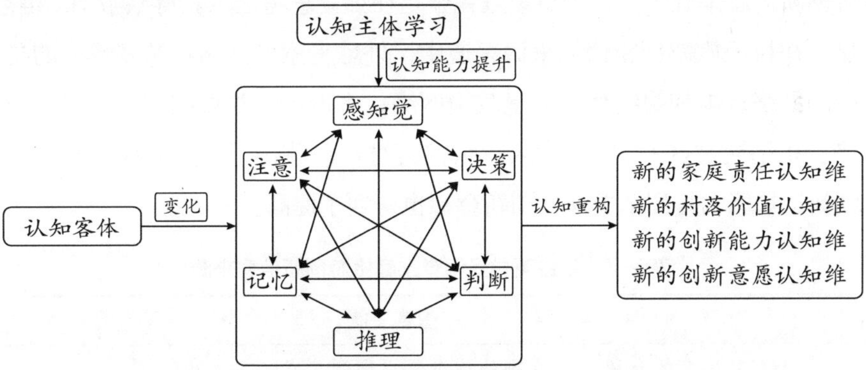

图6-4　传统村落社区旅游参与者的认知重构机制

认知客体的变化往往容易引起传统村落社区旅游参与者的注意，从而形成新的知觉、记忆和判断(安德森，2012)。张谷英村自1989年被媒体发现报道后，逐渐由生活居住地演化成为旅游地，经历了旅游经营模式的多次变迁，完成了重点建筑群的多批次维护与修缮；社区参与由村集体统一参与演变为村民家庭自主参与；村落基础设施和环境整治不断完善；媒体报道宣传以及旅游公关营销活动由少到多、由小型到大型；张谷英村社区也逐渐由社区社会网嵌入旅游产业网与政府政治网之中，形成多重网络嵌入格局；张氏宗族文化活动组织由被动到主动且日益活跃；游客年接待量由旅游开发初期的1万人次增长到2018年的近30万人次。这些认知客体的变化不断改变张谷英村社区旅游参与者的已有认知体系，由量变到质变，最终可能重构传统村落社区旅游参与者的整体认知或部分认知。

由认知主体学习引起的个体认知能力提升是张谷英村社区旅游参与者认知重

构产生的另一个重要影响因素。个体总是处于学习之中，或者在问题解决时完成学习，或者在与他人交往时完成学习，或者在观察中得到学习(安德森，2012)。网络嵌入下的张谷英村村民个体学习机会增加，学习内容也更加丰富。学习使个体在认知过程中提高了注意力、知觉力、记忆力或判断力，对客体的认知深度和广度都将发生改变，对客体变化的感悟越来越敏锐，建立在新认知高度上的张谷英村村民的知识体系和信念也因此可能产生。同时，网络嵌入下的张谷英村社区村民能够通过更多的信息渠道获得丰富的异质性旅游创新信息，从而推动村民旅游创新能力认知维与旅游创新意愿认知维的调整与重构。如表6-7所示，受调查家庭旅游创新信息来源中，很少有家庭完全是在独立思考之下获得旅游创新信息的。很明显，在村民旅游创新信息来源渠道中，外地考察、网络和游客反映的是旅游行业市场网络，电视报纸代表的是政治网络，本地市场观察和本村村民可归入社区网络。正是通过这3类网络嵌入，张谷英村村民获得了多种多样的旅游创新信息，创新认知能力得到了提升，创新意愿也得到了提高。

表6-7　张谷英村受调查家庭旅游创新信息来源

序号	信息来源		
1	网上有关民宿的介绍	在别的旅游景点得到启发	
2	与游客交流	与村民交流	自己思考
3	与游客交流	电视	网络
4	自主思维	在外所见	网络平台
5	外地考察	市场实践	
6	外出旅游参观借鉴	在接待过程中了解了游客的一些需求	电视网络
7	自己思考	村民交流	游客指点
8	游客的先进思想	电视网络	结合本地实际
9	在外地的学习		
10	时代发展和进步		
11	网络	和别人交流	自己思考
12	以人为本的诚信		
13	遇事动脑筋	网上学习	
14	与游客交流	报刊、电视	

续表

序号	信息来源	
15	手机网络	电视
16	自己思考	与游客交流
17	中央决定旅游业是十大产业之一	
16	与游客交流	网上学习
合计	网络（8）、游客（8）、电视报纸（7）、自己思考（6）、外地考察（5）、本地市场观察（3）、本村村民（3）	

在认知客体自身变化与主体认知能力提升交互影响下，张谷英村社区旅游参与者的认知基础将不断调整，形成新的家庭责任认知维、新的村落价值认知维、新的创新能力认知维或新的创新意愿认知维。受此影响，张谷英村社区旅游创新将可能形成新的演化趋向，普通村民也有可能在认知重构中由社区旅游旁观者转化为社区旅游参与者，共同推动张谷英村社区旅游的创新演化。

由此可见，张谷英村社区村民认知重构及认知重构基础上的旅游创新演化，实质上也是网络嵌入下传统村落旅游地社区自学习机制的反映。

6.5.2　网络嵌入下认知重构对张谷英村旅游创新演化的影响路径

认知重构意味着传统村落社区旅游参与者将形成新的旅游创新认知基础。纵观张谷英村旅游地变迁过程，传统村落社区旅游参与者的家庭观念和赡养意识是不断增强的，家庭责任认知维也处于正向变化调整中；村落价值认知维同样处于正向变化调整中，对村落宜居性的认知和村落投资价值的认知也更加清晰与丰富。传统村落社区旅游参与者的创新能力与创新意愿则在个体学习推动下不断提升。网络嵌入下的认知重构将通过如图6-5所示的两条路径影响张谷英村社区旅游创新演化。

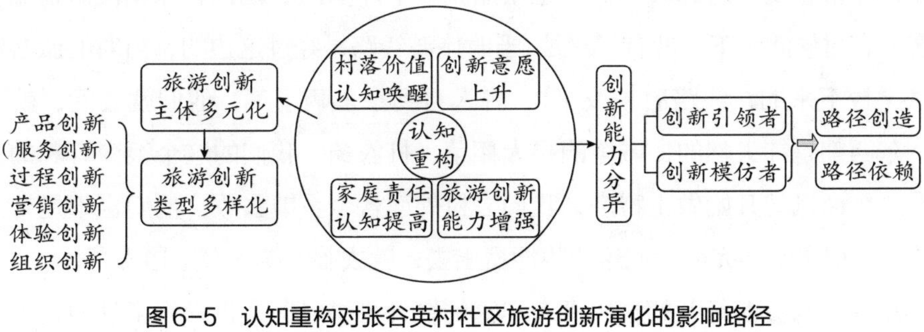

图6-5　认知重构对张谷英村社区旅游创新演化的影响路径

1．认知重构→旅游创新主体多元化→旅游创新类型多样化

认知重构将带来家庭责任感的提升以及村落价值认知的唤醒，村民对家庭的依恋增强，在村内投资旅游创业的意愿提高，因此，自1998年张谷英村出现第一家农家餐馆后，一些有外出打工意愿或已在外打工多年的村民逐渐有了回家创业的想法或实际行动。JA家是最早旅游经营的家庭。JA早年一直在外打工，但强烈的家庭责任认知让JA在2003年回家并在父亲的事业基础上创业创新。

受访者JA说："以前也不叫餐馆，叫农家饭。当时有游客进来要搞饭吃，我那个堂屋也比较大、比较干净，游客就进来吃一餐便饭。首先搞一桌两桌，慢慢就变成了餐馆。当时没挂招牌的，后来挂了一个民俗餐馆。后来我老爸做这个餐馆老是做不好，我原来在广东打工，五一和十一回来了，客人多就帮忙了。老人用的是农村的老办法，一种菜两碗，12碗就6个品种，很简单，但也太单调了。我说这样不行，我在外面看到过的，花样要多，颜色要好看。当时色香味都没做出来，后来我看生意不太好，有一天没一天，我就回来了，经营这个餐馆，两三年之后生意好起来了。"

HF家是最早经营当地土特产的家庭。HF在创业之前同样在外打拼，但HF的艰辛创业经历让他不愿意再外出，而一次偶然的机会让他立足于村内创业。

受访者HF说："多年在外打工，1995年到福建，后到广州。1998年回来过一次，后又出去了，因为家里没事情做。1999年去义乌做过生意，卖水晶钻石。后来跑了好多市场，在广州那边好多批发市场去看了，2000年开始做床上用品，但定位没做好，亏了好多。回到家里感觉好自由，有生意就做生意，没生意就休息。2001年开始做油豆腐、香干子等土特产加工和销售，后又有工艺品销售，2010年做了现在的房子。……外面做亏了不愿再去了，也不想再去了(以前在外面搞了好几年，经常亏钱，光2001年做床上用品就亏了好多钱)，后面在家里没事情做，看到客人有时候问一下，就有了想法(当时旅游线路是经过这边的，当时的旅游线路是从学校下来的，线路后来改了)。客人看到家里晒了菜，他们就会问、就会想买。东西都是纯天然的，城里的是大棚菜、打农药，我们的这个很少打药的。看到有这个商机就开始做土特产，我们去村外面各个乡镇去收，他们也不是专门种的这个，但是吃不完，我们这边也能卖出去，就去收了统一在这边卖。"

早期参与旅游经营的村民拥有丰富的在外打拼经历，也影响了其他处于观望

中的村民。随着村民的认知改变和认知重构，旅游创业主体逐渐多元化。

后期旅游创业已经不再是摆个路边摊或开一个简单的农家餐馆了，投资规模扩大了，特色和差异化成为新进入者首先要思考的问题。挖掘村落文化内涵和特色成为后期进入者的创新方向。ZW 是2017年新进入的旅游创业者，早年投资过建材。ZW 被认为在挖掘绣楼民宿文化上很有创意，且ZW 有强烈的创业创新意愿。

受访者 ZW 说："以前做建材生意，款很难收到。前年管理处维修我这个绣楼，借这个机会，拆除了原来要倒的房子，按照原来的样子进行了修复。在外面哪怕一年攒钱多些，但是老家还是要回来的。再加上我这个是景点，有投资价值，现在资金回收很慢，以后会做好的。以前在平江办过幼儿园，在浙江办过厂，然后在岳阳建材工地搞建材，2017年维修绣楼，借这个机会把祖宗留下来的财富打造了一下，重新装修成绣楼民宿。我从小就喜欢做生意，愿意把生意做好。"

创新意愿的形成又进一步推动创新能力提升，特别是村民的创新机会识别、创新机遇把握能力等均得到明显提高，因此伴随创新创业主体多元化的是旅游创新类型多样化：从早期旅游产品（服务）创新为主，到现在的营销创新、过程创新，再到旅游体验创新、组织创新。

2．认知重构→创新能力分异→路径依赖与路径创造

认知重构让张谷英村社区旅游参与者的创新能力有了显著提升，创新意愿也更加强烈，但因为个体认知能力的差异，村民社区旅游参与创新能力分异将更加显著。旅游创新能力强的人在创业机会识别、市场意识、风险意识、危机意识或自我效能上拥有优势，能够较快做出创业、创新的判断和决策，往往成为张谷英村社区旅游的创新引领者。旅游创新能力弱者则难以成为旅游创新领先者，他们是旅游创新模仿者或追随者。由于创新领先者和模仿者分异，张谷英村很容易形成旅游创新演化的路径依赖。早期，社区旅游参与局限于为观光旅游者提供吃和购等服务，旅游创新也局限于餐饮和销售物品创新，以服务产品创新演化为主导。2010年以住宿创新为基础，体验创新逐渐主导了张谷英村的社区旅游创新。

从服务创新主导向体验创新主导演化是新的路径创造，路径创造离不开创新领先者的引领。HH 被认为是最有创意者，也是较早的旅游创业者。HH 曾在当地有十多年的代课经历，有大专学历，有较高的自我效能感和市场意识，在旅游经营中善于运用历史文化要素。

受访者HH说："自己在文化方面比别人不同一点、高一点，认识水平不同一点。2000年结束代课老师生涯后，我在外面零零碎碎打工两年，在家里看到有一些公司在宣传张谷英村古建筑文化，看到张谷英村成为古村落，很多人来参观，感觉到做旅游是一个新产业，所以就开始参与旅游经营。首先是餐饮，后来有些远的、下午来的游客需要住宿，就又开始搞住宿。"

受访者HH说："高中毕业后在本地做过十多年代课老师，自考了大专学历。写生方面，岳阳有一部分的美术老师，有这样的需求，要找原始的古村落来画图写生，对学生艺考有帮助。第二，研学这一块，通过看电视，知道教育部提出学生要到外面做活动，再就是接触了长沙的一些教育文化公司，根据学生到张谷英村的活动要求做了一些孝友文化知识点的创新，再结合本地农耕文化，设计了一些活动。由于与外面公司的账务往来需要，成立了孝友文化公司，以便于和外面的公司对接，也有利于宣传自己的产品，也正规化。和别人合作竞争力增强了，不和其他人产生不良竞争。自己家里主要将餐饮和文化结合在一起，相关名人、画家留一些艺术品在这里，客人能够在吃饭的时候了解一些张谷英村的文化作品、摄影作品，还有张谷英的一些相关的东西。主要是自己做餐饮感觉如果都和别人一样，就没有味道。"

受访者HH说："2003年、2004年开始有住宿，但不正式。真正做住宿成规模是张谷英村的民宿发展时期。民宿基本上在2009年、2010年开始，张谷英村民宿发展开始进入较好的年代，因为那个时候游客要求多了，大多都要求住宿，并且住宿条件都慢慢地在改善。没有卫生间，游客就不住。餐饮方面，相互之间的竞争把价钱拉低了。研学游的产生是由于一些学校教育机制需要这个课程，他们自己来了找到我们，先看我们的场地，能够容纳吃饭的地方大，再跟我们一起相互讨论，一起把研学游的课程确定好。他们刚来的时候，我们正在接待学生写生，他们就知道我们有接待能力。研学游内容基本上由我们策划，根据他们的要求，组织当地一些民间艺人策划了农耕活动。现在我们的专业团队还是不行，我们在找老师看能不能解决这个问题，再就是导游看能不能兼。一些农耕文化活动如编草鞋等都是我们公司一起相互讨论出来的。"

在标准间理念引入以及捕捉到游客需求变化的信息后，HH成为社区旅游体验创新的先行者，并和 JA、HF 等引领了张谷英村社区旅游的创新演化趋向。

在服务创新主导的演化阶段，创新能力的分异尚不明显，对路径创造的影响也不明显。在体验创新主导的演化阶段，创新能力分异的影响就明显了。ZW、RJ 和 CZ 均是体验创新演化路径上的榜样，他们各具特色的民宿体验创新行动推动了张谷英村社区旅游体验创新的深化。特别是 RJ 最为大胆。RJ 有国外工作经历，创业经历也非常丰富，创新意愿非常强烈。他利用自家的区位优势，以传统、生态理念定位自家民宿，围绕原生态文化体验的各种小创意源源不断。RJ 的体验创新案例也为村内其他社区旅游参与者提供了示范。

6.6　结论与讨论

6.6.1　结论

本章以张谷英村为例，围绕传统村落社区旅游创新现象进行研究，得到如下结论：

1．网络嵌入下的传统村落社区旅游参与过程中存在创新

传统村落由生活居住地转化为旅游目的地，本身就是一个创新转型，村民在日常旅游经营过程中通过差异化、特色化表现出创新性。与制造业和其他服务业相比，传统村落旅游创新的渐进性非常明显，在张谷英村社区旅游创新历程中能够找到创新演化轨迹。早期，张谷英村社区旅游创新以服务创新演化为主导，围绕有形服务设施和服务商品方面可识别出 12 个旅游创新行为。后期，以旅游体验创新演化为主导，围绕游客深度体验和旅游参与性可识别出 15 个旅游创新行为。伴随传统村落社区旅游创新演化，旅游创新类型也由单一的服务（产品）创新向旅游创新类型多样化演化，过程创新、营销创新、组织创新和体验创新也在张谷英村社区旅游参与中得到体现。在旅游体验创新演化的主导阶段，在服务设施和硬件方面创新的基础上，服务软件方面的创新也产生了，社区旅游参与过程中的旅游服务细节也表现出家庭间的差异化。

2．传统村落社区旅游创新是自发的，但其创新演化有深刻的认知基础

本章采用扎根理论方法，从深度访谈资料中识别出赡养意识、家庭观念、宜居性认知、资源价值认知、创业机会识别、市场意识、风险意识、危机意识、自我效能、创新意识、团队意识和特色意识共12个范畴，它们构成张谷英村社区旅游创新演化的认知基础，并可由家庭责任认知维、村落价值认知维、创新能力认知维和创新意愿认知维来表达。在客体变化与主体认知能力提升的交互影响下，传统村落社区旅游参与者的认知基础不断调整、重构。网络嵌入下的认知重构带来家庭责任感的提升以及村落价值认知的唤醒，使社区旅游参与创业创新主体多元化，从而丰富了传统村落社区旅游创新演化的动力来源，进而产生多样化的旅游创新类型。认知重构还让传统村落社区旅游参与者的创新能力和创新意愿得到显著提升，通过创新能力分异突破路径依赖，形成路径创造，从而推动旅游创新演化。受此影响，张谷英村社区旅游创新演化表现出的基本规律是，早期以服务创新演化为主导，后期以旅游体验创新演化为主导。

6.6.2 讨论

在传统村落旅游地演化过程中，村民的认知变迁、认知重构是必然的，网络嵌入下的认知重构在传统村落社区旅游创业创新演化现象中的现实意义不应忽视：

(1) 传统村落社区旅游参与下，家的味道将越来越浓，传统村落旅游地的真实性将得到重构。村落资源价值认知觉醒将促进村民社区旅游创业创新。传统村落的家将是真实的有人居住的家，游客体验到的家将是具有生活气息的家，村民和游客将一起重构传统村落的真实性。

(2) 认知重构下的传统村落村民的旅游创新能力和创新意愿提升，村民将不再是传统村落旅游地创新演化的旁观者，而是关键的旅游创新者，也是旅游创新的受益者。他组织创新不再是传统村落唯一的旅游创新组织模式，自组织旅游创新及其创新演化同样可以成为传统村落旅游地创新组织演化的方向。

(3) 村民是村落的主人，认知重构下的社区旅游创新既是村民对家的重塑和美化，又是旅游背景下传统村落社区参与村落文化建设的自然过程，也是传统村落文化遗产传承和创造的过程。

但是，认知重构下的传统村落社区旅游创新及其演化依然离不开地方政府的支持和引导。政府及其行为实际上是社区村民的重要认知客体，地方政府的积极行动将对传统村落社区旅游参与者的认知重构起到正面作用。只有当地方政府积极参与传统村落旅游地建设时，认知重构下的传统村落社区旅游创新演化才能够顺利进行，社区旅游参与的可持续发展才能顺利实现。特别是当传统村落社区旅游的创新演进与传统村落保护规划相冲突时，地方政府通过规制重构社区认知所发挥的作用是无可替代的。本章对传统村落社区旅游创新演化路径的辨析，对创新演化认知基础和认知维度的识别，能够为传统村落旅游地创新管理的范围和方向提供理论参考。但本章仅以处于成长期的张谷英村为例展开研究，其他处于不同旅游发展阶段的传统村落旅游地，本章还没有涉及，其社区参与旅游创新的认知基础和认知维度是否也如张谷英村？其对传统村落社区旅游创新与创新演化的影响路径是否也如张谷英村？这些问题尚待后续更多的案例研究检验。

本章小结

传统村落旅游地的可持续发展离不开社区内生的旅游创新，社区旅游创新理应受到重视，但现有研究明显不足。围绕“社区旅游是否存在创新”这一核心问题，本章以张谷英村为例，采用开放式问卷、深度访谈和扎根理论方法，构建了旅游创新年谱，识别了传统村落社区旅游创新的认知基础和认知维度，探究了认知重构的影响机制。研究表明，在传统村落由生活居住地演化为旅游目的地的过程中，其旅游创新将会持续演进，并在旅游服务创新主导的演化路径基础上向旅游体验创新主导的路径演化；受传统村落旅游地社区村民认知客体变迁与认知主体学习的驱动，村民的四维认知必然重构，并通过旅游创新主体多元化以及路径创造推动传统村落社区旅游创新演化。网络嵌入下的传统村落旅游地社区村民个体学习机会增多，对认知客体变化的敏感性增强，获取的信息日趋异质化、非冗余化，传统村落旅游地社区村民的认知重构必然会加快。网络嵌入下的认知重构对传统村落社区旅游创新演化的影响不应忽视：传统村落中家的体验将深层次化，真实性将得到重构；自组织旅游创新演化将成为传统村落旅游地演化的重要力量；社区旅游创新既是村民对家的重塑和美化，也是传统村落文化遗产的活态传承和创造。

本章基于旅游创新演化视角，研究网络嵌入下认知重构的影响机制。事实上，网络嵌入下的传统村落旅游地社区的认知是多方面的，认知重构的内容也可能是多层面的，其对传统村落旅游地社区的影响也可能是多方位的。因此，本章的研究为本书关于传统村落旅游地社区的重构研究提供了新的理论视角，也为传统村落社区旅游的创新管理带来了新的理论借鉴。

附录6A

张谷英村旅游创新调查

创新是将一种新的生产经营方式投入生产的过程，包括新产品开发、新营销方式、新技术引入、新的经营管理措施以及新的合作组织方式。每个行业都需要创新，古村落旅游也不例外。但相比而言，旅游创新有时候看不见，有时候是感觉不到的渐渐产生的过程；有时候旅游创新仅仅是一个新想法，一旦这种新想法或过程实施完，创新就发生了。事实上，每一个旅游经营家庭都可能是古村落旅游的创新者。为此，我们希望通过调查，了解你的创新对张谷英村旅游发展的贡献。本次调查只用于科研，不涉及商业目的。各位村民朋友是张谷英村旅游发展的见证人，你们的意见对我们的研究最有价值。我们特别希望得到你们的支持。

一、体验创新

游客到张谷英村旅游是想体验古村文化，张谷英村古村文化的旅游魅力吸引了大量的游客。请你回答下述问题：

1. 你认为，游客想体验哪些方面的古村文化？

2. 在提高游客体验方面，你有哪些不同于别人的想法？

3. 这些想法是如何产生的？哪一年产生的？

4. 哪些想法落实了？你的这些想法产生了哪些效果？

二、服务创新

从事旅游经营也是一种服务，你的服务能够为游客在古村旅游提供便利。请你从旅游服务的角度来回答下述问题：

1. 你有哪些不同于别人的服务理念？你是否一直在思考服务理念提升？

2. 你提供了哪些和别人不一样的服务项目或旅游项目，并且一直想办法改进？

3. 你的服务环境和服务设施在哪些方面和别人不一样？

4. 在营销方面，你有哪些地方和别人不一样？

5. 在吸引回头客方面，你有哪些地方和别人不一样？

6. 任何产品或服务只有给游客留下好的形象，才能吸引游客。在提升产品或服务形象方面，你有哪些地方和别人不一样?

7. 你引入了哪些和别人不一样的新服务技术?

8. 你有没有选择与他人合作为游客提供服务，并且一直想法改进?

三、创新信息来源

1. 创新的想法或实践有时候是在与村民、游客等交流过程中产生的，有时候是看电视或上网获得的，有时候直接来源于自己的思考。请问你的创新信息主要来源于哪些方面?

2. 创新有时候是通过模仿然后改进而产生的。在张谷英村旅游经营的家庭中，请你列出最具创新能力的5个家庭，按照从强到弱的顺序排列。

四、创新的影响

创新对你家有什么影响，对整个张谷英村有什么影响? 你为什么要创新?

五、张谷英村旅游的整体创新

张谷英村旅游开发已有二十多年的开发史。张谷英村旅游发展离不开村委会、管理处与承包企业的经营管理。请你分析:

1. 村委会、管理处与以前的承包企业在古村落旅游方面有哪些创新之处?(可以从管理政策、培训、旅游营销、景区建设、景区保护等角度分析。)

2. 在张谷英村二十多年的旅游开发中，你认为有哪些大的创新之处? 具体是什么时间发生的? 由谁组织领导? 有什么影响? 请你分析张谷英村旅游创新产生的原因，找出3个以上理由解释说明。

户主姓名:　　　　旅游经营类型:　　　　　　哪一年开始经营:

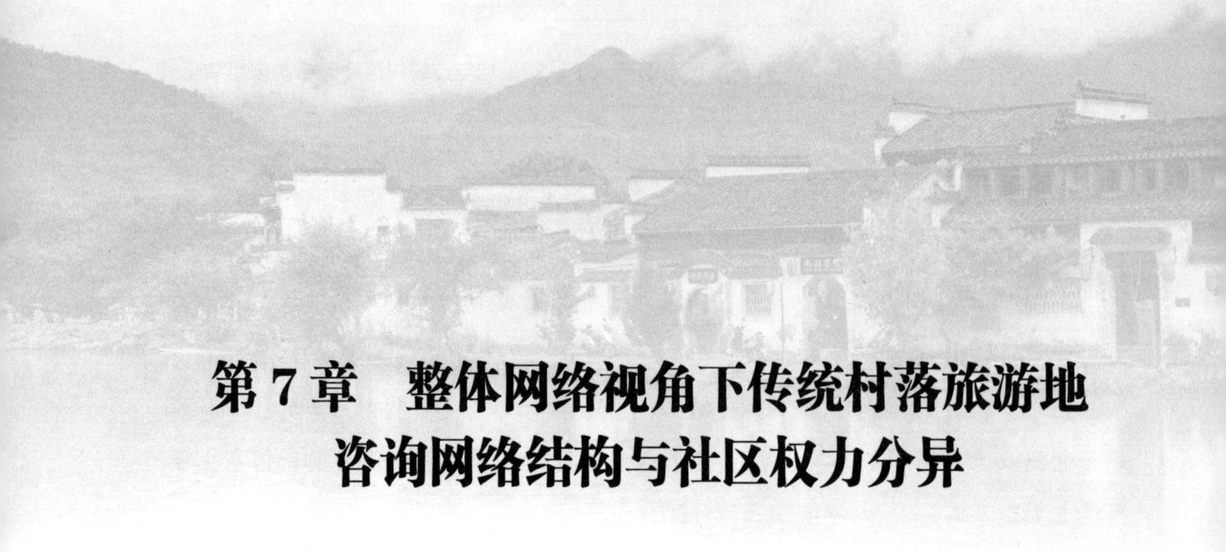

第7章　整体网络视角下传统村落旅游地咨询网络结构与社区权力分异

第3章至第6章基于自我中心社会网视角，分别对传统村落旅游地自组织演化、传统村落社区旅游参与者学习机制、社区旅游创新意愿、社区旅游创新演化进行了研究，但传统村落社区社会网运行机制尚不清晰，因此，本章将在整体网络视角下进一步展开讨论。近年来，传统村落旅游热潮不减，大量的传统村落由生活居住地向旅游目的地演化，社区旅游参与已经成为传统村落旅游地社区居民的生计选择。在社区旅游参与下，传统村落原有的建立在血缘和地缘基础上的社会网必然受到影响，社区网络关系和网络结构必然走向重构。在传统村落面临产业转型与功能转型的情形下，探讨重构后的传统村落旅游地社区整体网络结构，并对由网络重构引发的传统村落网络运行机制进行分析很有必要。这对传统村落旅游地文化遗产传承与保护机制的建立，对传统村落活态保护国家战略的实现有现实意义。

7.1　相关文献评述

7.1.1　社会网络分析法及我国乡村社区社会网研究应用

社会网络分析法是以行动者互动关系为研究基础的结构性方法和技术。到20世纪70年代，在经历了由结构性直觉到一般性的结构研究范式转变后，社会网络分析法逐渐成为西方社会学一个重要的研究对象，到20世纪90年代更是成为跨学科的一个重要研究领域(徐琦，2002；弗里曼，2008；刘军，2009)。社会学家们不仅开发出了一套有效的数学分析方法来测量网络结构，而且开发出了一系列中层理论来对可测量变量进行有效解释，如“机会链”理论、“社会资本”理论、“嵌入性”理论、“弱连带优势”理论和“结构洞”理论(陈先红 等，2009)。社会网络分析强调个人能动性，认为个人的能动性可能改变社会结构，但又注意到社会网所形成的社会结构与社会制度对个人的制约。在社会学家看来，社会网在个人理性选择与社会制约间、在微观行为与宏观现象间建了一座桥；社会网视角能够有效避免个体行为的低度社会化和过度社会化(罗家德，2010)。齐美尔是最早论述网络关系在人类社会形成中的重要性的经典社会学家。他认为人类互动是社会产生的基础，个体的简单加总无法构成社会。齐美尔的研究也被学界认为奠定了社会网络分析的基础(Simmel，1971；罗家德，2010)。1934年莫雷诺关于社会计量学的著作《谁将生存》的出版，及20世纪70年代哈里森 · 怀特及其学生运用社会网完成的大量理论和实证研究，被认为是社会网研究中两个重要的转折点(Simmel，1971)。随着社会网络分析技术的传播，社会网络分析的行动者由个体的人扩展到群体、社会组织甚至国家，行动者关系则由人际关系扩展到群体间、社会组织间或国家间的关系(刘军，2009)。

社会网络分析法一经引入中国，便引起学界重视。纵观国内社会网研究，与乡村社区相关的社会网一直都是研究的焦点。在经历了早期的村落社会网络分析案例研究后(张文宏，1999；张其仔，1999)，目前国内乡村社区社会网研究主要涉及离乡农民工再建构社会网资源流向问题(曹子玮，2003)与流动农民工社会网再建构困境(潘泽泉，2007)、传统村落社会网建构(熊超 等，2016)及其对旅游小企业的影响机制(钱藏，2017)、农业旅游政策网络(蔡华，2019)、社会网视角下的旅游扶贫(孙鑫 等，2017)与乡土精英旅游影响(李敏，2014)、基于社会网的乡村旅游利益相关者治理(刘法建 等，2009)与乡村社区公共问题治理(周怀峰，2013)等多个方面。总的来说，已有研究充分阐明了社会网在实现乡村社区个体行动者的工具性目标，或在满足其情感性要求方面所具有的实际价值，同时显示了社会网络分析法在乡村社区公共问题解决方面的理论意义(格兰诺维特，2015)。乡村社区社会网的分析方法有两种基本趋向，一是自我中心网(ego-networks)的分析视角，一是整体网络(whole-networks)的分析视角。自我中心社会网只能分析社会连接(social tie)，不能分析网络结构，整体社会网则正好相反(罗家德，2010)。刘法建对西递、宏村的研究结合了自我中心社会网和整体社会网两种分析视角，是传统村落旅游地社区社会网研究的代表性研究。该研究拓展了以往仅以利益相关者理论为抓手的社区旅游研究模式(刘法建，2012)。总的来看，已有文献对传统村落旅游地社区社会网运行机理的分析仍显不足，但现有关于乡村社区以及传统村落旅游地社区社会网的研究为本章的研究深入奠定了基础。

7.1.2 微观权力观与我国乡村社区权力分异

权力是主体通过资源控制影响他人意志的能力，是有目的地支配他人的力量(曾水英，2013)。在前现代社会，权力主要体现为国家权力。但是随着生产力发展，财富和知识(特别是知识)成为高质权力之源，推动权力从国家向社会转移(托夫勒，2018)。在现代社会学者对权力的解构下，权力研究视角从宏观走向微观(张广济 等，2011)。福柯(1997)认为，如果将权力仅仅同国家联系起来，则会将权力问题贫困化；权力比国家机器更具渗透性，且权力处于相互支持与相互制约的关系中，会随着生产力的发展不断改变。布迪厄等(2015)认为，权力贯穿在一切场域中，场域是力量关系变革的场所，每个社会行动者都是权力主体。布劳(1988)在深入分析社会生活中的交往与权力后指出，交往中单方面提供重要服务是权力的一种源泉，不平等的交换往往引起权力分化。布劳的研究为进一步分析日常生活中个体间的权力分异提供了理论基础，也为本章基于网络的社区权力及其权力分异研究提供了理论指引。

基于微观权力视角看待改革开放后我国乡村社区的权力格局，可以发现在乡村社区的权力实践中，权力主体已经由一元向多元转化，传统村落旅游地更是由于社区旅游参与引发了社区权力主体分异(时少华，2012a)。权力分异后的社区权力关系主导社区空间的生产及其利益分配(景秀艳 等，2012)。在传统村落旅游地，失衡的社区权力关系构成社区参与旅游发展的结构性障碍(翁时秀 等，2010)。社区权力分异、非体制精英的崛起在乡村社区特别是乡村旅游社区发展决策中的作用不容忽视(仝志辉 等，2002；刘华安，2007；樊友猛 等，2016)。仝志辉等(2002)认为，了解乡村社区权力结构及其运行机制是乡村政治研究的基础，主张依照“体制精英—非体制精英—普通村民”三层分析工具来理解当前乡村社区权力运行的状况。沿着这一思路，时少华(2012b)的研究发现，权力主体在实践与互动过程中形成权力结构，权力结构的形成又对实践中的参与主体产生影响。近年来，与乡村社区多元权力主体相关的研究围绕各权力主体间的合作或博弈关系展开，研究内容则主要涉及社区权力结构变迁与影响(时少华，2012a)、权力空间控制(景秀艳 等，2012；王进 等，2017)、权力关系重建(樊友猛 等，2016)、社区增权(王纯阳 等，2013)以及权力精英转化(孙九霞 等，2016；屈册 等，2018)等几个方面。但已有研究关注的焦点是体制精英与非体制精英的权力分异、正式组织与非正式组织的权力分异以及焦点事件中的社区权力实践，对乡村社区居民个体特别是对传统村落社区个体之间的权力分异较少涉及。乡村社区权力的文化网络虽然失去了存在的基础(时少华，2012b)，但乡村社区中的个人并非原子式的个人，而是嵌入乡村社区人际关系网络之中，人际互动的关系网在中国乡村社区日常生活中的重要性并没有减弱(罗家德 等，2012)，即便是内生的正式权力依然可能被关系力量所困而失去自主性(刘方玲，2008)。因此，探索传统村落旅游地社区内部人际关系网及人际交往互动产生的权力分异很有必要。

7.1.3　咨询网络与网络个体权力形成机制

咨询网络是在工作中专业咨询他人或被他人专业咨询的人际连接(徐泽盛 等，2013)。尽管技术不断进步，由于隐性知识编码与转移存在困难，通过人际交往获取知识依然是个体学习时的偏好(Hansen et al.，1999)。咨询网络成为组织内部隐性知识与非正式资源交流的重要途径(Lazega et al.，2012)，也是研究得最多的社会网类型(Erdogan et al.，2015)。内布斯(Nebus)认为，咨询网络的产生始于行动者选择与接触咨询对象时；咨询网络具有工具特性，因任务性质与行动者的知识储备而具有易变性和非双向性，但咨询信息的转移又离不开类似友谊网的支持。Nebus 等(2006)基于预期理论(expectancy theory)和前景理论(prospect theory)提出了咨询网络生成理论。根据内布斯等人的咨询网络生成理论，个体咨询对象的选择是在期望的知识价值和知识获取成本之间权衡的结果。Siciliano (2015)实证研究了网络结构因素、行动者属性特征(工作背景、性格和受教育程度等)和组织内竞争等三大因素在咨询网络形成中的作用，发现相互性、自我效能、工作相似性和关系密切性对成员寻求咨询有正面影响，成员间的竞争压力感则对咨询获取者和提供者产生负面影响。Sykes 等(2014)基于交换理论视角，认为咨询获取的动力在于通过知识获取减少对权力的依赖，咨询提供的动力则在于权力获取与对他人的影响和控制。因此，基于社会交换形成的权力分布不均衡是咨询网络的显著特性。中心性（centrality）是整体网络中重要的权力量化分析指标，咨询网络中心性反映的是个体在咨询网络中受欢迎的程度，体现的是网络个体在咨询网络中拥有的影响他人的权力优势强度。学界对由中心性反映的咨询网络个体权力优势及其形成机制进行了探索。Durmusoglu（2013）的研究表明，咨询网络中心性能够帮助行动者获得更多的社会资源。张勉等（2009）的研究发现，服务期、先赋地位与助人行为对咨询网络中心性产生显著的正向影响，消极情感对咨询网络中心性产生显著的负向影响。Erdogan 等（2015）的研究揭示了领导者—成员交流质量、助人倾向、流言传播倾向与咨询网络中心性的关系。Brennecket 等（2017）实证了行动者知识多样性、独特性、近似性、组合性与咨询网络中心性的相关关系。

文献分析显示，现有研究大多采用“提名生成法”（name-generator technique）获取咨询网络关系数据和属性数据；而且现有研究大多选择较小规模的工作团体作为整体网络视角的咨询网络研究对象，团队成员介于20个和40个之间（McDonald et al.，2003）。黄敏学等（2015）利用 Epinion.com 网站，从有7 000个用户的样本库中随机获取199个有效用户，探讨消费咨询网络中意见领袖的演化机制，则属于整体网络视角的较大规模咨询网络研究的案例。

综上所述，在整体网络视角下对咨询网络的研究，不仅能够让我们了解组织或社区内部的社会网结构，也能够让我们对组织或社区日常社会交往产生的权力分异状况进行深度认知。受血缘、地缘、学缘与业缘关系的影响，传统村落旅游地社区内部信任度较高（张文宏，1999；张其仔，1999；曹子玮，2003），村民个体嵌入传统村落旅游地社区社会网之中（周怀峰，2013；Siciliano，2015），但可能因个体属性差异而导致个体在咨询网络的中心性存在差异，进而形成日常交往中的权力分异（王华瑞 等，2019），从而对传统村落旅游地的可持续发展产生影响。因此，本章以张谷英村内部咨询网络为基础，基于整体网络视角对其进行社会网络分析，通过探究传统村落旅游地的社会网结构与社区权力分异机制，揭示传统村落旅游地社会网的运行机理，试图为传统村落旅游地的可持续发展提供理论依据。

7.2 研究设计

7.2.1 整体网络分析法简介

社会网络分析法有两个研究领域，即个体网研究和整体网络研究。通过个体网研究可以了解个体的网络类型、网络规模、网络同质性、网络异质性和构成，但运用个体网研究无法了解相对封闭且有明确边界的行动者集合对个体行动的影响，也就是无法从社会结构角度回答个体行动问题。而整体网络关注整体网络结构，研究的是在一个群体内部由所有成员之间的关系构成的网络。因此，整体网络分析法可以根据网络类型的不同，基于结构视角分析人际关系网、组织关系网、城市网、村落网或国际贸易网。而人际关系网又可分为情感关系网、咨询关系网、情报关系网、信任关系网等不同关系网类型。本章从整体网络视角分析传统村落社区咨询关系网，因其是一个有边界范围的、由所有行动者之间的咨询关系构成的网络，所以，本章的咨询关系网实际上是一个 1- 模网络（one-mode network；刘军，2009）。

1．整体网络分析法的数据类型

一般来说，整体网络分析的网络行动者数目越多，意味着整体网络规模越大，其内部派系越多，网络结构也会越复杂。UCINET 软件是目前整体网络分析最常用的软件，本章将采用 UCINET 6.2 进行相关网络结构分析。使用 UCINET 软件进行整体网络分析时，需要区分两种数据，即关系数据和属性数据，其中，关系数据是行动者之间的关系状态，涉及至少两个行动者共同拥有的属性。通过分析关系数据可以发现一个群体的网络结构和群体内部的凝聚力。整体网络分析软件分析的就是关系数据。属性数据是指行动者自身拥有的性质，如身高、体重、年龄等。属性数据不能还原为关系数据。但本章的研究，将会利用关系数据分析张谷英村的社区咨询网络结构及其社区权力分异，利用属性数据分析张谷英村社区咨询网络权力分异的产生原因（刘军，2009）。

2．整体网络分析法的关系数据采集

整体网络分析法的关系数据主要通过问卷调查获取。与个体网相比，整体网络分析法在数据采集上难度大。因为整体网络分析需要获得群体中所有成员的同意，而不能采用抽样调查方式获得所需数据。同时，采用整体网络分析法进行问卷调查时，问卷不匿名，这使得整体网络分析法在数据采集时面临巨大阻力（罗家德，2010）。

根据提名法收集资料获取数据是整体网络分析中最常用的方法。通过被调查者的提名，被调查者与群体内部个体之间的关系就体现出来了（罗家德，2010）。采用提名法时，一般有回忆法和名册法两种策略。回忆法（recall survey）是由被调查者直接回忆在所调查群体内与自己有关系的人有哪些，而名册法则是由研究者在调查之前准备好所调查群体内部所有成员名单，形成名册（check-list format）。利用线人（informants）收集资料也是整体网络分析法在数据采集时经常采用的方法。相对于研究者来说，线人对所在社区有更深入的了解，能够提供深入且较真实客观的信息（刘军，2009）。考虑到传统村落社区被调查范围内村民的劳作特点，本章将以名册法为主，以利用线人为辅，获取张谷英村社区被调查范围的咨询关系数据。

7.2.2 案例地选择与样本边界确定

本章依然选择入选第一批中国历史文化名村的张谷英村作为案例地。2017年，张谷英村接待购票游客量达19万人次。如果将各类活动优惠产生的免票游客予以考虑，2018年，张谷英村游客接待量将近30万人次（数据来源于张谷英管理处）。可见，本章以张谷英村为案例地展开的研究，能够揭示传统村落旅游地社会网的运行机理，并为类似的传统村落旅游发展提供理论依据。

整体网络分析需要在有边界的封闭空间里进行数据收集，案例地选定后要求确定样本边界。考虑到包括当大门、西头岸、东头岸和王家塅在内的张谷英村核心区是该村旅游商业活动空间和社会交往空间交叉重叠的区域，因此将该区域作为样本数据收集的基本空间，并按核心区居住家庭、常年有人居住的家庭两个条件确定张谷英村整体网络分析边界，由此排除了搬迁到张谷英镇上居住的家庭、常年在外打工而与村内联系间断的家庭和偏离核心区居住的家庭。但是考虑村干部对全村的影响，笔者将已在镇上居住的现任村支书纳入调查范围。最终确定了169户家庭参与本次整体网络的分析调查。

7.2.3 问卷与访谈提纲设计

乡村社区居民日常交往频繁，形成众多小圈子(徐琦，2002)，因此传统村落旅游地社区咨询网络结构复杂，内部小圈子或派系众多。本章将在整体网络视角下通过识别张谷英村旅游地社区咨询网络派系或子群分布，分析该社区咨询网络结构，并以网络个体中心性作为个体日常交往中权力大小的判别依据，探究社区社会网权力分异及旅游实践活动在传统村落旅游地社区权力分异中的作用。研究分为两个阶段：第一阶段，通过问卷调查探测整体网络结构，分析咨询网络中心势，识别张谷英村旅游地社区凝聚子群或派系；第二阶段，在对整体网络视角下的张谷英村旅游地社区权力分异进行判别后，分析权力分异中的代表性节点行动者的属性特征，探讨社区权力分异机制。本章根据各阶段研究要求分别设计问卷和访谈提纲。

问卷调查的目的是通过获取网络成员间咨询关系的相关信息，探测咨询网络结构及其权力分布状况。由于当代乡村社区家庭日趋小型化，家庭内部关系更加密切，在与邻里的社会关系上容易达成一致(侯春英，2013)，因此本章以家庭为问卷调查对象。关于咨询关系的测量有两种问题设定方式，一种是假定问题，一种是回顾实际问题。参考徐泽盛等(2013)、Siciliano (2015)和张勉等(2009)关于咨询网络的测量题项，基于假定问题视角，本章设计了“当你家有什么想法或遇到困难时，你会和谁家商量或向谁家请教？”这一问题，用于本章咨询网络的测量。问卷包括两部分，第一部分是填表者的基本家庭情况，包括户主姓名、年龄和是否做游客生意等3个方面，属于属性数据的信息。考虑到问卷实名制且涉及人际关系隐私，也为了避免问卷对象在受访时可能产生抵触情绪，笔者尽量简化了问卷项目。第二部分是运用按照名册法(陈先红 等，2009)设计的样本边界范围内169户家庭户主列表，根据预调查中村民所提意见，尽量将邻近家庭或同一村民小组的家庭集中排列，这样可以减少村民选择咨询对象时可能带来的咨询关系信息丢失(详细问卷见本章附录7A)。

访谈的目的在于通过咨询网络代表性节点行动者的属性特征获取，探究咨询网络权力优势的形成动因。参考 Erdogan 等(2015)、Siciliano (2015) 和张勉等(2009)的研究，结合张谷英村旅游地社区现状，本章从3个方面设计访谈提纲。如表7-1所示，为针对咨询网络权力优势家庭的访谈提纲。

表7-1 针对咨询网络权力优势家庭的访谈提纲

问题序列	访谈内容
1	家庭成员有哪些？户主年龄、性格、兴趣爱好如何？从事过哪些具体工作？做过哪些有影响的事情？在当地有哪些影响？现在或过去在村委会担任什么职务？
2	是否从事旅游经营？旅游经营类型与规模如何？哪一年开始旅游经营？经营状况如何？
3	在旅游方面，上述哪些家庭做过哪些改进？哪一年做过哪些有影响的事？

7.2.4 咨询信息采集

本章的咨询信息采集分两个阶段完成。

第一阶段为问卷调查。调查于2018年3月28日至4月1日展开。为了确保在调查过程中样本边界范围内169户家庭不会有遗漏，笔者邀请了熟悉张谷英村情况的本村村民作为向导，并对向导提出入户调查的基本要求：户主或配偶都可以代表家庭参与问卷调查，当夫妇同时在场时可以让他们商量后填答问卷；当户主或配偶均不在场时，可由其在家父母或子女代表家庭参与调查，但家庭中未成年人或对家庭交往不熟悉的成员除外。在向导的引导和协助下，调查人员入户发放问卷并现场回收，经过多轮入户调查后共获得了158户家庭的完整问卷。剩下的11户家庭在家停留的时间与本章研究的入户调查时间一直错开，因此笔者委托向导，寻找对这11户家庭咨询网络非常熟悉的村民作为线人，由线人代替填答，最终完成了169份问卷的有效填答。169户家庭分属13个村民小组，做游客生意的有62户，户主年龄介于29岁和72岁之间。

第二阶段为访谈。因为访谈需要受访家庭户主本人参与才能完成，所以访谈选定在2018年12月4日至7日完成，尽量避免访谈对象与本章研究的如何调查时间错开的干扰。从第一阶段分析结果中选取在咨询网络中具有权力优势的12户家庭作为访谈对象①，获取权力优势典型家庭的相关属性数据。同样在向导的协助下入户完成，访谈时间各用时45分钟左右。

① 根据整体网络分析结果，点的相对中间中心度或点入相对度数中心度高于均值的家庭为权力优势家庭。从各权力分区中选择优势突出的家庭作为第二阶段访谈对象，最终选择了12户。

因两个阶段都要求受访对象采用实名制，为了打消受访对象的顾虑，问卷调查和访谈开始前都向受访对象说明了所有问卷信息和访谈信息不会外流，仅用于本研究。

7.2.5　关系数据处理

1．将关系矩阵转化为 UCINET 数据

本章使用社会网络分析软件 UCINET 处理关系数据。本章的关系数据由 0 和 1 二值构成，1 表示填表者家庭"当有什么想法或遇到困难时，会和所选家庭商量或向对方请教"，也就是存在咨询关系；0 则表示两个家庭间不存在咨询关系。由此可构建如式(7-1)所示 169×169 的二值有向关系矩阵。

$$\begin{bmatrix} 0 & \cdots\ 0 \cdots\ 1 \cdots & 0 & 0 \\ \vdots & \ddots & \vdots & \\ 0 & \cdots\ 1 \cdots\ 0 \cdots & 0 & 0 \end{bmatrix} \tag{7-1}$$

将式(7-1)矩阵数据输入 UCINET 6.2 软件，得到咨询网络结构分析和社区权力分异判别所需的 UCINET 数据。

2．中心势计算

中心势是反映网络整体中心趋势的指数，可用于刻画村落内部权力的总体集中化程度。中心势一般介于 0 和 1 间，数值越大表明网络整体的中心性越强，反之则网络整体的中心性越弱。度数中心势与中间中心势是两个重要的中心势测量指标，分别从行动者所拥有的关系数量与行动者所控制的他人交往程度两个角度对网络整体中心性进行刻画(陈先红 等，2009)。由于咨询网络是有向关系网，本章分别按照有向图和无向图两种方式进行度数中心势测量。计算公式如下：

度数中心势：$C_{AD}=\sum_{i=1}^{n}\left(C_{AD\max}-C_{ADi}\right)\Big/\max\sum_{i=1}^{n}\left(C_{AD\max}-C_{ADi}\right)$，其中 C_{ADi} 为点 i 的绝对度数中心度，$C_{AD\max}$ 为点 i 的绝对度数中心度最大值。

中间中心势：$C_B=\sum_{i=1}^{n}\left(C_{RB\max}-C_{RBi}\right)/(n-1)$，其中 C_{RBi} 为点 i 的相对中间中心度，$C_{RB\max}$ 为相对中间中心度的最大值。

3．中心度计算

点的中心度是衡量社会网成员网络能力的重要指标，通过对点的中心度测量可以发现整体网络视角下张谷英村旅游地社区权力的具体分异。本章主要采用两个指标：点入度数中心度和点的中间中心度指标。点入度数中心度是指有向网络内部选择某点为咨询对象而直接相关的点数，反映的是网络成员对该成员的总体依赖强度；度数中心度又分为绝对度数中心度和相对度数中心度，其中点的绝对度数中心度是指与点 A 直接相连的其他点的个数。在有向图中，每个点的度数中心度还可分为点入度和点出度。点的相对度数中心度是指点的绝对度数中心度与图中点的最大可能度数之比。中间中心度则是对某一点在网络关系图中其他点对间所占捷径的量度，反映的是该成员对网络信息资源控制的程度。同样地，中间中心度也可以划分为绝对中间中心度和相对中间中心度，假设点 i 相应于图中所有的点对的中间度加在一起，就得到该点的绝对中间中心度，标准化的中间中心度即相对中间中心度(刘军，2009)。各类中心度的计算公式如下：

点的绝对度数中心度：$C_{ADi}=\sum_{j}^{n-1}X_{ij}$，其中 X_{ij} 表示点 i 与点 j 间存在咨询关系。

点的相对度数中心度：$C_{RDi}=C_{ADi}/(n-1)$。

点的绝对中间中心度：$C_{ABi}=\sum_{j}^{n}\sum_{k}^{n}b_{jk}(i)$，其中 $b_{jk}(i)=g_{jk}(i)/g_{jk}$，$g_{jk}$ 表示点 j 和 k 之间的捷径数目，$g_{jk}(i)$ 表示点 j 和 k 之间经过点 i 的捷径数目。

点的相对中间中心度：$C_{RBi}=2C_{ABi}/(n^2-3n+2)$。

4．结构洞测量

结构洞是指两个行动者之间的非冗余的联系(Burt，1992)。结构洞测量有多种计算方式，本章根据伯特(Burt)的结构洞指数进行测量。伯特的结构洞指数有4个指标，分别是有效规模(effective size)、效率(efficiency)、限制度(constraint)和等级度(hierarchy)。通过这些指数可以判断个体行动者在整体网络中受限制的程度。行动者个体网规模减去网络冗余度即为有效规模，有效规模越大表明该行动者调用网络社会资本的路径越多。冗余度可以通过行动者个体网成员中其他行动者的平均度数确定。网络中一个行动者的效率等于该行动者的有效规模与实际规模之比。等级度指的是限制性在多大程度上集中在一个行动者身上。在上述4个指标中，限制度是最重要的指标。一个行动者受到的限制度，指的是该行动者在自己的网络中拥有的运用结构洞的能力，一般介于0和1之间，数值越小，说明受限程度越低，通过结构洞产生的社会资本能力越强(刘军，2009)。

7.3　张谷英村旅游地社区咨询网络结构分析

本节将分别从咨询网络中心趋势与凝聚子群两个方面分析张谷英村社区咨询网络结构。

7.3.1　张谷英村旅游地社区咨询网络中心势测量与分析

运行 UCINET 6.2 软件，可以发现张谷英村咨询网络内部存在645个咨询关系，户均咨询或被咨询家庭为3.817个，说明张谷英村社区内部信任度较高，村落内部既拥有较多有能力提供咨询的家庭，又有长期的咨询实践存在，同时也表明张谷英村旅游地社区存在自组织学习机制。但从图7-1所示的张谷英村社区咨询网络结构可区分出清晰的核心与外围家庭，说明张谷英村社区内部家庭间存在较大的资源获取能力差异以及权力差异，表现出不均衡性。本章将采用网络中心势来量化分析张谷英村社区咨询网络的不均衡趋势。

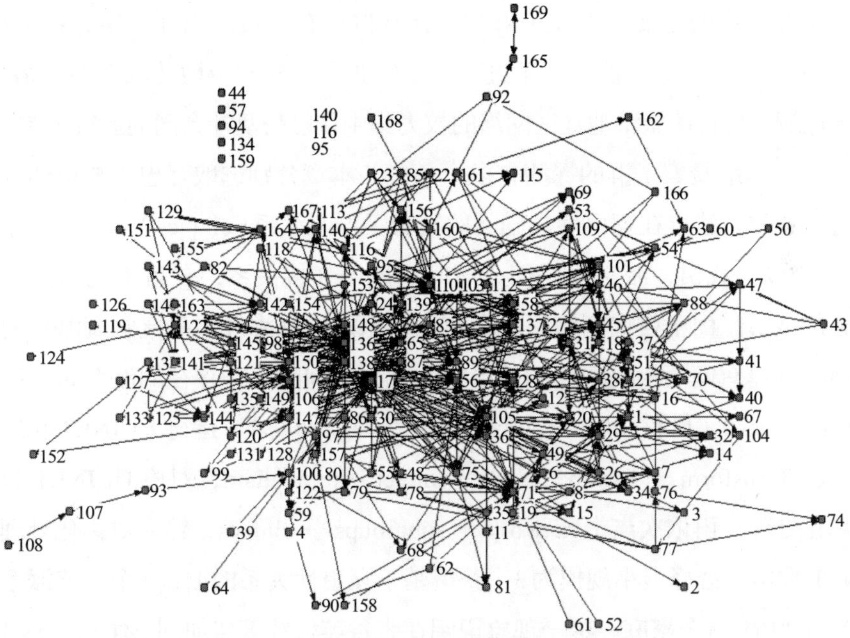

图7-1　张谷英村社区咨询网络结构

注：该图应为彩色图，因出版条件所限，本处仅用黑白图显示其大致密集程度。

由表7-2可以发现，张谷英村咨询网络中间中心势为34.96%，有向图的点入度数中心势为36.037%，点出度数中心势为19.271%，无向图的度数中心势为35.97%，可见张谷英村内部社会网权力集中化程度比较高，这种集中化在咨询实际中表现为咨询选择对象向部分家庭集中。

表7-2 咨询网络中心势测量结果

有向图度数中心势		无向图度数中心势	中间中心势
点出度数中心势	点入度数中心势		
19.271%	36.037%	35.97%	34.96%

7.3.2 张谷英村旅游地社区咨询网络凝聚子群分析

凝聚子群是存在于组织内部的行动者集合，是由少量行动者构成的小圈子。由于子群成员间具有经常面对面互动的关系，交往沟通活动相对频繁而直接，彼此认同感强（Wasserman et al.，1994）。共同活动、面对面互动关系和情感一致性是凝聚子群形成的主导影响因素。在社会网内部，凝聚子群体现出非正式性、自发性、核心人物的重要性以及子群对整体社群具有正负两面性作用等特征（林聚任，2009）。分析凝聚子群有助于进一步了解张谷英村旅游地社区咨询网络结构，有助于理解传统村落旅游地社区网络的权力集中化趋势及社会网的运行机制。

对社会网络凝聚子群的探测有多个角度，本章分别选取互惠性与可达性两个角度进行探究。建立在互惠性基础上的凝聚子群叫派系（cliques）。一个派系包含3个或3个以上成员，派系内任何成员间均属于邻接关系，并且不能再向该派系加入新的成员。由于咨询网络是一个有向关系网，互惠性关系又强调派系内部所有成员之间具有两两相互选择的关系，因此，咨询网络中存在的派系属于强派系（strong cliques），具有高度的稳定性（陈先红 等，2009）。运行 UCINET 6.2软件，依次点击 Transform → Symmetrize → Symmetrizing method，对原 UCINET 数据进行对称化处理，再依次点击 network → subgroups → cliques，输入对称化处理后的 UCINET 数据，选择最小规模为3，获得基于互惠性关系的派系1个，该派系包含17、25和136这3个家庭。这一现象说明在张谷英村社区咨询网络中只有这3个家庭建立了稳固的互相学习关系。

可达性考虑的是网络成员之间的距离，要求子群成员之间距离不能大于临界值 n，由此得到的子群叫 n-派系（陈先红 等，2009）。相比基于互惠性产生的派系来说，咨询网络中 *n*- 派系内部成员之间的关联性较低，但通过咨询或被咨询关系构成一个个相对稳定的小圈子。依次点击 network → subgroups → N-cliques，选择 *n* 值为1，输入原UCINET数据，得到了251个凝聚子群，也就是存在251个1-派系。其中，成员规模为5的1-派系有11个，成员规模为4的1-派系有70个，成员规模为3的1-派系有170个。进一步观察各个规模层次1-派系成员的分布情况，发现有36户家庭游离于1-派系之外，无法建立牢固的1-派系。251个1-派系则以成员规模为5的11个1-派系为基础，由此衍生形成70个成员规模为4的1-派系以及170个成员规模为3的1-派系。可见，在张谷英村旅游地社区，通过咨询网络探测到的强派系小圈子很少，大多数家庭活跃于基于可达性产生的小圈子之中；而且，成员规模为5的11个1-派系构成张谷英村旅游地社区咨询网络的基础派系，其余派系可视为衍生派系。从成员构成来看，基础派系的一些家庭如17、114、136出现频率较高，可能正是由于这些家庭的活跃表现，推动了该社区咨询网络的基础派系与衍生派系的生成。

7.4　整体网络视角下的张谷英村旅游地社区权力分异

7.4.1　整体网络视角下的张谷英村旅游地社区权力分异判别

咨询网络中个体的权力来自于网络成员对他的咨询信息依赖，属于网络关系资本。整体网络视角下的传统村落旅游地社区个体权力表现为社会网络动员能力。继续使用前述UCINET数据，获得张谷英村咨询网络各户家庭行动者的中心度测量数据。如表7-3所示，点入绝对度数中心度和相对度数中心度均值分别为3.817与2.272，点的绝对中间中心度和相对中间中心度均值分别为388.101与1.383。无论是点的度数中心度还是中间中心度，其最大值与最小值相差得都很明显，初步说明张谷英村旅游地社区不同家庭间存在明显的权力分异。

因为点的相对中心度是标准化值，更能刻画不同家庭行动者间的权力分异，所以本章以点的相对中间中心度为横坐标、以点入相对度数中心度为纵坐标，利用SPSS 17.0构建散点图，再以点入相对度数中心度均值2.272和点的相对中间中心度均值1.383为划分标准，形成如图7-2所示的4个权力分区。A区的点入相对度数中心度和相对中间中心度都高于均值，为强权力区。D区的点入相对度数中心度和相对中间中心度都低于均值，属于弱权力区。B 区的点入相对度数中心度低于均值，相对中间中心度高于均值。C 区的点入相对度数中心度高于均值，相对中间中心度低于均值，正好与 B 区相反。与 A 区相比，B 区和 C 区的权力要弱，但又强于 D 区，因此可将 B 区和 C 区归为中等权力区。三类权力分区的权力大小依次是：强权力区 > 中等权力区 > 弱权力区。分布在各权力区的家庭情况是：强权力区 A 区有22户，中等权力区 B 区有10户，中等权力区 C 区有37户，弱权力区 D 区有100户（见表7-4）。

表7-3　点的中心度描述性统计

变量	点入度数中心度		点的中间中心度	
	点入绝对度数中心度	点入相对度数中心度	点的绝对中间中心度	点的相对中间中心度
均值	3.817	2.272	388.101	1.383
度数总量	645.000	383.929	65 589.000	233.779
最小值	0.000	0.000	0.000	0.000
最大值	64.000	38.095	10 139.139	36.139

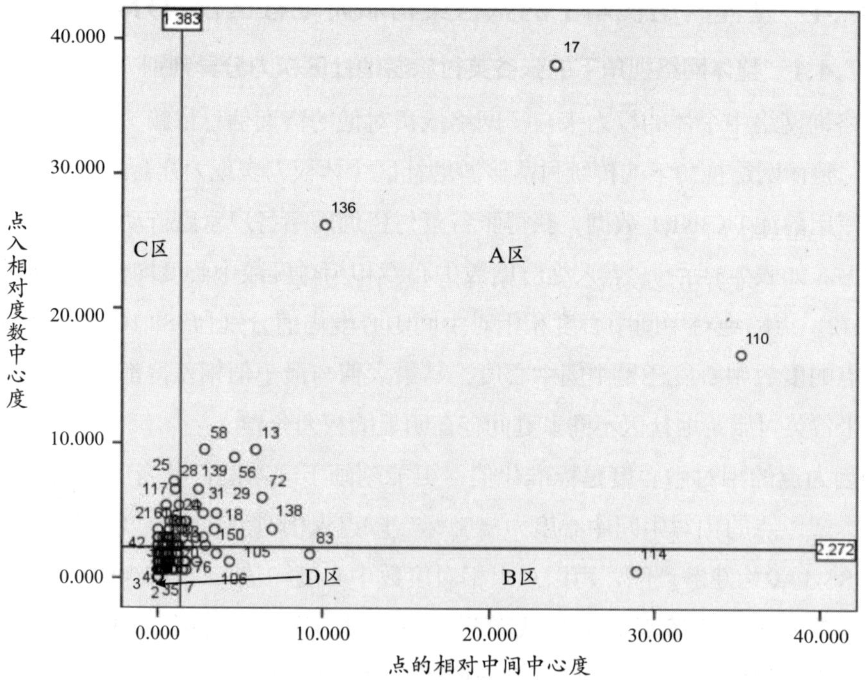

图7-2　张谷英村旅游地社区权力分异判别图

表7-4　张谷英村旅游地社区权力分异格局

区块	类型	家庭分布	权力特征
A 区	强权力区	13 17 18 24 29 31 45 56 58 65 72 76 79 87 100 110 116 136 137 139 141 150	高相对中间中心度 高点入相对度数中心度
B 区	中等权力区	7 48 55 73 83 105 106 114 138 164	高相对中间中心度 低点入相对度数中心度
C 区	中等权力区	1 5 6 20 21 25 28 30 33 34 36 37 40 42 47 51 69 71 84 96 101 103 104 111 112 113 115 117 121 123 135 140 144 146 147 148 149	低相对中间中心度 高点入相对度数中心度
D 区	弱权力区	2 3 4 8 9 10 11 12 14 15 16 19 22 23 26 27 32 35 38 39 41 43 44 46 49 50 52 53 54 57 59 60 61 62 63 64 66 67 68 70 74 75 77 78 80 81 82 85 86 88 89 90 91 92 93 94 95 97 98 99 102 107 108 109 118 119 120 122 124 125 126 127 128 129 130 131 132 133 134 142 143 145 151 152 153 154 155 156 157 158 159 160 161 162 163 165 166 167 168 169	低相对中间中心度 低点入相对度数中心度

注：序号带下划线的表示参与了旅游经营的家庭。

继续观察A区各点的权力分布状况，可以发现A区内部依然存在明显的权力分异。分布在A区的22户家庭中，A17、A110和A136① 这3个家庭具有超强的权力优势，他们的点入相对度数中心度超过了10，相对中间中心度也超过了10。特别是A17与A110两户家庭分别是点入相对度数中心度最高和相对中间中心度最高的家庭。超强权力优势的存在导致这3个家庭与其他家庭之间存在较大的权力空白地带。进一步分析可以发现，A17和A136两个家庭是咨询网络中10个基础派系的重要成员，而A110家庭则是1个基础派系的重要成员。同时，这3个家庭还渗透到大量的规模为3或4的衍生派系中，这正是这3个家庭超强权力优势的体现。如果从A区内部再分出超强权力家庭与一般强权力家庭，会发现通过张谷英村旅游地社区咨询网络反映的权力分区正好构成金字塔形权力分区结构(见图7-3)。

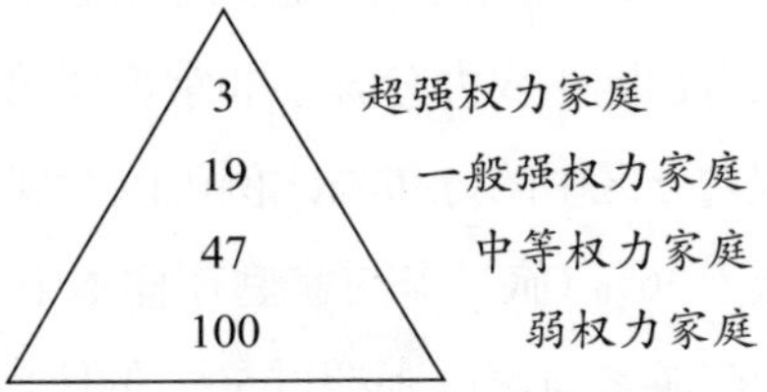

图7-3　A区的金字塔形权力分区结构

① 权力分区后，咨询网络中各个家族代码均采用该家庭所处权力分区的字母加相应数字表示。

7.4.2 整体网络视角下的张谷英村旅游地社区权力分异形成机制

因为咨询网络是非正式组织结构，所以个体咨询对象的选择有很大的自由性（Michael et al.，2015），因此，整体网络视角下，张谷英村旅游地社区个体权力实质上来自于咨询网络成员家庭的认同与选择。根据尼布斯（Nebus）等的咨询网络生成理论，咨询关系的产生并非唯一由咨询信息驱动，它是咨询关系者对咨询信息的感知价值与感知成本之间权衡的结果（Nebus et al.，2006）。咨询网络中权力的产生受个体属性与网络结构特征的影响，但对于同一个社区咨询网络行动者来说，其权力差异则与行动者个体属性密切相关。基于此，本章根据咨询网络中行动者的属性状态，将户主年龄与参与旅游生意与否作为基本属性，将个性特征、以往经历和兴趣爱好等作为背景属性，分别从基本属性与背景属性两个方面分析整体网络视角下的张谷英村旅游地社区权力分异的形成机制。

1. 基本属性与整体网络视角下的张谷英村旅游地社区权力分异的形成机制

构建户主年龄、参与旅游生意与否、点入相对度数中心度与点的相对中间中心度四因素相关矩阵。如表7-5所示，户主年龄与参与旅游生意与否具有显著的负相关关系，说明年龄越大，旅游参与可能性越小，但年龄对点入相对度数中心度与点的相对中间中心度没有显著影响。参与旅游生意与否和点入相对度数中心度之间存在显著的正相关；方差分析显示，参与和没有参与旅游生意的家庭点入相对度数中心度均值分别为3.19和1.79，组间差异显著性为0.029，表明二者存在显著差别，参与旅游生意的家庭在张谷英村更可能成为社区咨询网络中的咨询对象（见表7-6）。参与旅游生意与否对点的相对中间中心度没有显著影响，但表7-5显示，点入相对度数中心度与点的相对中间中心度显著相关。可见，张谷英村旅游地社区已经成为以旅游为主导的社区。而参与旅游生意与否是张谷英村旅游地社区咨询网络权力分异中非常重要的显性影响因素。从表7-7所示的旅游参与家庭在权力分区中的分布与比例可以发现，处于弱权力区D区的旅游参与家庭只有26%，低于36%（旅游参与家庭在样本中实际所占比例）；而处于中等权力区B区和C区的旅游参与家庭则超过50%的比例，处于强权力区A区的家庭也达到了45%，均高于36%。这进一步表明了旅游参与在张谷英村社区权力分异中的作用。户主年龄虽然没有直接影响，但通过影响户主的旅游参与，间接影响家庭在社区咨询网络中的权力分异。年轻者相比年老者更容易成为张谷英村旅游地社区整体社会网视角下的权力优势者。值得注意的是，我们在相关性分析实验中，没有发现村民小组对咨询网络权力分异有显著影响。这说明样本边界内的小组分割没有阻碍咨询网络的形成，也排除了小组内受调查家庭的数量优势对该组家庭权力优势获得的影响。

表7-5　张谷英村旅游地社区权力分异相关矩阵

Pearson 相关性	户主年龄	参与旅游生意与否	点入相对度数中心度	点的相对中间中心度
户主年龄	1			
参与旅游生意与否	−0.179*	1		
点入相对度数中心度	−0.044	0.168*	1	
点的相对中间中心度	−0.079	0.125	0.628**	1

注：* 表示在0.05的水平上显著相关，** 表示在0.01的水平上显著相关。

表7-6　方差分析

分析指标	范围	平方和	*df*	均方	***F***	显著性
点入相对度数中心度 × 参与旅游生意与否	组间（组合）	74.737	1	74.737	4.832	0.029
	组内	2 583.072	167	15.467		
	总计	2 657.809	168			

注：参与旅游和没有参与旅游的家庭点入相对度数中心度均值分别为3.19、1.79。

表7-7　旅游参与家庭在权力分区中的分布与比例

区块	家庭总数	旅游参与家庭数	旅游参与家庭所占比例
A 区	22	10	45%
B 区	10	7	70%
C 区	37	19	51%
D 区	100	26	26%

2．背景属性与整体网络视角下的张谷英村旅游地社区权力分异的形成机制

户主年龄与参与旅游生意与否均可能影响张谷英村旅游地社区权力分异，但无法解释权力分异图中行动者间巨大的权力差别。如图7-2所示，A17、A110、

A136是超强权力家庭；A13、A56、A58、A72则是A区一般强权力家庭的代表；B83、B105和B114具有明显的相对中间中心度优势，是中等权力区B区的代表；C25和C117是具有点入相对度数中心度优势的中等权力区C区的代表(见表7-8)。本章选择上述12户不同权力分区的家庭作为进一步的研究对象，通过分析它们的背景属性，继续探索整体网络视角下张谷英村旅游地社区的权力分异形成机制。

表7-8　具有权力优势典型家庭的点入相对度数中心度与点的相对中间中心度

典型家庭代码	点入相对度数中心度	点的相对中间中心度	权力分区
A17	38.095	23.932	超强权力区
A136	26.19	10.138	超强权力区
A110	16.667	35.194	超强权力区
A13	9.524	5.983	一般强权力区
A72	5.952	6.363	一般强权力区
A56	8.929	4.697	一般强权力区
A58	9.524	2.86	一般强权力区
B114	0.595	28.923	中等权力区B区
B83	1.786	9.238	中等权力区B区
B105	1.19	4.401	中等权力区B区
C25	7.143	1.01	中等权力区C区
C117	6.548	1.059	中等权力区C区

表7-9列出了上述具有权力优势的4个层次共12个典型家庭的背景属性信息。虽然各个权力优势家庭背景属性各不相同，但从表7-9中可以发现，助人经历、能力展现与业余爱好等个体背景属性，是张谷英村旅游地社区上述12个典型家庭权力分异的重要影响因素。助人经历能够减少村民家庭咨询对象选取时的盲目性，使咨询提供者容易获取咨询者的信任；咨询提供者的能力展现则可以减少咨询者的风险感知，使咨询者容易达成理性选择；业余爱好则可以通过密切村民间的交往，从而增加咨询的机会。A17、A110和A136是同时拥有助人经历、能力展现机会与业余专长的家庭，毫无疑问，它们的户主是权力优势家庭中的超强优势者。A17和A110的户主虽然是村两委干部，但村民主要是认同他们的能力与助人经历。A110家庭目前并没有参与旅游经营，户主主要是以村干部的身份参与组织旅游建

设。A17的户主则既在村主任职位上有所作为，家庭本身也深度参与了旅游经营。表面上，A17和A110的户主因职务便利拥有更多的能力展现机会，他们在咨询网络中更容易占据权力优势地位，实际上，A17和A110的户主均是该村早期旅游参与者，特别是A17的户主早在1998年便开始经营旅游餐饮，其在旅游接待中大胆的尝试，早就得到了村民的认同，因此A17和A110的户主成为村两委带头人与其在咨询网络中已经获得的权力优势是分不开的。

表7-9　具有权力优势典型家庭的背景属性信息

典型家庭代码及其背景属性	典型家庭代码及其背景属性
A17：48岁，性格率直，稳健少言，爱好书法、徒步，村主任。经营旅游餐饮、住宿、土特产。餐饮规模较大，能接纳300~500人的大型团队，有民宿客栈8间，与他人合伙经营写生基地，成立古村孝友文化公司。把老宅子打造成餐饮品牌，打造了“豆腐宴”全席。引导村民文明接餐、文明待客、共同致富	A136：48岁，少言内向，爱喝酒、交友、书法和阅读，有10年代课经历。2001年从事旅游餐饮与住宿，有客房6间。2011年改进旧居，扩大经营规模。2012年合作经营写生基地。2018年合作成立古村孝友文化公司，拓展旅游产品，承接研学游等大型团队
A110：49岁，爱好下棋，坚毅，不畏困难，现任村支书，自2006年开始担任村干部以来，为村旅游做了不少贡献，如村公路硬化、村内路灯建设，配合上级推动旅游发展	B114：56岁，主要从事本地拖拉机运货，每年黄金周做小吃为游客服务。2018年借文物维修机会，已经把自己的老房子改出了两个标间，开始经营民宿
A13：50岁，爱好书法，性格稳重，儿女均大学毕业，2008年开始担任村会计，没有从事旅游经营	B83：47岁，2005年开始经营小超市，2017年开始经营民宿。户主本人有货车，会油漆工艺
A56：70岁，性情稳重，当过12年村主任和支书，曾主管村旅游工作，在兴建古村广场、文物维修和改造中做了大量调解工作。没有经营旅游生意，但对村旅游经营规范化提过建议，如统一菜单价格、严禁拉客宰客，调解旅游经营中的矛盾	A58：50岁，爱好徒步、篮球和象棋，当过中学英语代课老师、村支书。2008—2012年经营土特产，对腐乳加工有工艺改进，任村支书期间推动了古村旅游发展。现家里开小卖部，户主本人在外地公司从事管理工作
C117：78岁，爱好文学，老中医，退休后在村内协助公益事业的开展，为传承孝友文化、礼仪文化做点事，现任张谷英村宗亲理事会副理事长。儿子于2006年开始经营书画、餐饮，2018年开始经营民宿	C25：46岁，性直，喜欢看电视，2004年开始经营土特产与腐乳加工销售。2010年经营民宿，有8间双标。合作接待写生与大型团队

续表

典型家庭代码及其背景属性	典型家庭代码及其背景属性
A72：47 岁，爱好书法，2016 年重修了房屋，拟经营民宿	B105：62 岁，2003 年开始经营餐饮 3 年。拟借文物维修改建 3 间条件好的客房经营民宿

受调查家庭 A17 表示："我家餐馆是村内开的第一家餐馆。我那个堂屋比较大、比较干净，当时有游客进来要搞饭吃，首先搞一桌、两桌，慢慢就变成了餐馆。邻居经常有事没事来问一些餐馆经营的问题。"

A136 的户主从没有担任过任何村级干部职务，但他在旅游经营方面有突出表现，如最近两年张谷英村大型旅游团队的市场开发、研学旅游产品的开发与设计均是由 A136 家庭组织策划。这些表现顺应了张谷英村旅游发展的大方向，符合张谷英村旅游转型的潮流，因此 A136 成为张谷英村新入旅游经营家庭最主要的咨询对象，也是众多旅游经营家庭的合作对象。A136 还牵头与 A17 和 C25 合作注册了村内首家旅游公司，公司的经营带动了村内不少家庭参与旅游实践，A136 家庭因而在咨询网络中具有明显的中心性优势。

受调查家庭 A136 表示："考虑到有些客人消费后经常要发票回去报账，我便与 A17 和 C25 一起注册了孝友文化公司；公司注册也有利于对外联络合作。另外，其他旅游经营家庭有客人需要发票的也会来找我们。"

其他权力优势典型家庭作为不同权力分区中的代表，与 A17、A110 和 A136 相比，在助人经历、能力展现机会与业余专长方面或略显不足，或只在某些方面突出，因而他们或落入强权力区 A 区，或落入中等权力区 B 区，或落入中等权力区 C 区。它们的社区权力明显优于弱权力区 D 区的家庭，但与 A17、A110 和 A136 相比仍然存在较大权力差异。在超强权力优势家庭影响下，张谷英村社区咨询网络表现出核心—边缘结构特征。

可见，整体网络视角下的张谷英村旅游地社区权力分异的形成，与各个家庭的助人经历、能力展现与业余爱好等个体家庭背景属性密切相关。

7.5　结论与讨论

7.5.1　结论

本章利用封闭空间进行整体网络调查与分析，探索张谷英村旅游地社区咨询网络结构及其权力分布状况，以此揭示传统村落旅游地社区社会网络的运行规律。本章研究获得了以下结论：

1．整体网络视角下的传统村落旅游地社区咨询网络集中化趋势明显

传统村落旅游地社区内部存在大量的咨询关系，但整体网络视角下的传统村落旅游地社区咨询网络的集中化趋势明显。在传统村落向旅游地转型的过程中，村落成员家庭均面临转型机遇与风险，如何规避风险、捕捉机遇成为传统村落咨询网络中普遍关心的问题。密集咨询网络的产生有利于咨询信息的获取，也为社区咨询网络中的咨询提供者带来了更多权力优势回报。整体网络视角下的咨询网络集中化趋势既是当前传统村落旅游地社区咨询网络的显著特点，也是传统村落咨询网络演化发展中不可回避的趋势。张谷英村旅游地社区内部密集咨询网络的产生表明该村自组织学习机制已经形成。

2．传统村落旅游地社区存在大量的 1- 派系子群或小圈子

传统村落旅游地社区咨询网络成员活跃于大量成员重叠的 1- 派系子群或小圈子之中。整体网络视角下的社区咨询网络凝聚子群由基础派系及其衍生派系构成。基础派系为整体网络视角下的权力优势者提供了更多的能力展现舞台，推动了整体网络视角下的传统村落社区咨询网络的集中化发展，因而，基础派系是传统村落旅游地社区咨询网络结构与网络关系演化不可忽视的力量基础。这种咨询网络子群或派系不同于传统乡土社会以己为中心形成的差序格局，而是咨询双方权衡的结果，既有理性选择的一面，又有感性支撑的一面（Nebus et al.，2006；费孝通，1985）。

3．个体属性与背景属性影响下的传统村落旅游地社会网权力分异显著

整体网络视角下的传统村落旅游地社区权力分异显著，这种社区权力属于非正式权力，来源于网络成员所处子群位置并由子群所赋予，伴随咨询网络形成而产生。整体网络视角下的张谷英村旅游地社区咨询网络的权力分异表现为金字塔形结构。大量的张谷英村村民家庭处于金字塔形结构底端的弱权力地位，越往上，权力优势越明显，但权力优势者越少，处于权力分异金字塔形结构顶端的则是极少数成员。权力优势家庭是基础派系中的重要成员家庭，处于张谷英村旅游地社区非正式权力网络的核心位置，呈金字塔形结构的社区权力分布格局反映了张谷英村在旅游影响下的社会网权力具有核心—边缘的动态结构特征。

整体网络视角下的传统村落旅游地社区权力分异受网络成员个体的基本属性与背景属性的影响。在传统村落由居住地向旅游目的地转型后，旅游业成为传统村落最重要的产业，参与旅游经营生意与否成为传统村落旅游地社区成员家庭的基本属性，参与旅游经营的家庭相较于没有参与旅游经营的家庭更易获取社区权力优势。在张谷英村，因为户主年龄与参与旅游生意与否呈负相关，但户主年龄对点入相对度数中心度与点的相对中间中心度没有显著影响，因此户主年龄对家庭在社区咨询网络的权力分异可能通过影响户主旅游参与产生间接影响。助人经历、能力展现与业余爱好是影响传统村落旅游地社区权力分异的重要背景属性因素。少数成员家庭拥有丰富的助人经历，通过较长的旅游经营时间与经营创新获得大量的能力展现机会，再加上高品质的业余爱好，成为张谷英村旅游地社区权力分异金字塔形结构的顶端家庭，并通过子群渗透对张谷英村旅游地社区咨询网络演化产生重要影响。

7.5.2 讨论

本章基于整体网络视角，对传统村落旅游地社区社会网运行规律的揭示，突破了以往有关传统村落旅游地社区自我中心社会网研究视角的不足，这正是本章研究的创新之处。本章的研究发现也为传统村落旅游地的社区变迁研究提供了新的视角。目前学界对传统村落旅游地社区变迁的研究主要沿物态环境变迁、社会文化变迁等方向展开，强调的是外部因素影响下的传统村落社区整体变迁，较少从微观角度考虑传统村落旅游地社区内部个体分异产生的影响(席建超 等，2014；庄晓平 等，2018)。本章揭示了传统村落旅游地社会网的子群活动模式以及个体权力分异机制，能够为传统村落旅游地变迁研究提供微观研究基础。由于本章研究仅仅截取了张谷英村核心区家庭的咨询关系数据，可能割裂了村落内部存在的子群关系，且分析统计变量过于简略，这是今后类似研究需要进一步探索的地方。值得注意的是，当张谷英村旅游地的生命周期进入成熟阶段后，社区外来的成分将会增加，大量外来群体的介入势必对咨询网络结构产生影响，这也是笔者今后需要持续关注的方向。此外，本章以咨询网络代替具有多种网络关系的社会网，以咨询网络中心性代表传统村落社区社会网权力，而没有进一步考虑宗族组织、经济背景等因素对传统村落旅游地社区咨询网络权力分异的影响，因此本章对传统村落旅游地社区内部网络关系与网络权力关系的处理尚显简化，对整体网络视角下的传统村落旅游地社区社会网运行规律的探索仍需深入。笔者在以下两方面得到的启示值得进一步讨论：

1．整体网络视角下的传统村落旅游地社区咨询网络研究意义

本章基于整体网络视角的研究显示了旅游实践活动既是传统村落旅游地社区成员能力展现的重要平台，也是社区社会网权力分异体现的重要平台；旅游实践活动已成为案例地的焦点事件(时少华，2012a)，在推动传统村落旅游地社区网络演化中发挥了越来越大的作用。同时，本章也证实了基于社会网视角的传统村落旅游地社区权力分异可能处于动态演化中。咨询并非普通员工的专属，组织高管同样也离不开咨询；咨询网络是一个长期存在的社会网络类型(仝志辉 等，2002)。随着网络个体成员调整与网络成员背景属性的改变，由网络互动形成的咨询网络权力分异格局也将随之改变，普通村民可能因为社会网权力优势发挥非体制精英的作用，传统村落旅游地社区内部小圈子或派系结构也可能因此出现波动，从而影响正式权力的发挥。这些均是传统村落旅游地管理者需要及时把握的内容，而揭示这些规律正是整体网络的研究所长。在传统村落旅游地社区情境下，笔者发现，助人经历、能力展现是咨询网络个体权力的影响因素，这与以往研究类似；但网络成员的性格对其权力优势影响不大，而户主年龄、参与旅游生意与否和业余爱好均影响个体的网络中心性，是权力优势的影响因素，这是与以往研究的不同之处。咨询网络具有工具特性，但咨询信息的转移又离不开友谊网的支持，因此，本章虽然通过问题假定，探测到基于整体网络视角的传统村落咨询网络结构及社区权力分异格局，但这种网络结构与权力分异是对真实社区社会网的一种近似反映(Nebus et al.，2006)。

2．传统村落旅游地社区社会网嵌入及权力运行模式与趋势

旅游实践活动作为传统村落旅游地社区社会网权力分异体现的重要平台，对传统村落旅游地社区社会网的权力运行模式产生了影响。就张谷英村来看，处于权力分异金字塔形结构顶端的超强权力家庭虽然只有3个家庭，但它们通过旅游实践活动产生的影响力已经体现出来了。如表7-10所示，A17、A110和A136这3个家庭的结构洞优势非常明显，其有效规模在调查范围内所有家庭中处于前三位置，分别是63.113、33.590、43.808，限制度在调查范围内所有家庭中得分最低，分别为0.039、0.056、0.054。这表明这3个超强社会网权力优势家庭拥有坚实的资源信息渠道、社会资本丰厚，因而社会网权力优势巨大。A136之所以能够立于权力分异金字塔形结构顶端，与其户主在旅游经营活动中有突出表现而成为社区咨询网络的焦点是分不开的。而A17和A110能够成为权力分异金字塔形结构顶端家庭与他们的户主作为村两委主要负责人，有更多的能力展现机会有一定关系。A17和A110两个家庭与A136家庭的差别在于，前两个家庭因政治嵌入而获得了社会网权力优势，后者则因旅游行业嵌入而获得了社会网权力优势；但3个家庭的共同点则是社区嵌入。张谷英村的案例研究表明，行业嵌入与政治嵌入成为传统村落旅游地社区社会网权力运行中的两个重要驱动力量。张谷英村案例地目前处于旅游地生命周期的成长发展阶段，随着其旅游演进，行业嵌入与政治嵌入所产生的社会网权力运行模式将随之变化，行业嵌入的影响力将越来越大，由行业嵌入产生的权力优势也就越来越大，因行业嵌入而获得社区社会网权力优势的家庭也将会越来越多。如图7-4所示，根据传统村落整体的政治嵌入性和行业嵌入性的差异，在传统村落社区旅游参与者不断增加的情形下，传统村落旅游地社区社会网运行可能产生4种模式，并有3种可能的演进趋势。不同类型的传统村落旅游地社区社会网运行模式具有不同的权力运行特点（见表7-11）。

第一种传统村落旅游地社区的社会网运行模式是低政治嵌入、低行业嵌入型。这种类型的传统村落基本上没有得到政府或旅游行业的关注，支持该模式的网络嵌入机制主要是社区社会网嵌入机制。实际上这种情形很少。因为目前传统村落作为中国传统农耕文明的遗产已经受到国家高度重视，只要列入传统村落名录，就进入国家保护范围了。该模式即使存在，其存在时间也不会长，它会快速向高政治嵌入、低行业嵌入型转化，政治网嵌入机制将促进政府权力主导作用的发挥。

表7-10　整体网络视角下张谷英村咨询网络行动者结构洞指数

a	b	c	d	e	a	b	c	d	e	a	b	c	d	e
1	7.625	0.953	0.138	0.004	58	17.000	0.895	0.081	0.034	114	33.108	0.920	0.055	0.083
2	1.000	1.000	1.000	1.000	59	4.000	1.000	0.250	0.000	115	1.750	0.438	0.437	0.002
3	1.500	0.750	0.591	0.008	60	2.000	1.000	0.500	0.000	116	5.889	0.736	0.210	0.049
4	1.000	1.000	1.000	1.000	61	1.000	1.000	1.000	1.000	117	10.538	0.811	0.131	0.039
5	5.071	0.845	0.228	0.092	62	2.333	0.778	0.374	0.003	118	3.400	0.680	0.257	0.005
6	5.786	0.827	0.198	0.017	63	3.000	1.000	0.333	0.000	119	1.000	1.000	1.000	1.000
7	5.417	0.903	0.197	0.008	64	1.000	1.000	1.000	1.000	120	4.583	0.764	0.223	0.018
8	3.625	0.906	0.287	0.015	65	17.024	0.851	0.089	0.057	121	6.071	0.867	0.166	0.018
9	5.714	0.816	0.180	0.010	66	1.250	0.625	0.591	0.008	122	2.667	0.889	0.343	0.000
10	6.375	0.911	0.175	0.078	67	2.000	1.000	0.500	0.000	123	7.188	0.898	0.145	0.007
11	2.750	0.688	0.354	0.019	68	2.375	0.792	0.435	0.249	124	1.000	1.000	1.000	1.000
12	3.700	0.740	0.234	0.010	69	4.300	0.860	0.230	0.008	125	4.100	0.820	0.247	0.030
13	20.435	0.973	0.061	0.059	70	4.200	0.840	0.277	0.031	126	1.000	1.000	1.000	1.000
14	4.000	1.000	0.250	0.000	71	6.875	0.859	0.161	0.010	127	4.000	0.800	0.246	0.015
15	3.625	0.906	0.279	0.010	72	12.607	0.901	0.092	0.016	128	1.500	0.750	0.521	0.000
16	9.000	1.000	0.111	0.000	73	8.400	0.840	0.139	0.015	129	5.000	1.000	0.200	0.000
17	63.113	0.942	0.039	0.131	74	1.167	0.583	0.688	0.203	130	4.833	0.806	0.208	0.014
18	9.955	0.905	0.114	0.009	75	5.333	0.889	0.178	0.001	131	1.333	0.444	0.393	0.002
19	4.200	0.840	0.250	0.036	76	6.722	0.840	0.202	0.086	132	5.167	0.861	0.200	0.008
20	6.813	0.852	0.165	0.015	77	5.167	0.861	0.272	0.084	133	2.500	0.625	0.311	0.002
21	5.583	0.931	0.184	0.003	78	5.500	0.917	0.191	0.106	134	0.000	0.000	0.000	
22	5.750	0.719	0.263	0.077	79	4.833	0.806	0.203	0.006	135	2.900	0.580	0.247	0.005
23	4.583	0.764	0.256	0.011	80	4.100	0.820	0.251	0.037	136	43.808	0.913	0.054	0.131
24	9.154	0.832	0.136	0.083	81	2.000	1.000	0.500	0.000	137	10.083	0.840	0.112	0.018
25	9.857	0.821	0.128	0.090	82	2.500	0.833	0.364	0.004	138	24.267	0.899	0.071	0.081
26	3.800	0.760	0.289	0.023	83	14.735	0.867	0.092	0.042	139	10.321	0.794	0.123	0.081
27	7.625	0.953	0.139	0.004	84	5.429	0.776	0.180	0.007	140	7.944	0.883	0.146	0.021
28	9.269	0.843	0.150	0.089	85	4.500	0.750	0.269	0.025	141	8.650	0.865	0.134	0.032
29	12.594	0.900	0.119	0.058	86	3.600	0.720	0.233	0.006	142	4.000	0.667	0.255	0.026
30	4.786	0.798	0.206	0.093	87	10.458	0.872	0.119	0.022	143	3.700	0.740	0.294	0.031
31	7.591	0.843	0.167	0.089	88	7.000	0.875	0.151	0.006	144	4.250	0.708	0.230	0.032
32	2.750	0.688	0.346	0.015	89	4.786	0.684	0.208	0.017	145	7.056	0.784	0.160	0.024
33	5.778	0.825	0.209	0.108	90	3.000	1.000	0.333	0.000	146	5.714	0.816	0.184	0.013
34	4.083	0.817	0.273	0.104	91	4.100	0.820	0.224	0.003	147	8.350	0.835	0.145	0.049
35	4.700	0.940	0.219	0.007	92	2.000	1.000	0.500	0.000	148	9.464	0.728	0.136	0.057
36	6.813	0.852	0.163	0.011	93	2.000	1.000	0.500	0.000	149	5.286	0.755	0.185	0.008
37	8.500	0.944	0.135	0.014	94	0.000	0.000	0.000		150	20.543	0.893	0.082	0.062
38	7.500	0.938	0.143	0.002	95	5.583	0.931	0.174	0.000	151	1.000	0.500	0.581	0.003
39	1.000	1.000	1.000	1.000	96	6.250	0.781	0.184	0.033	152	2.000	1.000	0.500	0.000
40	4.700	0.940	0.216	0.004	97	5.286	0.755	0.187	0.017	153	3.700	0.740	0.237	0.012
41	2.900	0.725	0.413	0.167	98	1.667	0.556	0.381	0.001	154	4.786	0.684	0.190	0.006
42	6.278	0.897	0.226	0.136	99	2.500	0.833	0.351	0.001	155	2.000	1.000	0.500	0.000
43	4.000	1.000	0.250	0.000	100	5.786	0.827	0.183	0.027	156	3.600	0.720	0.263	0.003
44	0.000	0.000	0.000		101	7.375	0.922	0.149	0.011	157	5.786	0.827	0.189	0.020
45	11.929	0.918	0.111	0.054	102	7.111	0.790	0.162	0.047	158	1.250	0.625	0.599	0.006
46	2.333	0.778	0.351	0.001	103	9.769	0.888	0.135	0.077	159	0.000	0.000	0.000	
47	5.571	0.929	0.242	0.168	104	4.200	0.840	0.239	0.007	160	5.643	0.806	0.178	0.007
48	5.500	0.917	0.192	0.019	105	30.671	0.929	0.059	0.047	161	7.500	0.938	0.141	0.005
49	5.929	0.847	0.179	0.020	106	3.167	0.633	0.253	0.105	162	2.000	1.000	0.500	0.000
50	2.000	1.000	0.500	0.000	107	2.000	1.000	0.500	0.000	163	2.500	0.625	0.367	0.017
51	5.250	0.875	0.206	0.010	108	1.000	1.000	1.000	1.000	164	5.857	0.837	0.178	0.004
52	1.000	1.000	1.000	1.000	109	6.500	0.929	0.184	0.134	165	2.000	1.000	0.556	0.278
53	5.000	0.833	0.231	0.010	110	33.590	0.933	0.056	0.138	166	3.000	1.000	0.333	0.000
54	3.833	0.767	0.290	0.102	111	4.286	0.714	0.257	0.082	167	2.500	0.833	0.373	0.006
55	6.429	0.918	0.156	0.003	112	5.214	0.869	0.203	0.135	168	1.000	1.000	1.000	1.000
56	19.717	0.939	0.069	0.058	113	4.500	0.900	0.219	0.005	169	1.000	1.000	1.000	1.000
57	0.000	0.000	0.000											

注：a 指咨询网络行动者序号，b、c、d、e 是结构洞指数，依次表示有效规模、效率、限制度和等级度。

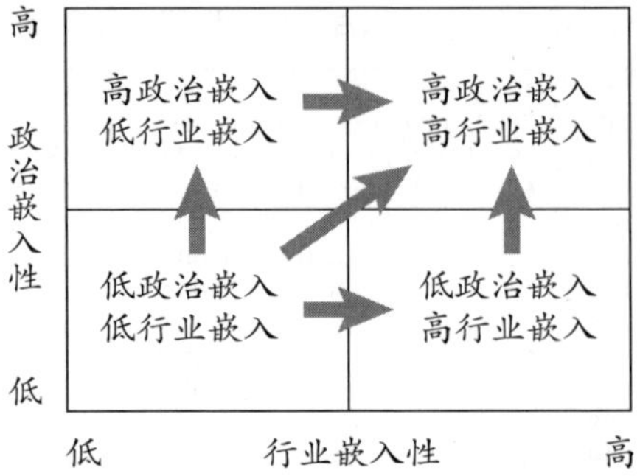

图7-4 传统村落旅游地社区社会网运行模式及趋势

表7-11 传统村落旅游地社区社会网运行模式特点

运行模式	权力运行特点
低政治嵌入 低行业嵌入	较少得到政府、旅游行业关注，社区参与旅游积极性不高，缺乏因行业嵌入而获得的社会网权力优势；这种情形较少
高政治嵌入 低行业嵌入	得到政府高度关注，但旅游行业关注度低，社区参与旅游积极性不高，因政治嵌入而获得的社会网权力优势明显；大量的传统村是这种情形
低政治嵌入 高行业嵌入	政府关注度不高，但旅游行业关注度高，社区参与旅游积极，因行业嵌入而获得的社会网权力优势明显；这种情形较少，存在时间也短暂
高政治嵌入 高行业嵌入	政府关注度高，旅游行业关注度也高，社区参与旅游积极，因行业嵌入或政治嵌入获得的社会网权力优势明显；成熟时期的传统村落旅游地一般属于这种情形

注：此处的嵌入性高低是一种定性描述，可以通过纵向比较或横向比较得出结论。

第二种运行模式是高政治嵌入、低行业嵌入型。属于这种类型运行模式的传统村落数量很多，但有可能是因为传统村落规模不大或旅游吸引力不强、行业关注度不高，导致行业嵌入可能长期处于低位运行状态，可能只有零星游客到达。当政治嵌入达到一定程度，在政府政治权力主导下，该类传统村落的各项基础设施会得到明显改善，旅游形象显著提升，社区旅游参与率以及社区外来成分增加，该类运行模式可能会向高政治嵌入、高行业嵌入型演化。

第三种运行模式是低政治嵌入、高行业嵌入型。在传统村落保护国家战略背景下，某些地方政府可能在落实国家政策时打折扣。但该类型的传统村落具有某些特色上的优势，可能引起行业关注，因此行业嵌入机制会率先产生，因行业嵌入而形成的权力优势将主导该类传统村落的社会网运行。这种模式一旦形成，也会比较快地向高政治嵌入、高行业嵌入型转化。

第四种运行模式是高政治嵌入、高行业嵌入型。这种模式是所有类型模式运行发展的最高阶段，但并非每种运行模式都能向这种模式演化。该模式的突出特点是政府关注度高，旅游行业关注度也高，总体网络嵌入性高，社会资本获取丰富，社区参与旅游积极。事实上，只有传统村落旅游地演化进入成熟阶段时，这种社会网运行模式才可能产生。

如图7-4所示，当一个传统村落被外界发现后，该村落社会网运行模式可能从低政治嵌入、低行业嵌入型开始向3个方向演化：第一个方向即低政治嵌入、低行业嵌入型→高政治嵌入、低行业嵌入型→高政治嵌入、高行业嵌入型；第二个方向即低政治嵌入、低行业嵌入型→低政治嵌入、高行业嵌入型→高政治嵌入、高行业嵌入型；第三个方向即低政治嵌入、低行业嵌入型→高政治嵌入、高行业嵌入型。

本章小结

传统村落旅游地社区内部信任度高，村民个体嵌入传统村落旅游地社区社会网之中，可能因个体差异而导致日常交往中的权力分异。基于整体网络视角对社区咨询网络的研究不仅能够帮助我们了解传统村落旅游地社区内部的社会网结构，也能够让我们对传统旅游地社区日常社会交往产生的权力分异状况进行深度认知。本书通过样本边界确定得到了169户家庭构成的样本空间，通过对咨询网络的结构分析与社区权力分异研究，发现张谷英村旅游地社区咨询网络结构呈现不均衡性。大多数家庭活跃于可达性产生的1- 派系小圈子之中，并由11个基础派系衍生出240个衍生派系。整体网络视角下的张谷英村旅游地社区权力分异呈现金字塔形结构。户主年龄、参与旅游生意与否、助人经历、能力展现与业余爱好是权力分异的主要影响因素。位于权力分异金字塔形结构顶端的家庭很少，但会对张谷英村旅游地社区咨询网络演化产生重要影响。研究显示：旅游实践活动既是传统村落旅游地社区成员能力展现的重要平台，也是社区社会网权力分异体现的重要平台；基于社会网视角的传统村落旅游地社区权力分异将处于动态演化中。本章对传统村落旅游地社区权力分异、社会网嵌入机制、社区权力运行模式与演化趋势的分析，为后续切入传统村落旅游地社区重构研究奠定了基础。

附录7A

传统村落社区人际关系问卷调查表

各位村民朋友：你们好！

传统村落是农耕社会留给我们的文化遗产。传统村落旅游既能让我们对传统文化进行再认识，又能给我们以美的体验和享受。在旅游背景下，传统村落人文社会环境对传统村落演变影响很大。为此，我们制定了本问卷，希望您能客观填答下述问题，以便我们展开下一阶段的研究。

1. 填表者情况：户主姓名　　　性别　　　年龄　　　是否做游客生意(填是或否)

2. 当你家有什么想法或遇到困难时，你会和谁家商量或向谁家请教？请在下列住户名单下面的空格内打√选择。

住户名	×××	×××	×××	×××	×××	×××	×××	×××	×××	×××	×××	×××	×××	×××	×××
你的选择															
住户名	×××	×××	×××	×××	×××	×××	×××	×××	×××	×××	×××	×××	×××	×××	×××
你的选择															

衷心感谢您的支持和协助！

第8章　网络嵌入与旅游创新演化视角下传统村落旅游地社区重构

网络嵌入下传统村落旅游地社区的自适应和自学习是传统村落旅游地旅游系统自创生和自生长的资源基础，社区自学习机制的形成将给传统村落旅游地社区旅游带来深远影响。本书的研究表明，网络嵌入下传统村落旅游地社区的村民认知能力增强，通过社区知识获取激发旅游创新意愿，又在认知客体变化下重构社区认知结构，驱动社区旅游创新演化，推动社区权力分异与权力重构，这正是社区自学习机制影响的具体反映。社区自学习将改变传统村落旅游地的社会网运行机制，从而加快传统村落旅游地的社区变迁与社区重构。本章将基于网络嵌入下传统村落旅游地的社区自学习，以网络嵌入下传统村落旅游地社区认知重构与权力分异为研究切入点，分析网络嵌入与旅游创新演化视角下传统村落旅游地社区重构机制(见图8-1)，试图为传统村落旅游地活态保持与社区重构管理提供理论借鉴。

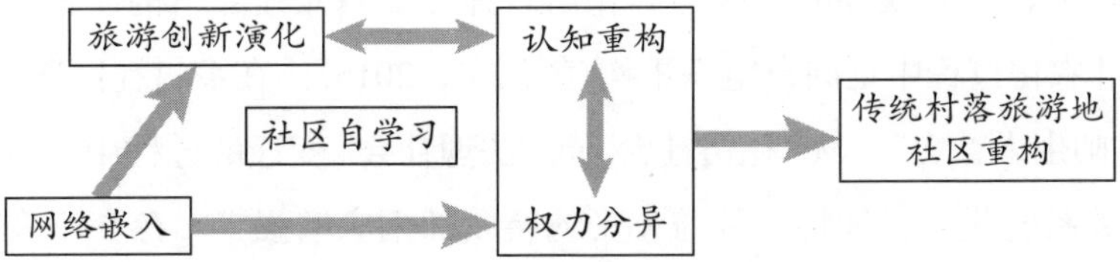

图8-1　本章的研究思路

8.1 乡村社区重构的内涵

自近代以来，中国开始由传统的农业国家向现代意义上的工业化国家转型。改革开放后，受全球化、工业化与城镇化的影响，延续数千年的“乡土中国”形态加速向现代意义的“城乡中国”形态转变。一方面，乡土变故土，乡村成故乡；另一方面，城镇化从单向转向城乡互动，城乡之间的互联互通增强。伴随城乡文明间的共生与共荣，新型的城乡关系构成城乡中国的基本特征(刘守英 等，2018)。在城乡变迁与社区重构大潮中，乡村变迁与重构极为剧烈。在各类要素驱动下(陈文胜，2019)，通过乡村产业变迁(张骁鸣 等，2009)、乡村社会与文化变迁(任映红 等，2017；李伯华 等，2019)，不同区域与民族地区的乡村变迁呈现出不一样的特点(邓磊，2018)，在这一背景下，乡村社区走向重构。乡村变迁与重构并非中国独有，自20世纪50年代以来，英国、美国、法国、澳大利亚等西方发达国家曾普遍经历了城市化与逆城市化的进程，农业经济地位不断下降，乡村服务部门日益兴起，城乡人口持续流动。在社会发展要素重新组合后，西方发达国家乡村地区的社会结构、经济形态和生态环境均经历了显著的变化和重构(龙花楼 等，2017)。乡村重构往往是在政府人为干预下，通过优化配置和有效管理，重建乡村社会经济形态和优化地域空间格局，以适应乡村内部要素和外部调控的变化，实现乡村地域系统内部结构优化、功能提升以及城乡地域系统之间结构协调与功能互补的过程(龙花楼 等，2017，2018)。然而从社区微观角度来看，乡村社区通过社区生计方式重构、社区边界重构和社区认同重构，可以自组织形成社区共同体的集体意识、团结感和凝聚力(李翠玲，2011)。“有关系无组织”的乡村社会所具有的结构性动态特征，带来模糊的社区边界和富有弹性的多元社会结构模式，有助于乡村社区在非农化过程中走向自组织重构(彭伟文，2015)。在乡村社区逐渐从“熟人社会”向“陌生人社会”、从“礼俗社会”向“法理社会”变迁的过程中，尽管传统血缘和地缘关系弱化了，理性、利益和契约特质却相应增强了。存在于乡村社区的民间信仰通过唤醒人们对于地区的集体记忆、恢复以社区为基础的人际交往、培育地域共同体意识以及具有现代民主色彩的公共参与意识，能够充分发挥其在乡村社区自组织重构中的协调作用(李翠玲，2011)。因此，乡村重构实质上又是一个在乡村社区自组织基础上的重构过程。

2017年10月18日，党的十九大做出了实施乡村振兴战略的重大决策部署。乡村振兴战略以产业兴旺、生态宜居、乡风文明、治理有效、生活富裕作为总要求，以建立健全城乡融合发展体制和政策体系为基本目标，以坚持党管农村工作、农业农村优先发展、农民主体地位、乡村全面振兴等为基本原则，加快推进乡村治理体系和治理能力现代化。2018年，中央进一步制定了《乡村振兴战略规划(2018－2022年)》，明确了乡村振兴的阶段性目标。可以预见，随着乡村振兴战略规划的落实，自下而上的乡村社区自组织重构与自上而下的乡村他组织重构必将有效融合，共同推动乡村重构进程。

8.2　传统村落旅游地社区网络嵌入性演化

在传统村落从生活居住地向旅游目的地演化的过程中，村民个体的网络结构和网络关系发生显著改变。若以旅游业产生为分界点，旅游业产生前的传统村落时期可称为前旅游时期，旅游业产生后的时期可称为旅游时期。旅游时期与前旅游时期相比，网络嵌入类型、互动频率、交往内容与性质都发生了显著改变。

8.2.1　前旅游时期传统村落社区的网络嵌入性

前旅游时期，传统村落经历了几百年甚至上千年的历史演变，在特定地域空间内以血缘为基础形成家族关系网，并通过姻缘关系使传统村落社会网络得以扩大。前旅游时期形成的社会网络具有传统乡村社会网所具有的异质性较低、紧密性较高、趋同性较强的特点(张文宏 等，1999)。改革开放后，在城镇化、工业化的影响下，第二产业、服务业向乡村社区渗透，乡村社区出现了非农化，乡村社会的人地关系发生改变，逐渐产生了离乡不离土、离土不离乡、离土又离乡等人地关系变迁格局(刘守英 等，2018)。随着乡村产业背景与产业结构的不断演变，新的产业关系网络在乡村农业大背景下的乡村社区建立起来了。相对于一般乡村社区，传统村落因交通上的终端性和地理位置上的封闭性，受城镇化与工业化的影响相对滞后。但在改革开放大环境下，前旅游时期，传统村落社区的开放性还是增强了，社会信任也有了由特殊信任转向普遍信任的变化趋势。

8.2.2 旅游时期传统村落社区的网络嵌入性

旅游时期，传统村落厚重的历史文化底蕴及极富魅力的审美观光价值，使其成为旅游者的旅游目的地。旅游时期的传统村落由经济社会的后台走向了前台，一定程度上引领了区域经济社会的发展。围绕旅游活动的吃、住、行、游、购、娱等旅游产业要素在传统村落旅游地集聚，传统村落旅游地社区通过既不离乡又不离土的方式走上了非农化的道路。然而旅游时期传统村落商业服务业的发展，使传统村落面临原真性丧失的威胁，因此，传统村落旅游地社区发展受到了多方关注，无论是传统村落旅游地社区居民个体还是传统村落旅游地整体，都嵌入了多个网络之中。在众多的网络关系中，传统村落旅游地最基本的网络关系有社区社会网、旅游产业网和政府政治网(李文兵 等，2019)。社区社会网以传统村落旅游地社区原有的血缘、地缘关系为基础，以情感为纽带，属于水平关系网络；旅游产业网以旅游活动为中心，以旅游产业链为纽带，属于具有工具理性的水平关系网络；政府政治网以行政命令的执行与被执行为基础，以具有强制性的行政权力为纽带，属于垂直关系网络。

与前旅游时期相比，旅游时期的传统村落社区的网络关系发生了明显改变，网络嵌入互动中的信任机制、网络嵌入广度和网络嵌入深度都有了显著的不同：旅游产业网扩展了传统村落社区的网络范围，丰富了传统村落的网络对象，成为传统村落演化的新动力；政府政治网强势介入，垂直关系与水平关系的网络在传统村落交融，强化了传统村落的地方属性；传统村落社区社会网处于高度开放状态，使传统村落社区有了普遍信任的基础。由此可见，网络嵌入性的演变已经成为传统村落旅游地社区未来发展不可忽视的影响因素。

8.3 网络嵌入演化视角下传统村落旅游地社区重构机制与社区重构特征

从前旅游时期进入旅游时期，传统村落旅游地网络嵌入性发生演变；在新的网络嵌入机制下，一旦传统村落旅游地产生社区自学习机制，社区认知重构和社区权力分异将会随之在传统村落旅游地出现。而且，不仅认知重构会在社区旅游创新创业群体中出现，这种重构的社区认知还会通过社区社会网引发非旅游参与村民或家庭的认知重构，推动传统村落旅游地社区在物质文化层面重构的基础上逐渐向物质文化、精神文化以及制度文化等多层面重构的方向演化。网络嵌入演变下的传统村落旅游地社区权力分异则会改变原有的社区权力格局，通过社区自适应和自学习进一步加快社区认知重构进程，驱动传统村落旅游地社区重构机制的形成。

8.3.1　产业嵌入演化与传统村落旅游地社区重构

前旅游时期，传统村落产业结构已经开始了演变，但旅游时期的传统村落产业演变跨越性更大，从第一产业中的农业跨越到第三产业中的旅游服务业，产出不再局限于有形产品，还有无形的旅游体验产品。前旅游时期，传统村落依托的资源主要是土地和农业产业网，只通过本地产业网的建立就可以完成农业生产。旅游时期的传统村落依托的资源首先是传统村落本身，包括村落物质文化资源与村民社区的非物质文化资源，除此之外，还要依托旅游产业网。与前旅游时期相比，旅游时期的传统村落产业网嵌入更深、更广泛，因为它需要由外部旅游产业网提供旅游客流。只有在旅游客流影响下，传统村落社区本地产业网才能生成。前旅游时期的传统村落产业网行动者完全本地化，包括农业生产与加工者、农业技术与农业生产资源服务供应商、当地政府机构等。而旅游时期的传统村落产业网行动者包括本地产业网行动者和外部产业网行动者。本地产业网行动者主要有传统村落旅游地社区参与家庭、社区旅游资源所有者、当地政府管理机构、传统村落旅游经营企业。外部产业网行动者包括游客、外部旅游企业、相关社团、上级政府机构(见图8-2)。

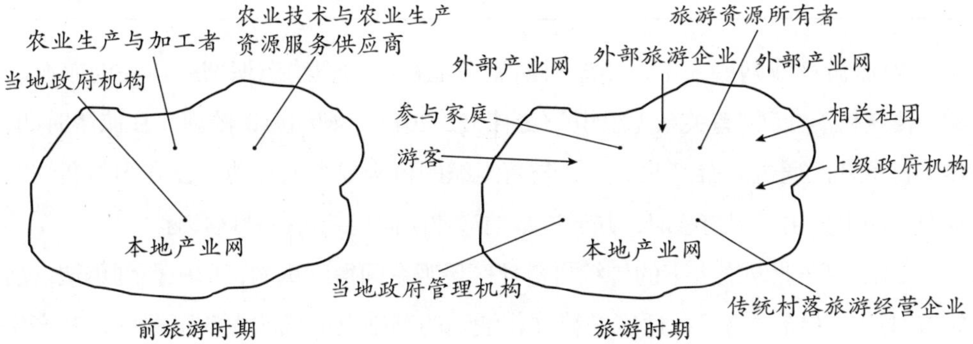

图8-2　不同时期的传统村落产业网

产业嵌入格局的演变扩大了传统村落物质、信息和能量的来源范围，形成负熵输入。其产生的影响包括：

(1) 激活了传统村落的个别要素或传统村落整体，使传统村落文化得以活化。个别要素激活导致的传统村落活化称为要素活化，而整体激活导致的传统村落活化称为整体活化(见表8-1)。要素活化是指传统村落从整体上看尚未发挥部分生活功能，但传统村落某些文化要素如传统习俗和节庆已失去了生存环境，在旅游时期得以再现或强化延续。整体活化则是某些传统村落基本失去了生活气息，或即将面临人去楼空的危险；在旅游时期，由于旅游客流的进入，传统村落的整体功能发生变化，并通过旅游产业要素集聚而使村落整体活化。

表8-1 旅游产业嵌入下的湖南省部分传统村落社区活化案例

传统村落名称	前旅游时期村落表现	旅游时期村落表现	活化类型
湖南江永县上甘棠村	有千年建村史，现有200多幢明清古民居，前旅游时期村民外迁，危房多	房屋得到修缮，村民愿意留守开发村落资源，建有村落博物馆，对外交通改善，出现旅游接待活动	整体活化
湖南辰溪县五保田村	村落始建于清代，距今有300多年历史，建筑保持完整，但大多人去楼空，只留下少量留守老人	开始有中年妇女经营旅游接待，村落有了维持生活的动力，村落旅游审美价值将逐步得到体现	整体活化
湖南江永县兰溪村	是湖南省已发现的修建得最早的瑶族建筑群，有明清民居300多栋，破旧房屋居多，生活气息尚浓，但留不住年轻人	旅游设施完成后，利用“洗泥节”“洗泥宴”引导了全村参与旅游接待，瑶族文化魅力得以展现	要素活化
湖南新化县正龙村	保留了200余栋明清干栏式板屋风格的传统民居，年轻一代多外出打工	长龙宴、民宿客栈兴起，旅游活动丰富多样，社区参与表现积极	要素活化

(2) 旅游产业网嵌入下，传统村落旅游地社区的契约意识增强。在前旅游时期，传统村落社区“有关系无组织”(彭伟文，2015)，契约意识淡漠。在旅游时期，传统村落社区通过旅游产业嵌入，与有组织的机构或个人互动，在守约与履约的双向行动中强化了契约意识，并通过本地产业网向传统村落社区传递。

(3) 旅游产业网嵌入下的传统村落社区景观空间得到重构，形象得到重塑。前旅游时期，传统村落是在适应农耕文化活动的基础上形成的生活聚居地，并产生了地域性明显的传统民居建筑景观和农事活动景观，村落核心区同时兼具本地人生活休闲和部分农业活动功能，不需要考虑村落对外的整体形象。在旅游时期，传统村落嵌入旅游产业网中，产业网嵌入者需要考虑旅游活动的要求，为游客提供一个深度的村落文化体验空间，景观重构的理念通过本地化产业网在传统村落社区传播开来，旅游解说景观、旅游经营场馆设施建筑景观、游客旅游体验活动景观就此形成。旅游产业网嵌入下的传统村落形象也需要重塑并向外传播，以维系本地化旅游产业活动的运行。通过本地产业网与外部产业网的行动者在传统村落本底形象上的设计与包装，传统村落的旅游体验形象得以形成并向外传播。

(4) 旅游产业网嵌入下的传统村落生计方式结构得到重构。前旅游时期，传统村落社区生计方式以农业种植、养殖、农业加工、外出打工、经商投资等为主。旅游时期，传统村落社区部分村民嵌入旅游产业网，改变了前旅游时期的生计方式，民宿客栈经营、旅游商品生产加工与销售、传统村落旅游管理或其他旅游接待服务等成为部分村民的生计来源，从而重构了传统村落生计方式的结构。

8.3.2　政治嵌入演化与传统村落旅游地社区重构

前旅游时期，我国乡村社会经历了由国家权力下沉、政权下乡、政党下乡到国家权力与乡村社会对话等几个阶段，又通过村民委员会这一机构实现民主下乡，走上自组织演化之路(黄辉祥，2007；李鑫诚，2017)。国家权力对乡村的渗透由弱变强，又由强变弱，因此，前旅游时期乡村社区的政治嵌入性由弱到强，又由强到弱，乡村社区秩序最终在自组织基础上实现整合重构。改革开放后，在城市化与工业化的影响下，大量的传统村落已经消亡，现存传统村落的历史文化遗产价值显著提升。旅游时期，国家权力不断向传统村落强势延伸，传统村落的政治嵌入性也随之不断增强。强化的政治嵌入性对旅游时期传统村落社区的影响体现在如下几方面：

(1) 增强了传统村落旅游地社区村民的法制意识。传统村落嵌入政府政治网并非是其主动行为，而是由政府通过国家级或省级项目的评选以及经费预算两个行政手段将传统村落强制嵌入政府政治网中。现有与传统村落相关的项目评定有文物保护单位、中国历史文化名村和中国传统村落等多个名录。现存传统村落大多经历了较长时间的文化积淀，往往达到了国家重点文物保护单位或省级文物保护单位入选的条件。现存传统村落不仅有很高的历史文化价值，也有明显的旅游价值。由旅游价值催生的经济价值往往驱动地方政府积极组织传统村落参与各类项目的申报。表8-2所示为湖南省部分传统村落入选文物保护单位与历史文化村落名录的时间。当一个传统村落入选文物保护单位名单时，村民家庭或社区就必须在《文物保护法》范围内行使对该传统村落的使用权。《文物保护法》第六条规定："属于集体所有和私人所有的纪念建筑物、古建筑和祖传文物以及依法取得的其他文物，其所有权受法律保护。文物的所有者必须遵守国家有关文物保护的法律、法规的规定。"《文物保护法》第八条指出："国务院文物行政部门主管全国文物保护工作。地方各级人民政府负责本行政区域内的文物保护工作。县级以上地方人民政府承担文物保护工作的部门对本行政区域内的文物保护实施监督管理。县级以上人民政府有关行政部门在各自的职责范围内，负责有关的文物保护工作。"通过政治嵌入，村民的传统村落社区文物保护意识将会增强，对传统村落的使用也由此驶入法制轨道。

表8-2　湖南省部分传统村落入选文物保护单位与历史文化村落名录的时间

传统村落名称	列入文物保护单位时间	列入中国历史文化名村时间	列入中国传统村落时间
江永县上甘棠村	2006年国家重点第六批	2007年第三批	2012年第一批
祁阳县李家大院	2013年国家重点第七批	2010年第五批	2012年第一批
会同县高椅村	2006年国家重点第六批	2007年第三批	2012年第一批
辰溪县五保田村	2011年省级第九批	2010年第五批	2012年第一批
江永县兰溪村	2019年国家重点第八批	2014年第六批	2014年第三批
零陵区周家大院	2013年国家重点第七批	2007年第三批	2012年第一批

资料来源：住房和城乡建设部官网 http://www.mohurd.gov.cn。

(2)传统村落旅游地的社区共同体意识得到培育。根据2003年开始的中国历史文化名镇名村评定的基本要求，凡建筑遗产、文物古迹和传统文化比较集中，能较完整地反映某一历史时期的传统风貌和地方特色、民族风情，具有较高的历史、文化、艺术和科学价值，辖区内存有清朝以前年代建造或在中国革命历史中有重大影响的成片历史传统建筑群，总建筑面积在2 500平方米以上，均可参加全国历史文化名村的申报评定。而自2012年开始的中国传统村落评选的参考条件则是传统建筑风貌完整，选址和格局保持传统特色，非物质文化遗产活态传承(见表8-3)。

传统村落一旦入选中国传统村落名录或中国历史文化名村名录，则意味着该村落有集中连片分布的历史建筑、乡土建筑、文物古迹等，或较完整地体现了一定历史时期的传统风貌，村落选址具有传统特色和地方代表性，利用了自然环境条件，与维系生产生活密切相关，反映了特定的历史文化背景。村落格局鲜明体现有代表性的传统文化，鲜明体现有代表性的传统生产和生活方式，村落整体格局保存良好，且拥有较为丰富的非物质文化遗产资源，民族或地域特色鲜明，或拥有省级以上非物质文化遗产代表性项目，传承良好，至今仍以活态延续。与其他乡村社区相比，传统村落社区具有明显的形象优势和文化优势，村民的社区归属感和自豪感强，社区凝聚力较高，因此，政治嵌入下的传统村落社区共同体意识将会得到培育。

表8-3　中国传统村落评价指标体系

体系	类别	指标	指标分解
村落传统建筑评价指标体系	定量评估	久远度	现存最早建筑修建年代
			传统建筑群集中修建年代
		稀缺度	文物保护单位等级
		规模	传统建筑占地面积
		比例	传统建筑用地面积占全村建设用地面积比例
		丰富度	建筑功能种类
	定性评估	完整性	现存传统建筑（群）及其建筑细部乃至周边环境保存情况
		工艺美学价值	现存传统建筑（群）所具有的建筑造型、结构、材料或装饰等的美学价值
		传统营造工艺传承	至今仍大量应用传统技艺营造日常生活建筑
村落选址和格局评价指标体系	定量评估	久远度	村落现有选址形成年代
		丰富度	现存历史环境要素种类
	定性评估	格局完整性	村落传统格局保存程度
		科学文化价值	村落选址、规划、营造反映的科学、文化、历史、考古价值
		协调性	村落与周边优美的自然山水环境或传统的田园风光保有和谐共生的关系

续表

体系	类别	指标	指标分解
村落承载的非物质文化遗产评价指标体系	定量评估	稀缺度	非物质文化遗产级别
		丰富度	非物质文化遗产种类
		连续性	至今连续传承时间
		规模	传承活动规模
		传承人	是否有明确代表性传承人
	定性评估	活态性	传承情况
		依存性	非物质文化遗产相关的仪式、传承人、材料、工艺以及其他实践活动等与村落及其周边环境的依存程度

资料来源：住房和城乡建设部官网 http://www.mohurd.gov.cn。

(3) 传统村落旅游地社区村民的公共意识得以提升。旅游时期的传统村落不仅仅嵌入地方政府政治网络，还直接嵌入中央一级国家机构构成的政府政治网络中。2003年开始的中国历史文化名村评选由乡级政府提出，县级政府报省级建设行政主管部门，省级建设行政主管部门组织专家评选出符合条件的上报住房和城乡建设部，住房和城乡建设部从中评选出符合条件的村，授予全国历史文化名村称号。2012年开始的传统村落评选实际上是起始于住房和城乡建设部、文化部、国家文物局、财政部关于开展传统村落调查的决定。入选中国传统村落与中国历史文化名村后的传统村落将获得包括中央财政在内的各级政府资金支持，传统村落形象将得到广泛传播，虽然村落所有权依然属于传统村落社区，但村民实质上通过传统村落社区使用空间的共享交换获得了其他村落无法获得的中国历史文化名村或中国传统村落等多种荣誉，政治嵌入下的传统村落也将比其他村落更大地提升公共意识。

8.3.3 社区嵌入演化与传统村落旅游地社区重构

传统村落旅游地社区村民既要嵌入产业网和政府政治网之中，又离不开社区内部的社会网。传统村落社区经历了几十年乃至几百年的发展演变，在血缘、地缘、业缘甚至学缘等多重因素影响下，业已形成社区共有的一些生活习俗、文化传统、行为规范、价值理念。传统村落社区村民必然会嵌入社区内部社会网之中，村民的行动也将打上社区本身的烙印。社区社会网络类型丰富，既有受工具理性支配的本地化产业网、工作网，又有受情感支持的社区友谊网、社区讨论网、社区娱乐网、社区亲友网，村民个体嵌入社区内部的多种网络中，通过与不同网络个体互动共同推动社区社会网络演变以及社区重构。旅游时期，由于旅游产业网的出现、政府政治网的强势渗透以及村民个体身份多角色化、关系多元化，传统村落社区社会网络结构和网络关系必然发生显著变化，社区嵌入性演变下的传统村落社区重构也将产生新趋向。

(1) 社会资本更加丰富。旅游时期，传统村落社区嵌入旅游产业网和政治网中，其网络嵌入性明显不同于前旅游时期。通过旅游产业网，社区获得了旅游行业不同网络行动者的支持，网络嵌入范围扩大，社区网络动员的影响力向区域外大范围扩展；通过政治嵌入，社区获得了自上而下的行政权力支持，社区网络嵌入高度提升，其网络动员的社会高度也大幅度提升，因此，从传统村落社区整体来看，社区的社会资本相比前旅游时期更加丰富了。从传统村落社区村民个体来看，部分村民通过个人网络使外部产业网和本地产业网（见图 8-3）、上级政治网与村落社区网实现连接，获得了大量的结构洞社会资本。

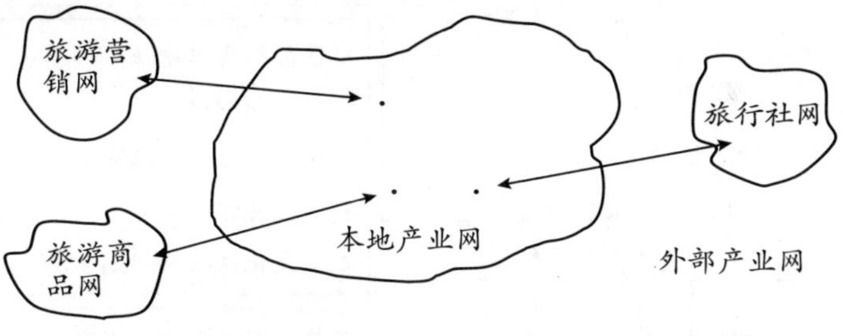

图 8-3　内外部旅游产业网连接中的传统村落社区个体

(2) 村落本底文化认知和规则重构。旅游时期，传统村落社区通过旅游产业网和政府政治网嵌入，丰富与提升了社区社会网流动中知识、信息的结构和质量。旅游时期，传统村落社区旅游参与者引入了旅游产品设计、旅游产品形象策划、旅游服务接待、旅游体验环境营造、旅游营销改进等与旅游活动和旅游经营管理相关的知识信息，形成了新的产业秩序。产业知识与信息不再局限于农业，而是向旅游商业服务业扩展；同时，旅游时期村民对传统村落社区历史文化内涵的不断挖掘，也让一些潜藏于社区深处甚至即将消失的历史文化信息得以重见光明。

通过社区嵌入，普通村民重构了对传统村落本身的历史文化认知，传统村落社区旅游参与者则还可能重构经营理念和产业认知。

(3)权力结构多元化、多极化。权力是主体通过资源控制影响他人意志的能力，是有目的地支配他人的力量，也是把一个人的意志强加在其他人的行动之上的能力(加尔布雷思，1998；曾水英，2013)。个体通过人格、财产和组织可获得对他人的应得权(condign power)、报偿权(compensatory power)和制约权(conditioned power)(加尔布雷思，1998)。然而，在知识经济时代，知识成为高质权力之源，引发了全球权力大转移(托夫勒，2018)。在旅游时期的传统村落社区，丰富的结构洞社会资本优势以及社区旅游参与引发的知识与财富积累优势，改变了传统村落社区原有个体间的权力结构，村民成为传统村落旅游地社区的权力优势拥有者，传统村落社区权力也更加多元化、多极化。多元化、多极化的社区权力结构反过来又带来传统村落社区新的不平衡，驱动传统村落旅游地社区在认知重构基础上的社区重构。

网络嵌入演化视角下传统村落旅游地通过社区自学习产生的社区重构机制可用图8-4表达。

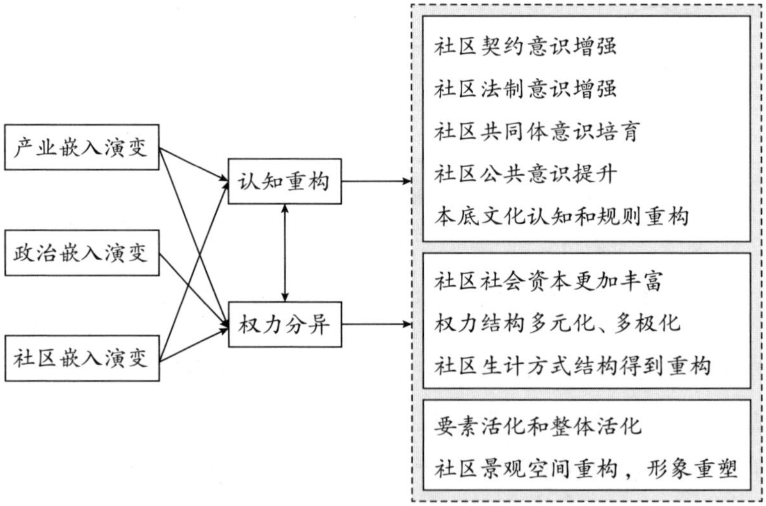

图8-4　网络嵌入演化视角下传统村落旅游地社区重构机制

8.3.4　网络嵌入演化视角下的传统村落旅游地社区重构特征

产业嵌入与政治嵌入使传统村落社区获得大量非冗余的外部知识和信息，社区嵌入使传统村落社区知识信息由社区小群体向大群体大范围扩散，形成新的社区价值理念、行为准则。因此，网络嵌入下的传统村落旅游地社区重构离不开社区外部网络嵌入的影响，也离不开社区内部社会网嵌入的影响。网络嵌入下的传统村落旅游地社区重构有如下特征：

(1) 社区重构的自组织性。在旅游产业网络嵌入和政府政治网嵌入下，传统村落旅游地社区成为一个开放的社会系统，社区外部知识、信息和能量得以不断向传统村落旅游地社区内部输入；而村民个体间的差异以及传统村落社区各子系统间的差异又使得传统村落社区处于非平衡状态，并在产业网、政治网和社区网等多重网络嵌入下使传统村落旅游地子系统间产生非线性作用和涨落。正如前文所述，网络嵌入下的传统村落旅游地社区具备自组织重构的条件，显示出自组织性。

(2) 政治嵌入的强制性。传统村落旅游地的政治嵌入是在政府强势介入下产生的。传统村落是我国传统农耕文明时期的遗产，是我国传统文化的活化石。政府因其强大的社会管理责任将传统村落纳入行政管辖的范围，使传统村落的经营、维修、保护受到政府监督。在政府强势介入下，传统村落受保护监督对象由初期的民居建筑等物质文化要素扩展到民间习俗等非物质文化要素，传统村落活态传承成为社会普遍关注的话题。传统村落社区居民嵌入政府政治网络中，其在传统村落社区的行动必然要受政府规制约束。政治嵌入的强制性为传统村落旅游地的文化遗产传承提供了保障。

(3) 社区参与的基础性。网络嵌入下传统村落旅游地社区重构的重心是传统村落社区本身。社区由一定的人口、地域、组织机构和文化构成，是人们在一特定地域内共同生活的组织体系。传统村落社区是传统村落旅游地社区重构的客体，也是网络嵌入下传统村落旅游地社区重构最重要的主体，更是社区重构后的直接承受者，它在网络嵌入下具有自学习性。离开了社区参与，网络嵌入下传统村落旅游地社区便失去了重构对象和主体。传统村落旅游地社区通过自学习，构建社区社会网，传递产业嵌入和政治嵌入下获得的各类知识、信息，重构社区认知结构、权力结构，进而提升社区社会资本，使契约意识和法制意识增强，社区共同体意识得到培育，公共意识得以提升，并形成新的社区秩序以及新的社区共有价值体系。

(4) 社区重构可观察化或可感知化。网络嵌入下，传统村落物质文化层、精神文化层和制度文化层都可能得以重构，并且日趋可观察化或可感知化。传统村落受到政治嵌入约束，其村落选址与村落街巷总体格局无法改变，也不可能改变，但在建筑外观保留原貌的情形下，有可能在产业嵌入下对村落建筑的内部设施进行适应性改造。同时，由于社区嵌入，传统村落旅游地可能形成新的社区环境，以扩大社区生活空间或生产空间。这种物质文化层面的重构是可观察到的。网络嵌入下的传统村落契约意识、法制意识和共同体意识等精神文化层面和制度文化层面的重构则是可感知到的。

8.4 旅游创新演化视角下传统村落旅游地社区重构机制与路径

8.4.1 旅游创新演化视角下传统村落旅游地社区重构机制

传统村落旅游地社区虽然不可能拥有大量的旅游创新主体，创新能力也可能不强，但网络嵌入下传统村落旅游地社区具有明显的自学习机制，社区旅游参与主体通过社区社会网获得旅游创新知识、信息的渠道多，创新信息和创新知识在传统村落旅游地社区内部传播速度快，模仿性创新或渐进性创新在传统村落社区旅游实践中普遍存在。传统村落旅游地社区旅游创新具有从旅游产品创新到旅游服务创新，再向旅游体验创新演进的趋势，且其社区旅游创新演进轨道一旦形成，将主导传统村落旅游地演化，并左右传统村落旅游地社区变迁与社区重构趋势(见图8-5)。

(1) 社区旅游创新演化将加快推进传统村落旅游地的社区认知重构。传统村落旅游地社区居民认知客体多种多样，包括静态的物化实体，也包括动态的人文活动现象。网络嵌入下的传统村落旅游地社区参与旅游创新将改变传统村落旅游地社区旅游环境，丰富旅游产品类型和内涵，提升传统村落旅游地社区参与的能力和社区参与的可持续性。伴随传统村落社区旅游创新及其创新演化的是，社区旅游创新活动本身及其创新绩效将成为社区居民新的认知客体，从而重构社区居民的传统村落价值认知体系。

(2) 社区旅游创新演化将推动传统村落旅游地的社区权力分异与社区权力结构重构。传统村落旅游地社区居民都可能成为旅游创新者，但个体间的创新能力存在差别。传统村落旅游地社区参与旅游创新往往由少数创新引领者发起。一般来说，创新能力强者，其创新绩效明显，很可能成为传统村落旅游地社区旅游创新引领者，紧随其后的是创新追随者、创新模仿者、无创新者。创新及创新演化将改变传统村落旅游地社区居民的财富结构和知识结构。伴随居民财富结构和知识结构的改变，传统村落旅游地将产生权力分异，并形成新的权力结构。具有强创新能力的村民将成为传统村落旅游地社区新的重要权力主体，从而成为传统村落旅游地社区社会网演化的主导力量。

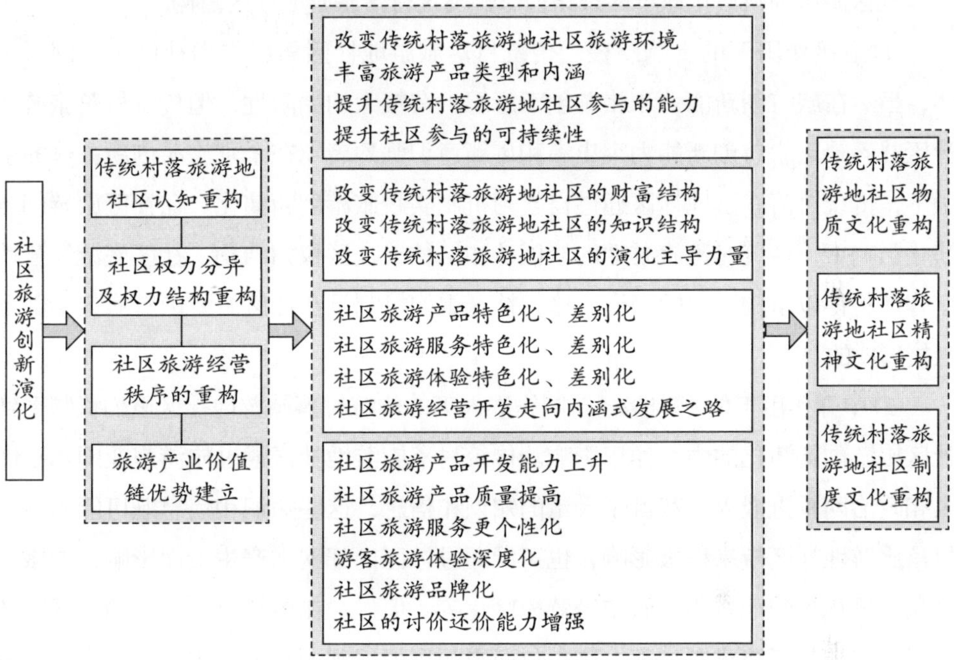

图8-5　旅游创新演化视角下传统村落旅游地社区重构机制

(3) 社区旅游创新演化将促进传统村落社区旅游经营秩序的重构。传统村落旅游地社区参与旅游创新，无论是其产品创新还是服务创新或者体验创新，都以特色化、差别化为基础。旅游创新及旅游创新演化轨道一旦形成，特色化或差别化将主导传统村落旅游地社区参与旅游的方向，从而可以避免对传统村落旅游资源的掠夺性开发与经营，使传统村落旅游经营开发走上内涵式发展之路，并形成传统村落旅游经营新秩序。

(4) 社区旅游创新演化将建立旅游产业价值链优势。旅游创新及旅游创新演化将会推动传统村落旅游地社区旅游产品开发能力上升、产品质量提高、旅游服务更个性化、游客旅游体验深度化，并形成传统村落旅游地社区旅游品牌形象，为增强传统村落旅游地社区在旅游产业价值链中的讨价还价能力奠定坚实基础。正因为此，社区旅游创新演化必然会使传统村落社区旅游在旅游产业价值链中占有一定优势，并为区域旅游业发展带来机遇。

8.4.2 旅游创新演化对传统村落旅游地社区重构的影响路径

社区旅游创新演化通过两条路径影响传统村落旅游地社区重构。

(1)直接作用下的影响路径。传统村落旅游地社区居民作为社区旅游创新主体，虽然在旅游创新能力和旅游创新意愿上有较大的局限性，但传统村落旅游地社区并不缺乏旅游创新能力突出者和创新意识强烈者。在个别旅游创新主体的引领下，传统村落旅游地社区通过自学习机制实践旅游创新演化。在社区旅游创新演化影响下，传统村落旅游地的社区认知结构、社区权力结构、社区旅游经营秩序等都将得以重构。总的来说，这种社区重构机制是在社区旅游创新演化基础上直接形成的。

(2)中介作用下的影响路径。网络嵌入下的传统村落旅游地社区重构机制受到社区旅游创新演化的中介作用影响。传统村落旅游地社区通过旅游产业网水平嵌入和政治网垂直嵌入，获得了大量的知识和信息，这些知识和信息既可能为传统村落旅游地社区带来积极影响，也可能通过社区内部网络产生负面影响，如旅游产品同质化和非地方化、旅游经营无序化等。但是，在传统村落旅游地社区旅游创新与旅游创新演化影响下，这种负面影响可能得到调和或者纠正。在这种情形下，社区旅游创新演化实质上发挥的是纠偏作用。从另一角度来看，社区旅游创新及旅游创新演化的中介作用表现出的是强化作用，一方面，当网络嵌入演化带来的是积极影响时，社区旅游创新演化能够起正强化作用；另一方面，当网络嵌入演化带来的是负面影响时，社区旅游创新演化能够及时改变这种负面影响，起负强化作用。由此可见，社区旅游创新演化的中介作用对传统村落旅游地演化的影响是深远的。

8.5 不同利益主体主导下的传统村落旅游地社区重构比较

传统村落旅游地利益主体多种多样，而主导传统村落旅游地演化发展的主体则是传统村落旅游地社区、传统村落旅游地政府和旅游企业。不同利益主体的利益诉求各不相同，在不同利益主体主导下，传统村落旅游地经营模式差别明显。根据主导利益主体的不同，传统村落旅游经营模式可分为社区主导模式、政府主导模式和企业主导模式。与此同时，网络嵌入下不同主导模式的网络嵌入性、社区旅游创新演化机制及其对社区重构的影响机制均会体现出不同特征。

8.5.1　不同利益主体主导下的传统村落旅游地网络嵌入性

社区、政府与企业作为传统村落旅游地的不同利益主体，因其利益诉求明显不同，其主导的传统村落旅游地网络嵌入的倾向性存在差异。

1. 社区主导下的传统村落旅游地网络嵌入性

社区是传统村落旅游资源的所有者、传统村落旅游发展的利益获得者以及可能产生的负面影响承受者。社区主导的经营模式意味着传统村落旅游经营完全处于社区控制之下，旅游经营收益不存在较大的漏损。但社区主导并不意味着不受网络嵌入性影响。

⑴ 社区主导的传统村落旅游地必然要嵌入旅游产业网络之中，只是这种产业网络嵌入性受到传统村落旅游地社区旅游经营基础和旅游经营能力的影响，旅游产业网络嵌入程度可能不高。

⑵ 社区主导的传统村落旅游地必然要受到政府政治网络的影响而嵌入政府政治网络之中，使社区主导的传统村落旅游经营受到地方政府的监督。

⑶ 社区主导的传统村落旅游经营离不开社区社会网络本身，社区如何参与旅游经营、如何分享旅游经营收益、如何减少旅游经营风险，都需要考虑社区居民大多数人的意愿。因此，社区主导的旅游经营模式嵌入社区社会网络中后，其旅游经营决策会受到社区社会网的显著影响。

社区内部不同个体有不同的利益考虑，传统村落社区旅游参与者通过旅游产业嵌入获得收益，传统村落社区非旅游参与者则由于传统村落旅游地的整体发展而分享到环境改变的收益。社区主导的旅游经营模式在传统村落旅游地开发初期可能存在一定优势，但随着传统村落旅游地的发展演进，这种旅游经营模式存在明显的局限性，如存在由旅游开发资金不足、旅游经营管理能力不足而引起的适应性下降问题。因此，政府主导与企业主导逐渐成为传统村落旅游地发展的主要模式。

2．政府主导下的传统村落旅游地网络嵌入性

政府主导的旅游经营发展模式的优势是其具有强大的政治保障，政治网嵌入性强，地方政府的网络动员能力明显优于社区。地方政府既可以从自上而下的垂直政治网中获取资源，又能够依托其权力优势动员属于水平关系的旅游产业网中的资源，从而使传统村落旅游地获得更多的资金、人才和信息资源。这种优势在传统村落旅游地发展过程中表现为：旅游投资能力增强、旅游基础设施得到完善、传统村落资源管理专业化、旅游经营管理正规化。但地方政府与传统村落旅游地社区之间由于是管理者与被管理者的关系，很容易陷入利益争夺之中，所以传统村落旅游地旅游经营收益存在较大的社区外漏损。因此，在政府主导下的传统村落旅游地社区失去了对传统村落的整体控制的情形下，传统村落旅游地社区社会网在传统村落旅游决策中可能难以发挥作用。

3．企业主导下的传统村落旅游地网络嵌入性

与社区主导和政府主导的模式相比，企业主导的传统村落旅游经营模式的优势体现在企业通过旅游产业网嵌入，能够最大限度地动用旅游产业网的资源，引入旅游客流，并通过企业内部的人力资源优势建立起优于政府主导和社区主导的传统村落旅游管理的人力资源优势，从而使传统村落旅游地在旅游产业价值链中占有更多优势。由于地方政府的强势介入，在传统村落旅游地，以利润最大化为目标的企业主导经营模式要兼顾传统村落的保护，平衡利润和传统村落文化资源的可持续。企业如果没有主动嵌入以地方政府为基础的政治网络中，则企业主导的旅游经营模式将会失去政治权力支持。由于具有旅游产业网嵌入优势，又通过政治网嵌入获得了地方政府的强力支持，在企业主导的传统村落旅游经营模式中，社区可能最大限度地失去在传统村落旅游地发展中的决策权，社区的网络动员能力将受到限制，进而使企业嵌入传统村落旅游地社区社会网的主动性降低。

通过上述3种传统村落旅游经营主导模式的网络嵌入性分析，可以发现如表8-4所示的差别。

8.5.2 不同利益主体主导下的传统村落旅游地社区旅游创新演化

传统村落旅游地社区旅游创新是由社区发起、社区实施和社区获益的旅游创新。传统村落旅游地社区旅游创新演化是社区旅游创新路径生成和路径演进的过程，是传统村落旅游地社区深度参与的必然结果。在不同利益主体主导下，传统村落旅游地社区旅游创新将呈现出不同的演化规律。

表8-4　不同利益主体主导下的传统村落旅游地网络嵌入性及其网络资源优势比较

利益主体	利益诉求重点	网络嵌入性	网络资源优势
社区	生活功能、经济收益	社区社会网嵌入性强，政府政治网嵌入性较强，旅游产业网嵌入性较弱	社区社会网动员能力强，但旅游产业网和政治网动员能力弱
政府	资源保护、经济收益	政府政治网嵌入性强，社区社会网嵌入性较强，旅游产业网嵌入性较弱	政治网动员能力强，并有一定社区社会网和旅游产业网动员能力
企业	经济收益	旅游产业网嵌入性强，政府政治网嵌入性较强，社区社会网嵌入性弱	旅游产业网动员能力强，并能获得政府政治网支持，但社区社会网动员积极性不足

1．社区主导下的传统村落旅游地社区旅游创新演化

社区主导下的传统村落旅游地以社区社会网为基础，通过政府政治网和旅游产业网获取旅游创新知识和信息，具有强烈创新意愿和创新能力突出的传统村落旅游地社区居民成为社区旅游创新引领者，然后通过模仿创新、社区内创新扩散，逐渐推动传统村落旅游地社区旅游创新演化。由于拥有坚实稳固的社区社会网以及开放的旅游创新知识和信息获取渠道，社区主导下的传统村落旅游地社区旅游创新的自组织机制能够迅速建立，社区旅游创新演化也能够不断推进。当然，社区主导下的传统村落旅游地社区自组织创新演化的形成，需要以一定规模的传统村落社区旅游参与者群体以及社区与村落没有出现较大的分离为前提。

2．政府主导下的传统村落旅游地社区旅游创新演化

由于社区缺乏足够的旅游基础建设资金和专业化的人才队伍，政府主导模式往往会取代社区主导的旅游经营模式。由于政府主导下的传统村落旅游地社区失去了对旅游地发展的整体控制，传统村落旅游地社区居民没有了整体决策权，但社区居民以家庭为单位的旅游参与依然可以进行。在政府主导下，传统村落旅游地基础设施和整体旅游形象将得到全面提升，社区旅游参与的条件会更加有利。一方面，社区通过政府政治网获得旅游创新知识和信息的机会增加；另一方面，社区通过嵌入旅游产业网形成的弱连接能够获取非冗余的旅游创新知识和信息。

由此可见，政府主导下的传统村落旅游地社区旅游创新依然能够产生自组织演化机制。

3．企业主导下的传统村落旅游地社区旅游创新演化

与社区主导模式和政府主导模式相比，企业主导模式对传统村落旅游地社区旅游创新具有两方面的明显优势：一方面，企业本身也是旅游创新的重要主体，企业在传统村落旅游产品和旅游营销等方面的创新为社区旅游参与家庭所模仿，社区旅游参与家庭在模仿的基础上又可能形成创新；另一方面，企业通过旅游产业网动员大量的资源，为传统村落旅游地社区带来新的客流、知识流和信息流，既为社区旅游参与家庭的旅游创新演化提供拉力，又提供推力。当社区和传统村落没有分离时，企业主导下的传统村落旅游地社区通过旅游参与能够走向自组织旅游创新演化之路，并且具有优于社区主导模式和政府主导模式的优势。

上述关于社区、政府和企业等不同利益主体主导下的传统村落旅游地社区旅游创新演化比较可见表8-5。

表8-5　不同利益主体主导下的传统村落旅游地社区旅游创新演化比较

利益主体	社区旅游创新演化	特征
社区	自组织	社区主导下的自组织
政府	自组织	他组织主导下的自组织
企业	自组织	他组织主导下的自组织

8.5.3　不同利益主体主导下的传统村落旅游地社区重构

根据不同利益主体主导下的传统村落旅游地网络嵌入性和社区旅游创新演化分析结论，基于定性视角，可以得到如表8-6所示的不同利益主体主导下的传统村落旅游地网络嵌入演变和旅游创新演化强度比较结果。在不同强度的网络嵌入性和社区旅游创新演化影响下，不同利益主体主导下的传统村落旅游地社区重构机制展现出强度上的差异。

1．社区主导下的传统村落旅游地社区重构机制强度

社区主导下的传统村落旅游地产业嵌入演化弱、政治嵌入演化强、社区嵌入演化较强，受此影响，传统村落旅游地要素活化和整体活化偏弱，社区契约意识、

景观空间重构和形象重塑、生计方式结构重构均较弱，但法制意识、共同体意识和公共意识提升明显，社会资本、认知重构和权力结构多元化的强度较强。在弱的社区旅游创新演化强度影响下，传统村落旅游地社区旅游环境、旅游产品类型丰富化、社区旅游参与能力、社区参与可持续性、社区财富结构改变、社区知识结构调整、社区演化主导力量、旅游产品特色化和差别化、旅游开发内涵化发展等各个方面的强度均显示为弱(见表8-7)。总的来看，社区主导下的传统村落旅游地社区重构机制总体强度处于弱的状态。

表8-6　不同利益主体主导下的传统村落旅游地网络嵌入演变与旅游创新演化强度

主导类型	网络嵌入演变与旅游创新演化强度			
	产业嵌入演化强度	政治嵌入演化强度	社区嵌入演化强度	旅游创新演化强度
社区主导	弱	强	较强	弱
政府主导	较强	强	强	较强
企业主导	强	强	强	强

表8-7　社区主导下的传统村落旅游地社区重构机制强度

由网络嵌入演化形成的传统村落旅游地社区重构	强度	由旅游创新演化形成的传统村落旅游地社区重构	强度	社区重构总体强度
		改变社区旅游环境	弱	
		丰富旅游产品类型	弱	
		提升社区参与能力	弱	
要素活化和整体活化	弱	提升社区参与可持续性	弱	
契约意识增强	弱	改变社区财富结构	弱	
景观空间重构，形象重塑	弱	调整社区知识结构	弱	
生计方式结构重构	弱	改变社区演化主导力量	弱	
法制意识增强	强	旅游产品特色化、差别化	弱	弱
共同体意识培育	强	旅游服务特色化、差别化	弱	
公共意识提升	强	旅游体验特色化、差别化	弱	
社会资本更加丰富	较强	旅游开发内涵化发展	弱	
认知重构	较强	旅游产品开发能力上升	弱	
权力结构多元化	较强	旅游产品质量提高	弱	
		旅游服务个性化	弱	
		游客旅游体验深度化	弱	
		社区旅游品牌化	弱	
		讨价还价能力增强	弱	

2．政府主导下的传统村落旅游地社区重构机制强度

政府主导下的传统村落旅游地产业嵌入演化强度较强，政治嵌入演化和社区嵌入演化强度强，受此影响，传统村落旅游地要素活化和整体活化显性化，社区契约意识、景观空间重构和形象重塑、生计方式结构重构均有较强的表现，而法制意识、共同体意识和公共意识提升强度也很高，社会资本、认知重构和权力结构多元化的强度同样强。在较强的社区旅游创新演化强度影响下，传统村落旅游地社区旅游环境、旅游产品类型、社区旅游参与能力、社区参与可持续性、社区财富结构改变、社区知识结构调整、社区演化主导力量、旅游产品特色化和差别化、旅游开发内涵化发展等方面的强度均显示为较强（见表8-8）。与社区主导模式相比，政府主导下的传统村落旅游地社区重构机制处于较强的状态。

表8-8　政府主导下的传统村落旅游地社区重构机制强度

由网络嵌入演化形成的传统村落旅游地社区重构	强度	由旅游创新演化形成的传统村落旅游地社区重构	强度	社区重构总体强度
		改变社区旅游环境	较强	
		丰富旅游产品类型	较强	
		提升社区参与能力	较强	
要素活化和整体活化	较强	提升社区参与可持续性	较强	
契约意识增强	较强	改变社区财富结构	较强	
景观空间重构，形象重塑	较强	调整社区知识结构	较强	
生计方式结构重构	较强	改变社区演化主导力量	较强	
法制意识增强	强	旅游产品特色化、差别化	较强	较强
共同体意识培育	强	旅游服务特色化、差别化	较强	
公共意识提升	强	旅游体验特色化、差别化	较强	
社会资本更加丰富	强	旅游开发内涵化发展	较强	
认知重构	强	旅游产品开发能力上升	较强	
权力结构多元化	强	旅游产品质量提高	较强	
		旅游服务个性化	较强	
		游客旅游体验深度化	较强	
		社区旅游品牌化	较强	
		讨价还价能力增强	较强	

3．企业主导下的传统村落旅游地社区重构机制强度

企业主导下的传统村落旅游地产业嵌入演化、政治嵌入演化和社区嵌入演化强度均为强，受此影响，传统村落旅游地要素活化和整体活化更加显性化，社区契约意识、景观空间重构和形象重塑、生计方式结构重构均有非常强的表现，而法制意识、共同体意识和公共意识提升强度也很大，社会资本、认知重构和权力结构多元化的强度同样强。在强的社区旅游创新演化强度影响下，传统村落旅游地社区旅游环境、旅游产品类型、社区旅游参与能力、社区参与可持续性、社区财富结构改变、社区知识结构调整、社区演化主导力量、旅游产品特色化和差别化、旅游开发内涵化发展等方面的强度均强(见表8-9)。与社区主导模式和政府主导模式相比，企业主导下的传统村落旅游地社区重构机制处于总体强度最强的状态。

表8-9　企业主导下的传统村落旅游地社区重构机制强度

由网络嵌入演化形成的传统村落旅游地社区重构	强度	由旅游创新演化形成的传统村落旅游地社区重构	强度	社区重构总体强度
		改变社区旅游环境	强	
		丰富旅游产品类型	强	
		提升社区参与能力	强	
要素活化和整体活化	强	提升社区参与可持续性	强	
契约意识增强	强	改变社区财富结构	强	
景观空间重构，形象重塑	强	调整社区知识结构	强	
生计方式结构重构	强	改变社区演化主导力量	强	最强
法制意识增强	强	旅游产品特色化、差别化	强	
共同体意识培育	强	旅游服务特色化、差别化	强	
公共意识提升	强	旅游体验特色化、差别化	强	
社会资本更加丰富	强	旅游开发内涵化发展	强	
认知重构	强	旅游产品开发能力上升	强	
权力结构多元化	强	旅游产品质量提高	强	
		旅游服务个性化	强	
		游客旅游体验深度化	强	
		社区旅游品牌化	强	
		讨价还价能力增强	强	

8.6　网络嵌入、旅游创新演化视角下传统村落旅游地社区重构实例分析

本节继续选择张谷英村作为传统村落旅游地社区重构的实例分析对象，并以文献分析法、访谈法、实地观察法和比较对照法作为张谷英村实例分析的方法。1989年，在由国家建设部组织的《蓬勃发展的中国村镇建设》纪录片拍摄活动中，

张谷英村被摄制组意外发现。1991年，该摄制组摄制的四集电视专题片《岳阳楼外楼，洞庭天外天》正式对外发布，张谷英村由此逐渐改变了它几百年发展演化的轨迹(纯瑶，2003；张安蒙，2006)，开始由生活居住地向旅游目的地演进，并由此逐渐嵌入旅游产业网和政治网之中。网络嵌入下的张谷英村旅游业经历了由旅游产品创新到旅游服务创新，再到旅游体验创新的过程，张谷英村旅游地社区旅游经营秩序、社区生计方式、村落空间结构与村落文化景观等物质文化层面、精神文化层面和制度文化层面均发生了变迁与重构，为本章探索网络嵌入、旅游创新演化视角下传统村落旅游地社区重构提供了分析实例。

8.6.1 张谷英村旅游地网络嵌入演化历程

在张谷英村旅游地演化与网络嵌入演化过程中，媒体介入发挥了巨大作用。1991年《岳阳楼外楼，洞庭天外天》四集专题片新闻发布会的召开，使外界知道了张谷英村的存在。在本地以及外地新闻记者进一步采访报道后，张谷英村名声远播。古朴清新的张谷英村传统村落形象引起游客的关注，游客的到访驱动社区旅游参与，张谷英村逐渐由旅游地生命周期的探查阶段进入参与阶段，从而使村落社区整体嵌入旅游产业网中。媒体的关注也使地方政府看到了张谷英村巨大的遗产资源价值。从1992年该村入选岳阳县重点文物保护单位，到2001年张谷英村民俗文化建设指挥部成立且张谷英村成功申报国家级文物保护单位，从2003年入选由建设部和国家文物局组织评选的第一批中国历史文化名村名录，长沙汇谷公司进入，到2015年张谷英村旅游开发有限公司成立并由张谷英管理处托管，该村旅游经历了由社区主导到企业主导，再到政府主导的模式演变，不仅深深嵌入政府政治网络之中，而且旅游产业网络嵌入性越来越强(见表8-10)。在网络嵌入演化背景下，张谷英村社区居民个体在社区网络嵌入的基础上，同时嵌入政府政治网和旅游产业网中，不断推动该传统村落旅游地社区演进。

表8-10 张谷英村旅游网络嵌入演化中的关键事件及其影响

时间节点	关键事件	对网络嵌入的影响
1989年	张安蒙女士受国家建设部委托，拍摄反映改革开放十年成绩的《蓬勃发展的中国村镇建设》	张谷英大屋（当时的名称）被媒体发现，张谷英村网络嵌入开始演化
1991年	《岳阳楼外楼，洞庭天外天》四集专题片新闻发布会召开	社区旅游参与开始产生，张谷英村初步嵌入旅游产业网

续表

时间节点	关键事件	对网络嵌入的影响
1992 年	入选岳阳县重点文物保护单位	政治嵌入性增强
1995 年	列入省旅游开发重点区	旅游产业网与政府政治网嵌入性增强
2001 年	成立张谷英村民俗文化建设指挥部，并成功申报国家级文物保护单位	政府政治网嵌入性增强，社区旅游产业网逐步形成
2003 年	入选由建设部和国家文物局组织评选的第一批中国历史文化名村名录，长沙汇谷公司进入	旅游产业网与政府政治网嵌入性增强
2005 年	长沙汇谷公司退出，湖南金荣集团公司进入	旅游产业网嵌入性增强
2006 年	原建设指挥部更名为岳阳县张谷英管理处，直接负责张谷英村的文物保护、旅游开发、招商引资等工作	政府政治网嵌入性增强
2008 年	湖南金荣集团公司退出，北京中坤公司进入	旅游产业网嵌入性增强
2012 年	入选第一批中国传统村落名录	政府政治网嵌入性增强
2015 年	北京中坤公司退出，张谷英村旅游开发有限公司成立并由张谷英管理处托管	旅游产业网与政府政治网嵌入性增强

资料来源：张谷英管理处，2018年。

8.6.2　张谷英村旅游地社区重构概况

张谷英村经历了近40年的旅游开发，其社区重构是全方位的，也是可感知或可观察到的。据张谷英管理处统计，至2018年年底，张谷英村以餐饮、住宿、土特产加工销售、民俗表演、导游讲解等方式参与社区旅游的从业人员近800人，开发旅游产品156种，农家乐经营户达140家，村民70%的收入、村委会80%以上的收入来源于旅游业。由此可见张谷英村生计方式与产业结构重构的显著性(张谷英管理处，2018)。综合来看，网络嵌入与旅游创新演化视角下张谷英村旅游地社区在如下几方面的重构最为明显：

1．张谷英村旅游地社区的景观重构与空间重构

景观重构是当代中国农村普遍存在的现象，但张谷英村的景观重构不同于一般农村地区出现的景观现代化趋向，而是受旅游产业嵌入性和政治网嵌入性的影响，在不改变张谷英村传统村落基本格局、街巷完整性和建筑外貌的前提下，对部分景观进行的适应性调整。张谷英村的景观重构包括物质文化景观和人文活动景观两个方面。从物质文化景观重构角度来看，张谷英村公共空间物质文化景观重构非常明显，如入口处建筑景观及新建停车场的从无到有，龙形山上的游步道和当大门前的活动广场和游廊，均是在游客进入后逐渐成形的。从张谷英村家庭庭院建筑景观来看，既有在原来建筑格局上的完善而形成的景观重构，又有因适应旅游业发展而形成的景观重构(见表8-11、图8-6、图8-7)。

表8-11　张谷英村旅游地社区景观重构、空间重构类型与举例

	基本类型	举例
景观重构	公共空间物质文化景观重构	景区入口处建筑景观、新建停车场、龙形山上的游步道
	家庭庭院建筑景观重构	建筑结构完善形成的景观重构、内部装饰、不破坏结构的外部装饰
	人文活动景观重构	购物活动类景观、观光休憩活动类景观
空间重构	家庭生活空间公共化	见图8-8
	生产空间游憩化	见图8-9
	村民休憩空间旅游活动化	见图8-10

2007年的停车场

2015年即将建成的停车场

图8-6　旅游交通场地重构

从人文活动景观重构角度来看，张谷英村的农业生产活动、居民休憩活动虽然继续保留，但与旅游活动相关的活动类型增加，游客游憩活动景观逐渐成为张谷英村的重要景观，如购物活动类景观、观光休憩活动类景观。由于游客游憩活动的出现，张谷英村村民的生产生活空间也逐渐被打上旅游活动空间的烙印，出现了家庭生活空间公共化、生产空间游憩化、村民休憩空间旅游活动化等空间重构类型。

2007年三桥处建筑景观　　2015年三桥处建筑景观

图8-7　家庭庭院及其建筑景观重构

图8-8　家庭生活空间公共化

生产空间　　游憩空间

图8-9　生产空间游憩化

村民休憩空间

游客购物活动空间

图8-10　村民休憩空间旅游活动化

2．张谷英村旅游地社区旅游经营秩序重构

网络嵌入下的张谷英村从农业社区向旅游地社区演化后，社区生产活动与生活活动均伴随旅游产业演进发生显著变化。以旅游活动的顺利开展为中心，旅游经营从混乱到有序，并不断重构旅游经营秩序。表8-12中列出了部分与旅游经营相关的张谷英村旅游地社区管理方案。

表8-12　与旅游经营相关的张谷英村旅游地社区管理方案（部分）

方案制定时间	方案类型
2003 年	张谷英村年度旅游收入分红（返款）方案
2003 年	张谷英村村规民约
2015 年	张谷英村旅游投诉管理制度
2016 年	张谷英村土特产经营管理制度
2017 年	张谷英村分红统一人口方案告全体村民书
2018 年	张谷英村接餐管理制度

资料来源：张谷英村村委会，2019年。

早期，张谷英村旅游地社区主要通过制定村规民约来统一社区旅游参与者的旅游经营活动，构建旅游经营新秩序。早期村规民约的形成是在张谷英村社区社会网嵌入的基础上，受政府政治网嵌入影响的，因此，早期的旅游经营观相对宏观、粗略或操作性不够强。如2003年的村规民约要求，张谷英村广大村民应遵守先祖教训，认真贯彻孝友家风道德；不许帮助游客偷漏门票；不许长路跟随游客；不许强制就餐、欺骗游客，违者罚款；不许在景区线路上堆放杂物、随意晾晒衣服；村民中小生意经商者摆摊、零售严禁阻塞游客通道等。

外来企业进入促进了张谷英村旅游地社区的旅游产业网嵌入，而旅游产业网嵌入又推动了张谷英村旅游地社区旅游经营的制度化。近年来，除了完善村规民约外，张谷英村旅游经营管理通过制度化日益完善，旅游经营秩序也进一步得到重构。如2018年该村制定了接餐管理制度，要求餐馆明码标价、货真价实，规定了游客报餐的多种具体情形、各接餐户的经营范围和方式以及违规的处理措施。通过这种制度化的方式，张谷英村旅游服务越来越细节化，其旅游经营也越来越有序化。

制度化带来经营活动的规范化，网络嵌入下的张谷英村旅游地社区内部村民个体间自助合作形成了规范化的团体组织。如2018年3户村民家庭联合注册成立孝友文化公司，通过规范化的经营活动面向村外各种组织和机构开发了多种旅游活动项目，既解决了个体经营户无法实现的规模化经营局限的问题，也适应了所接待的旅游者个人或单位的规范化要求。

3．张谷英村旅游地社区要素活化

网络嵌入推动了张谷英村旅游地社区要素活化。外部媒介进入是网络嵌入推动社区要素活化的契机，正是自1989年被媒介曝光后，张谷英村社区某些要素的活化便开始了。

第一类活化的要素类型是张谷英村宗族活动与宗族组织。在张谷英村始迁祖张谷英公元末明初在岳阳县开基后，清乾隆三十三年(1768)初修族谱，再往后每隔两代左右也就是40~50年重修一次族谱。但第五次修谱后，受“文化大革命”的影响，宗族活动受到抑制，家族族谱一时成为封建落后的产物，族谱修订中断。媒介的介入，激活了潜藏于张谷英村社区的家族情怀，张谷英村终于在相隔58年后的1990年完成六修张氏族谱。表8-13中列出了张谷英村张氏族谱修谱时间。宗族活动从此在张谷英村重新获得了新生，如早已被激活的张氏祖坟修缮活动和清明祭祖活动，均得到了张谷英村村民的大力支持。伴随宗族活动的开展，承担宗族活动组织任务的张氏宗族组织也出现了，如2015年产生的张氏理事会，主要负责张谷英村环境卫生、村庄整治与红白喜事的组织工作，2017年成立的张氏家族联谊理事会则主要负责张谷英村节庆时期的玩龙舞狮等活动的组织工作。

表8-13　张谷英村张氏族谱修谱时间

族谱序列	张氏族谱（初修）	张氏族谱（二修）	张氏族谱（三修）	张氏族谱（四修）	张氏族谱（五修）	张氏族谱（六修）
修谱时间	清乾隆三十三年（1768）	清嘉庆二十四年（1819）	清咸丰九年（1859）	清光绪二十五年（1899）	民国二十一年（1932）	1990年

资料来源：张谷英村《张氏族谱》，1990年。

第二类活化的要素类型是张谷英村的传统农俗与传统民俗。传统农俗是与传统农耕活动相适应的生产活动。改革开放提高了农业发展水平，使传统农俗活动在农村逐渐被现代农业活动取代。旅游活动出现后，伴随张谷英村社区旅游产业网的形成以及旅游产业网嵌入性的增强，与传统村落文化相适应的传统农俗活动逐渐被激活，如张谷英村渭溪河边再现的筒车与水车，聚龙湾再现的磨坊与油坊，王家塅内的织布机等，均代表传统农俗活动被激活了。虽然被激活的传统农俗活动部分失去了原真性，已经商业化、舞台化，但由此形成的传统农俗活动景观却增强了传统村落的原真性，为游客带来了更多的真实性体验。传统民俗活动也曾在一段时间内随着现代农村经济的发展而失去活力，但张谷英村的传统民俗活动在传统农俗活动被激活的同时，也被激活了，如各种时节的娱乐活动、由村民开发的面向研学游市场的编草鞋活动、唱孝歌活动、成人礼活动，特别是在2008年还出现了私塾教育活动(见图8-11)。传统农俗与传统民俗的激活与活化，也为张谷英村传统文化传承提供了新的路径。

筒车再现　　私塾再现

图8-11　社区生产景观要素与生活要素活化

第三类活化的要素类型是传统村落生活居住功能。传统村落大多经历了几十年、上百年的历史，由于年久失修，生活居住功能无法与现代住宅相比。大多数农村住宅经历多次重建，传统建筑格局改变了，生活居住功能也基本消失了。与一般村落相比，张谷英村的建筑格局相对完善，但由于人口规模较大，村落居住功能退化带来了老建筑更新改造的压力。早在20世纪80年代与20世纪90年代，张谷英村核心区便出现了多处与传统建筑格格不入的现代建筑。同时，外迁张谷英集镇重建住宅的村民家庭数量也不断增加，空心化问题在一段时间内无法解决。但网络嵌入下的张谷英村社区旅游创新演化，重构了社区村民对张谷英村村落遗产资源的认知，张谷英村生活居住条件得到改善，生活居住功能步入活化之道。近年来，不少多年在外地打工或投资的张谷英村村民回流了，并以老屋为基础进行旅游经营接待。张谷英村也逐渐由旅游观光型的传统村落旅游目的地向度假型目的地演化。

毫无疑问，生活居住功能的激活与活化使张谷英村社区凝聚力提升、社区社会网嵌入性增强，也为张谷英村更多的传统村落要素活化提供了空间场所与文化环境，并形成良性循环格局。

8.6.3　张谷英村旅游地社区重构趋势

受三重网络嵌入的影响，网络嵌入下的张谷英村社区旅游创新及其旅游创新演化将成为张谷英村旅游地社区重构的主导力量；在现有社区重构的基础上，张谷英村旅游地社区将会通过重构不断完善和成熟。目前，张谷英村社区旅游创新处于体验创新演化阶段。未来张谷英村社区旅游创新演化将受两方面网络主体因素的直接影响。一方面的主体因素是代表岳阳县政府的张谷英管理处，因为地方政府在旅游基础设施方面的投资与改进可以为社区参与旅游创新提供基础条件，而地方政府在社区旅游创新方面的激励政策则可以为社区旅游创新提供动力。另一方面的主体因素是旅游承包经营企业。目前，张谷英管理处既是社区旅游管理者，又是直接的旅游经营者，主要负责张谷英村的文物维护与管理、对外旅游招商、对外形象宣传与旅游营销、门票管理、游客向导讲解服务、旅游规划实施与管理等方面的工作。2018年，中雅文化公司进入张谷英村，成立了岳阳中雅文化产业有限公司，依托张谷英管理处的商业街场馆，面向学生群体提供美术写生、研学游、旅游住宿与餐饮等方面的服务。作为专业化的文化公司，中雅文化公司的产品创新与服务创新必然会对张谷英村社区旅游参与产生一定影响。在自组织学习机制下，张谷英村社区旅游创新能力将会得到提升。

张谷英村社区旅游创新及其旅游创新演化对该村社区重构的影响趋势可能体现在如下几方面：

⑴开发出地方性更强、体验性更强的旅游体验产品，并形成多样化的旅游活动景观。

⑵生活居住功能更加完善，有可能开发出既适合游客审美要求又符合遗产资源保护的度假型住宅，丰富社区景观类型，扩大张谷英村的旅游空间范围。

⑶生活方式型的社区旅游小企业在现有基础上将会增多，旅游投资或旅游从业将成为张谷英村旅游地社区最重要的生计方式。

⑷旅游服务更注重细节化、人性化。

⑸社区外来成分增多，但张谷英村旅游地社区将会更加法制化、制度化和规范化。

⑹社区旅游参与者的旅游创新将推动张谷英村旅游地社区在旅游行业分工上更加深入细化，在旅游产业链上不断拓展延伸。

本章小结

本章基于网络嵌入下的传统村落旅游地社区自学习机制，以旅游业产生作为分界点，以旅游地社区认知重构与社区权力分异为突破点，切入传统村落旅游地社区重构机制研究；将传统村落发展演进过程划分为前旅游时期和旅游时期，探索了网络嵌入演变与旅游创新演化视角下传统村落旅游地社区重构机制，比较分析了不同利益主体主导下的传统村落旅游地社区重构，又以张谷英村为例展开了实例研究。

⑴旅游时期的传统村落社区的网络关系相比前旅游时期发生了明显改变。传统村落的个别要素或传统村落整体在旅游产业网嵌入下可能被活化，促进社区契约意识增强、景观空间重构、形象重塑与生计方式结构调整。传统村落旅游地社区的法制意识、共同体意识与公共意识在政府政治网介入下得到培育。高度开放

的传统村落社区社会网则成为传统村落旅游地社区重构的直接社会网力量来源，社区将获得更加丰富的社会资本，重构村落本底文化认知和规则秩序，社区权力结构也将多元化、多极化。

⑵传统村落旅游地社区旅游创新演进轨道一旦形成，将主导传统村落旅游地演化，并左右传统村落旅游地社区变迁与社区重构方向。社区旅游创新演化在推进传统村落旅游地社区认知重构、推动传统村落旅游地社区权力结构重构及权力分异、促进传统村落社区旅游经营秩序重构以及建立旅游产业价值链优势方面能够发挥作用。社区旅游创新演化能够对传统村落旅游地社区重构产生直接影响，又具有中介作用，在网络嵌入演化与社区重构机制之间发挥强化和纠偏作用。

⑶不同利益主体主导下的传统村落旅游地网络嵌入性、社区旅游创新演化机制及其对社区重构的影响机制体现出不同特征。社区主导的旅游经营模式在传统村落旅游地开发初期可能存在一定优势，但从长期来看，政府主导模式与企业主导模式在传统村落旅游地发展中更具优势。

⑷网络嵌入下的张谷英村旅游地社区在物质文化层面、精神文化层面和制度文化层面均发生了变迁与重构：在景观重构与空间重构方面，表现为公共空间物质文化景观重构、家庭庭院及其建筑景观重构、家庭生活空间公共化、生产空间游憩化、村民休憩空间旅游活动化；在旅游经营秩序重构方面，通过村规民约、制度化、规范化重构社区旅游经营秩序；反映在社区要素活化方面，表现为宗族活动与宗族组织活化、传统农俗与传统民俗活化、传统村落生活居住功能活化。张谷英村社区的未来重构趋势主要受社区旅游创新及其旅游创新演化影响。

第9章　研究结论与展望

本书以传统村落旅游地为研究对象，在新经济社会学视野下，以网络嵌入理论为基石，融合社会资本理论、社会交换理论、服务创新理论，运用观察法、比较对照法、案例分析法、问卷调查法、网络分析法等多种定性与定量研究方法，对网络嵌入下的传统村落旅游地社区旅游自组织演化、社区参与旅游视角下的知识获取机制、社区旅游创新及社区旅游创新演化、社区咨询网络结构及社区权力分异、社区重构进行了论证。在第1章的绪论分析与第2章的理论整合之后，本书第3章至第6章基于自我中心社会网络分析视角展开了理论探索与实证分析；第7章基于整体网络分析视角进行了案例研究；第8章基于社区自学习特性，以网络嵌入下的传统村落旅游地社区认知重构与社区权力分异为切入点，探讨了网络嵌入与社区旅游创新演化视角下的传统村落旅游地社区重构机制。总的来说，本书对网络嵌入、社区重构与传统村落旅游地旅游创新演化的内在机制已经有了较清晰的理解和把握，对传统村落旅游地社区文化活态传承与保持问题也已经有了较清晰的认识，本书的研究目标已经实现。本章首先总结本书的主要研究结论，然后分析本书研究带来的启示、存在的不足以及未来的研究方向。

9.1　主要结论

(1) 旅游背景下的传统村落活态传承问题的理论嵌入视角。传统村落的保护已从民间行动演变为政府力量主导，由物质文化保护发展到包括非物质文化在内的活态保护，由点到面，上升为国家战略高度。旅游开发能够充分利用传统村落资源，是传统村落活态传承与保持的重要手段和途径。但传统村落旅游功能和传统村落活态保持的矛盾冲突，使传统村落面临旅游影响下的变迁和重构问题。社区是传统村落旅游地社区重构的承载主体与执行主体，探究旅游影响下的社区及社区旅游参与的行为规律是解决传统村落活态传承问题的关键所在。在旅游影响下，无论是传统村落社区整体还是社区居民个体都嵌入社会网络结构之中，社区或社区居民个体的行动都要受到网络行动者的影响。新经济社会学揭示了经济行动是社会行动形式。经济制度是社会建构的基本规律，关注行动者通过人际互动产生的信任形成社会网络结构，并通过社会网动员获取社会资本的过程。在新经济社会学视野下引入社会交换理论和服务创新理论，构建传统村落旅游地社区重构分析的理论基础，能够对传统村落活态传承与保持问题做出合理的理论响应。

(2) 网络嵌入下的传统村落旅游地社区的自组织性。旅游背景下的传统村落社区个体既嵌入具有垂直关系的权力网，又嵌入具有水平关系的旅游产业网和社区社会网。在多重网络嵌入下，传统村落社区成为多种信息流、人流和物流交汇的场所，社区信任由特殊信任逐渐走向制度信任、基于契约的信任乃至普遍信任，总体信任水平不断提高，为网络嵌入下的传统村落旅游地社区自组织演化机制的产生奠定了信任基础。由于传统村落旅游地各子系统间竞争和协同机制并存，传统村落旅游地系统能够自创生、自生长、自学习和自适应；网络嵌入下的传统村落旅游地社区自适应和自学习是传统村落旅游地旅游系统自创生和自生长的资源基础，特别是社区自学习机制的形成或保持将给传统村落旅游地社区旅游带来深远影响。但不同传统村落旅游系统自创生的触发既具有偶然性，又有一定的必然性。社区权力—信任关系、社区网络信息流分异可能带来不同传统村落旅游地社区自适应演化的分异。传统村落社区与村落的空间分离可能导致旅游自组织停滞，但网络嵌入下的传统村落旅游自组织也离不开他组织的支持。

(3) 网络嵌入下的传统村落旅游地社区知识获取、旅游创新及旅游创新演化机制。当传统村落社区的现实生活空间与原生物理空间不是相互分离，而是处于相对统一的状态时，社区旅游参与成为传统村落的必然选择，传统村落旅游地也因此成为家庭与小微型旅游企业的高度集聚地，其社会网格局随之发生显著改变。网络嵌入下的传统村落旅游地社区通过自适应和自学习，在社区旅游参与下不断获取新的知识和信息，推动社区旅游创新及旅游创新演化。

①网络嵌入下的传统村落旅游地社区知识获取机制。基于结构嵌入与关系嵌

入二维度视角，本书发现结构嵌入对传统村落社区旅游参与者的知识获取有显著影响，但取决于传统村落社区旅游参与者网络的整体特性；关系嵌入对传统村落社区旅游参与者的知识获取影响显著，并起到中介作用。传统村落旅游地社区的结构嵌入性可由网络中心度、网络范围和网络开放度这3个维度表达。网络范围与网络开放度这两个维度与传统村落社区旅游参与者的网络整体特性有关，对传统村落社区旅游参与者的知识获取有显著影响，而与传统村落社区旅游参与者所处网络位置有关的网络中心度则影响不显著。因此，随着传统村落网络行动者类型日趋多样化，异质性行动者的增加更利于传统村落社区旅游参与者的知识信息获取。在传统村落社区旅游参与下，关系嵌入可区分为行业嵌入、政治嵌入和社区嵌入。政治嵌入反映了传统村落社区旅游参与者与相关政府管理机构的关系。当地方政府建立了良好的传统村落社区信任基础后，地方政府对传统村落的保护与旅游经营规制不会成为传统村落社区旅游参与者获取知识的障碍。传统村落社区旅游参与者只有主动嵌入政治网络中，并建立对相关法规制度的认同与信任，才能真正保持传统村落的特色和旅游魅力。行业嵌入反映的是传统村落社区旅游参与者与旅游产业链各要素主体间的关系。通过与旅游产业网络行动者互动建立起信任关系，传统村落社区旅游参与者能够低成本获取知识信息，从而保持对旅游市场的敏感。社区嵌入反映的则是社区内部成员间的关系。社区成员间的信任关系也是传统村落社区旅游参与者最原初的关系，能对传统村落社区旅游参与者的知识获取产生积极影响。

相对来说，在传统村落社区旅游参与下，建立在互惠预期与信任基础上的关系嵌入比结构嵌入更重要。因为结构嵌入对传统村落社区旅游参与者的知识获取产生的影响，部分需要通过关系嵌入及其维度的中介作用实现。需要注意的是，由于社区参与度不同，处于不同旅游地生命周期发展阶段的传统村落社区旅游参与者的网络嵌入性对知识获取的影响机制不同。

②关系嵌入对资源约束下的传统村落社区旅游创新意愿的影响机制。关系嵌入对资源约束下的传统村落社区旅游创新意愿影响明显。在传统村落背景下，关系嵌入实际区分为行业嵌入、政治嵌入和社区嵌入，充分反映了传统村落社区旅游参与下网络关系的演化趋势。社区嵌入是资源约束下传统村落旅游创新意愿产生与提高的最重要的推动因素。一方面，社区嵌入直接影响创新意愿的形成；另一方面，社区嵌入通过知识获取间接影响传统村落社区旅游创新意愿的形成。这

种双重作用机制体现了传统村落小微型旅游企业集聚的深刻影响。传统村落社区旅游参与基础上的旅游产业集聚区内部关系网是传统村落社区旅游参与者的首要旅游创新资源。通过社区关系嵌入，传统村落社区旅游参与者能够低成本获得旅游创新信息，在竞争和合作情形下，旅游创新意愿必然会显著提升。

政治嵌入对资源约束下的传统村落社区旅游创新意愿有显著的间接作用。地方政府对传统村落的保护与旅游经营规制很有必要性，不会对传统村落社区旅游创新意愿的形成产生障碍。传统村落社区旅游参与者通过政治嵌入能够获取知识，其创新意愿显著提升。但政治嵌入机制产生的前提是政府的相关规定与制度获得社区认同与信任。在传统村落社区，行业嵌入对传统村落社区旅游参与者的知识获取和创新意愿的影响虽然不显著，但行业嵌入能够降低社区旅游参与家庭获取日常旅游经营信息的成本，所以行业嵌入的意义不可否认。从长期来看，伴随社区旅游参与度提高与外来成员增加，传统村落社区旅游创新意愿形成机制的实现还需要克服由此造成的干扰。

③网络嵌入下的认知重构与传统村落社区旅游创新演化及其形成机制。与制造业和其他服务业相比，传统村落社区旅游创新的渐进性非常明显，其创新演化轨迹表现为早期以旅游服务创新演化为主导，后期以旅游体验创新演化为主导；旅游创新类型则由单一的服务(产品)创新向旅游创新类型多样化演化，过程创新、营销创新、组织创新和体验创新也可能在传统村落社区旅游参与中得到体现。传统村落旅游地社区旅游创新演化有深刻的认知基础，并可由家庭责任认知维、村落价值认知维、创新能力认知维和创新意愿认知维来表达。在客体变化与主体认知能力提升交互影响下，网络嵌入下的传统村落社区旅游参与者的认知基础不断调整、重构。认知重构带来家庭责任感的上升，唤醒了村落价值认知，使社区旅游参与创业创新主体日趋多元化，从而丰富了传统村落社区旅游创新演化的动力来源，进而产生了多样化的旅游创新类型。认知重构还让传统村落社区旅游参与者创新能力和创新意愿得到显著提升，通过创新能力分异突破路径依赖，推动旅游创新演化。

(4)整体网络视角下的传统村落旅游地咨询网络结构与社区权力分异机制。传统村落旅游地社区内部存在大量的咨询关系，但整体网络视角下的咨询网络集中化趋势既是当前传统村落旅游地社区咨询网络的显著特点，也是传统村落咨询网络演化发展中不可回避的趋势。传统村落旅游地社区存在大量的1-派系子群或小圈子。根据成员在派系中出现的频率可将社区咨询网络凝聚子群或小圈子分为基础派系与衍生派系。基础派系是传统村落旅游地社区咨询网络结构与网络关系演化不可忽视的力量基础。整体网络视角下的传统村落旅游地社区权力来源于网络成员所处子群位置并由子群所赋予，表现为金字塔形权力分异结构。处于权力分异金字塔形结构顶端的极少数成员家庭，是来源于基础派系中的重要成员家庭。整体网络视角下的传统村落旅游地社区权力分异受网络成员个体的基本属性与背景属性影响，其中，参与旅游生意与否、户主年龄、助人经历、能力展现与业余爱好是重要的影响因素。在传统村落旅游地社区，少数成员家庭因拥有丰富的助人经历、大量的能力展现机会与高品质的业余爱好，往往成为社区权力分异金字塔形结构顶端的家庭，并通过子群渗透对社区咨询网络演化产生影响。本书的研究也显示，旅游实践活动事实上已经成为传统村落旅游地社区成员能力展现的重要平台，也是社区社会网权力分异体现的重要平台。

(5) 网络嵌入与旅游创新演化视角下的传统村落旅游地社区重构。在网络嵌入与旅游创新演化影响下，形成自学习机制的传统村落旅游地社区产生认知重构与社区权力分异，引发社区物质文化层面、精神文化层面和制度文化层面的变迁与重构。传统村落旅游地的社区重构具体表现为：传统村落的个别要素或传统村落整体可能被活化，社区契约意识增强，景观空间重构，形象重塑，生计方式结构重构，法制意识、共同体意识与公共意识得到培育，村落本底文化认知和规则得以重构，社区共有价值体系逐渐生成，社会资本更加丰富。传统村落旅游地社区旅游创新演进轨道一旦形成，将主导传统村落旅游地演化方向，并左右传统村落旅游地社区变迁与社区重构趋势。在社区旅游创新演化影响下，传统村落旅游地社区通过社区认知重构和社区权力结构重构及权力分异，形成社区旅游经营新秩序，建立起旅游产业价值链优势，并通过两种方式影响传统村落旅游地社区重构进程。在少数甚至个别社区旅游创新主体的引领下，传统村落旅游地社区旅游创新演化通过社区自学习机制引发的传统村落旅游地社区认知结构、社区权力结构、社区旅游经营秩序的重构，是社区旅游创新演化直接作用的结果。社区旅游创新演化还通过中介机制发挥强化作用：一方面，当网络嵌入演化带来积极影响时，社区旅游创新演化发挥正强化作用；另一方面，当网络嵌入演化带来负面影响时，社区旅游创新演化能够及时改变这种负面影响，产生负强化作用，体现社区旅游创新演化的纠错功能。社区主导的旅游经营模式在传统村落旅游地开发初期可能存在一定优势，但从长期来看，政府主导与企业主导模式由于在网络嵌入性方面的优势，更有利于传统村落旅游地社区旅游创新意愿与创新机制的形成，从而更有利于传统村落旅游地社区在社区旅游创新演化机制下走向社区重构。

9.2 管理启示

本书以分别处于旅游地生命周期初始阶段、成长阶段和成熟阶段的江西天宝古村和贾家古村、湖南张谷英村、安徽宏村为研究案例地，展开多角度分析，研究结论对传统村落旅游及传统村落旅游地的活态传承管理有如下启示：

(1) 在政府主导或企业主导的传统村落旅游发展模式下，政府或企业主体应主动嵌入传统村落旅游地社区网络。传统村落处于社会权力系统末端，其旅游自组织面临诸多问题，其克服困难实现自生长的能力明显不足，其旅游系统很难完全在自组织下达到完善状态，政府或企业等外部他组织介入成为必然。但要保持旅游影响下的传统村落活态传承，政府或企业就必须嵌入传统村落社区社会网，在社区中寻找旅游发展线索，利用传统村落社区网络动员并激活传统村落要素，保持传统村落物态空间与生活空间的相对统一，使网络嵌入下的传统村落旅游地自组织机制得到完善。

(2) 地方政府有责任去推动传统村落旅游地社区网络嵌入机制特别是关系嵌入机制的建立。由于社区参与，传统村落旅游地很容易产生旅游小企业集聚现象，市场机制往往会成为传统村落旅游地演化发展不可阻挡的力量。但市场机制的运行极易使社区旅游参与产生盲目性和短视性，使传统村落旅游地社区个体忽视网络嵌入特别是关系嵌入带来的网络资源价值。对于规避市场的盲目性和短视性，推动传统村落关系嵌入机制建立的问题，政府的强势介入非常重要。本书已经表明，政府规制有利于传统村落社区旅游参与者的知识获取与旅游创新意愿的形成，不会成为传统村落社区旅游参与者旅游创新的障碍。在政府规制下，传统村落能够建立普遍信任机制，通过旅游产业网络嵌入、政府政治网络嵌入、社区社会网络嵌入，动员并获取各种资源，丰富社区社会资本，也有利于传统村落旅游地文化的活态传承和文化创新。

(3) 网络嵌入下的传统村落旅游地管理者要有风险意识。一方面，在传统村落旅游地从生活聚居地演化为旅游目的地后，随着社区外来成分增多，传统村落社区旅游参与者可能背离传统村落资源约束，有可能破坏传统村落网络嵌入机制。另一方面，网络嵌入下的传统村落旅游地社区认知重构，推动社区旅游创新演化、社区权力分异，而权力优势家庭必然发生更替，社区内部权力新的不平衡可能阻碍社区发展。因此，管理者特别是地方政府应该有一定的风险意识，帮助社区建立外来成分的进入门槛，根据传统村落旅游地生命周期建立相应的制度，使传统村落旅游地在网络嵌入与社区旅游创新演化推动下走向社区重构，实现传统村落活态保持与传承的目标。

(4) 围绕社区旅游创新建立激励机制很有必要。本书的研究表明，传统村落旅游地社区存在大量的创新行动；创新知识和信息通过网络嵌入在传统村落社区快速流动，推动社区旅游创新演化。但是，传统村落社区旅游参与者文化程度普遍不高，旅游创新以渐进性创新为主，由旅游创新带来的绩效难以在社区旅游经营中迅速得到体现，社区旅游创新的自觉意愿可能受到一定影响。因此，地方政府应该建立相应的激励机制，充分发挥传统村落旅游地社区自学习机制的作用，鼓励具有较强创新意愿的传统村落社区旅游参与者率先行动，由此可以推动传统村落旅游地社区旅游的创新演化，并可以引领网络嵌入下的传统村落旅游地社区在社区旅游创新演化方向上重构。

9.3 研究展望

本书围绕传统村落旅游地活态传承与社区重构问题，在新经济社会学视野下，探讨网络嵌入、社区重构与传统村落旅游创新演化的关系。虽然本书选取了处于旅游地生命周期不同阶段的传统村落案例地进行深入研究，但依然存在案例选取区域范围不广的问题，不同生命周期阶段的案例地类型相对单一，而且侧重于物理空间与生活空间相对统一的传统村落案例地，对物理空间与生活空间相对分离的传统村落社区旅游参与引发的相关问题较少涉及。这些不足也为今后的研究留下了进一步探索的空间。展望未来，以下方面值得深入研究：

(1) 从更广泛的区域选择传统村落旅游地进行案例横向比较研究。我国传统村落分布广泛，全国进入中国传统村落名录的有6千多个，尚未列入中国传统村落名录的传统村落还特别多。由于我国幅员辽阔，从北到南、从东到西，各地传统村落特色鲜明、风格各异，如山西大院古堡、西南屯堡、福建客家土楼、安徽皖南古村落等。从不同区域选择传统村落案例研究，探寻不同区域的传统村落旅游创新演化与旅游创新演化影响下的社区重构模式，可以为我国传统村落旅游地活态传承与社区重构管理提供更合理的理论借鉴。

(2) 针对处于不同生命周期的传统村落旅游地进行案例纵向比较研究。本书虽然比较分析了处于旅游地生命周期初创阶段的两个传统村落以及处于成长期和成熟期的两个传统村落，但真正属于纵向比较的案例只有宏村和张谷英村。事实上，我国传统村落中有大量的传统村落已经或即将演化为旅游目的地。处于旅游地生命周期不同阶段的传统村落类型多种多样，这为我们针对处于不同生命周期的传统村落旅游地进行案例纵向比较研究提供了丰富的素材。纵向研究可以为不同发展阶段的传统村落旅游地演化提供预测可能，并可以建立起有效的预警机制。

(3) 对处于物理空间与生活空间分离的村落进行研究。目前已经被列入中国传统村落名录的传统村落中，有一些村落由于空间分离明显、村落规模偏小，社区旅游参与的积极性不高，社区保护意识淡漠，因此村落面临的活态传承问题更加严峻；尚未列入中国传统村落名录的传统村落面临的空间分离问题可能更加严重。因此，对处于物理空间与生活空间分离的村落进行研究很有必要。一方面，探讨网络嵌入下处于空间分离的传统村落社区认知变迁与社区重构机制、社区社会网权力分异现状与演化趋势，将有利于这种空间分离型传统村落的要素激活，使空间分离的传统村落整体活化或要素活化；另一方面，虽然空间分离的传统村落通过旅游活动嵌入旅游产业网有一定局限，但其依然拥有价值不可估量的遗产，因此，在传统村落活态传承的国家战略背景下，探测与评估网络嵌入下这种传统村落的遗产价值，非常有利于我国多样化的传统村落遗产功能的实现和发挥。

此外，本书虽然在新经济社会学视野下整合了多种理论，但在具体应用过程中还存在不够深入、不够全面的问题，对传统村落社会网络构成要素及其演变趋势没有进行深入分析。今后的研究，无论是横向比较、纵向对照，还是针对空间分离的传统村落的研究，都需要多学科交融，才能有效把握传统村落未来的演化方向。另外，本书在研究过程中引入了多种技术手段和方法，所得结论是否具有普遍性，也尚待更多传统村落案例地的实证检验。

参考文献

◎ 安德森，2012. 认知心理学及其启示（第 7 版）[M]. 秦裕林，等译 . 北京：人民邮电出版社 .

◎ 包晓莉，许良慧，2015. 城镇化背景下文化遗产旅游与客家文化传承和创新：以福建永定土楼为例 [J]. 城市地理（2）：194-195.

◎ 包亚明，1997. 布尔迪厄访谈录：文化资本与社会炼金术 [M]. 上海：上海人民出版社 .

◎ 保继刚，孙九霞，2006. 社区参与旅游发展的中西差异 [J]. 地理学报，61（4）：401-413.

◎ 保继刚，孙九霞，2008. 雨崩村社区旅游：社区参与方式及其增权意义 [J]. 旅游论坛，1（1）：58-65.

◎ 保继刚，文彤，2002. 社区旅游发展研究述评 [J]. 桂林旅游高等专科学校学报，13（4）：13-18.

◎ 边燕杰，杨洋，2019. 作为中国主体话语的关系社会学 [J]. 人文杂志（9）：23-34.

◎ 边燕杰，张磊，2013. 论关系文化与关系社会资本 [J]. 人文杂志（1）：107-111.

◎ 卞显红，2011. 基于自组织理论的旅游产业集群演化阶段与机制研究：以杭州国际旅游综合体为例 [J]. 经济地理，31（2）：327-332.

◎ 布迪厄，华康德，2015. 反思社会学导引 [M]. 李猛，李康，译 . 北京：商务印书馆 .

◎ 布朗，2000. 社会资本理论综述 [J]. 木子西，编译 . 马克思主义与现实（2）：41-46.

◎ 布劳，1988. 社会生活中的交换与权力 [M]. 孙非，张黎勤，译 . 北京：华夏出版社 .

◎ 蔡碧凡，陶卓民，郎富平，2013. 乡村旅游社区参与模式比较研究：以浙江省三

个村落为例 [J]. 商业研究(10)：191-196.

◎ 蔡华，2019. 农业旅游发展的政策网络分析 [D]. 杭州：浙江大学 .

◎ 曹国新，2003. 文化古村落：一类重要而特殊的旅游资源 [J]. 江西社会科学(9)：202-205.

◎ 曹勇，蒋振宇，孙合林，等，2016. 知识溢出效应、创新意愿与创新能力：来自战略性新兴产业企业的实证研究 [J]. 科学学研究，34 (1)：89-97.

◎ 曹玉娟，2013. 西方创新理论的演进轨迹与主流趋势 [J]. 科技创新与生产力(6)：13-18.

◎ 曹子玮，2003. 农民工的再建构社会网与网内资源流向 [J]. 社会学研究，28 (3)：99-110.

◎ 曾璨，陈宏军，2007. 社会资本理论研究综述 [J]. 铜陵学院学报(4)：25-30.

◎ 曾德明，陈培祯，2017. 企业知识基础认知距离对二元式创新绩效的影响 [J]. 管理学报，14 (8)：1182-1189.

◎ 曾水英，2013. 理解政治权力：权力问题的西方政治思想史考察 [M]. 北京：中央编译出版社 .

◎ 陈道江，周红，2003. 演化经济理论的渊源与发展 [J]. 商业研究，41 (24)：21-24.

◎ 陈静，刘元元，2017. 基于企业家认知视角的商业模式创新动因研究 [J]. 技术经济与管理研究，38 (11)：47-51.

◎ 陈腊娇，2005. 古村落旅游开发模式的比较：金华市诸葛八卦村和郭洞村实证研究 [J]. 国土与自然资源研究，29 (4)：58-59.

◎ 陈蕾，杨钊，2014. 生活方式型旅游小企业的特征及研究启示 [J]. 旅游学刊，29 (8)：80-88.

◎ 陈丽辉，张静，2016. 系统脱敏和认知重构减轻大学生英语演讲焦虑的课堂实证研究 [J]. 外语教育研究，4 (3)：25-29.

◎ 陈如芳，徐卫星，2016. 企业网络关系嵌入与技术创新绩效关系的实证研究：知识获取的中介作用 [J]. 科技与管理，18 (4)：74-81.

◎ 陈文胜，2019. 城镇化进程中乡村变迁的现实逻辑 [J]. 江淮论坛，294 (2)：11-17.

◎ 陈先红，潘飞，2009. 基于社会网理论的博客影响力测量 [J]. 现代传播(1)：117-121.

◎ 陈小春，2014. 大湘西古村镇休闲旅游创新发展的驱动力分析 [J]. 湖南行政学院学报(双月刊)，16 (5)：61-65.

◎ 纯瑶，2003. 沉重的使命 [J]. 今日国土(5)：38-40.

◎ 邓磊，2018. 西部民族地区乡村变迁与乡村振兴 [J]. 华中师范大学学报(人文社会科学版)(6)：17-19.

◎ 杜健，周超，2018. 母国网络关系嵌入性与企业跨国动态能力：来自中国的经验证据 [J]. 外国经济与管理，40 (4)：43-55.

◎ 樊友猛，谢彦君，王志文，2016. 地方旅游发展决策中的权力呈现：对上九山村新闻报道的批评话语分析 [J]. 旅游学刊，31 (1)：22-36.

◎ 范如国，张应青，罗会军，2017. 基于空间公共品博弈的产业集群合作创新演化分析 [J]. 经济问题探索，38 (6)：155-161.

◎ 范文清，1994. 旅游业已成为世界最大产业：世界旅游与观光理事会 1993 年年度报告 [J]. 北京第二外国语学院学报，16 (6)：8-16.

◎ 范艳丽，2009. 基于自组织理论的旅游产业结构协调发展研究 [J]. 世界地理研究，18 (1)：143-149.

◎ 费孝通，1985. 乡土中国 [M]. 北京：生活·读书·新知三联书店 .

◎ 费孝通，1998. 乡土中国 [M]. 北京：北京大学出版社 .

◎ 冯德显，翟海国，2006. 区域旅游产业创新发展若干问题研究 [J]. 地域研究与开发，25 (4)：65-70.

◎ 冯骥才，2013. 传统村落的困境与出路：兼谈传统村落是另一类文化遗产 [J]. 民间文化论坛，32 (1)：7-12.

◎ 弗里曼，2008. 社会网络分析发展史：一项科学社会学的研究 [M]. 张文宏，刘军，王卫东，译 . 北京：中国人民大学出版社 .

◎ 福柯，1997. 权力的眼睛：福柯访谈录 [M]. 严锋，译 . 上海：人民出版社 .

◎ 傅广生，2005. 现代旅游业在英国的诞生 [J]. 学海，16 (4)：127-132.

◎ 格兰诺维特，2015. 镶嵌：社会网与经济行动 [M]. 罗家德，等译 . 北京：社会科学文献出版社 .

◎ 格兰诺维特，斯威德伯格，2014. 经济生活中的社会学 [M]. 瞿铁鹏，等译 . 上海：上海人民出版社 .

◎ 郭凌，王志章，2009. 论民族地区旅游社区参与主体的培育：以泸沽湖里格岛为例 [J]. 广西师范大学学报(哲学社会科学版)，45 (3)：110-115.

◎ 哈肯，1984. 协同学引论：物理学、化学和生物学中的非平衡相变和自组织 [M]. 徐锡申，等译 . 北京：原子能出版社 .

◎ 何祎金，2018. 从概念到方法的历程：社区研究的中国再造 [J]. 内蒙古社会科学(汉文版)，39 (2)：153-159.

◎ 贺寨平，曹阳，2014. 普特南社会资本理论评述 [J]. 山西师大学报(社会科学版)，41 (3)：70-74.

◎ 洪霞芳，2012. 增权视角下江西古村落旅游发展思考：以婺源县为例 [J]. 企业经济，33 (3)：141-144.

◎ 侯春英，2013. 家庭小型化对初级群体社会关系的影响 [J]. 山西师大学报(社会科学版)，40 (6)：14-16.

◎ 侯钧生，2001. 西方社会学理论教程 [M]. 天津：南开大学出版社 .

◎ 胡查平，2019. 制造企业知识密集服务网络嵌入与企业绩效的关系：企业吸收能力的调节作用 [J]. 企业经济(9)：5-14.

◎ 胡鸿保，姜振华，2002. 从“社区”的语词历程看一个社会学概念内涵的演化 [J]. 学术论坛(5)：123-126.

◎ 胡家镜，2016. 民族旅游村寨自组织困境与社会网络信任构建 [J]. 贵州民族研究，37 (9)：73-76.

◎ 胡松，蔺雷，吴贵生，2006. 服务创新的驱动力和模式 [J]. 研究与发展管理，18 (1)：39-33.

◎ 黄辉祥，2007. “民主下乡”：国家对乡村社会的再整合：村民自治生成的历史与制度背景考察 [J]. 华中师范大学学报(人文社会科学版)，46 (5)：10-16.

◎ 黄敏学，王琦缘，肖邦明，等，2015. 消费咨询网络中意见领袖的演化机制研究：预期线索与网络结构 [J]. 管理世界(7)：109-123.

◎ 黄荣贵，孙小逸，2013. 社会互动、地域认同与人际信任：以上海为例 [J]. 社会科学(6)：86-94.

◎ 黄锐，2007. 社会资本理论综述 [J]. 首都经贸大学学报(6)：84-91.

◎ 吉敏，胡汉辉，2015. 创新意愿、集群供应链网络关系强度与企业创新绩效关系研究 [J]. 科技管理研究，35 (19)：165-170.

◎ 纪廉，科林斯，英格兰，等，2006. 新经济社会学：一门新兴学科的发展 [M]. 姚伟，译 . 北京：社会科学出版社 .

◎ 加尔布雷思，1988. 权力的分析 [M]. 陶远华，苏世军，译 . 石家庄：河北人民出版社 .

◎ 贾根良，2015. 演化经济学导论 [M]. 北京：中国人民大学出版社 .

◎ 简兆权，柳仪，2015. 关系嵌入性网络能力与服务创新绩效关系的实证研究 [J]. 软科学，29 (5)：1-5.

◎ 江金波，唐金稳，2017. 国外旅游创新研究回顾与展望 [J]. 经济地理，37 (9)：215-224.

◎ 蒋海萍，王燕华，李经龙，2009. 基于社区参与的古村落型遗产地旅游开发模式研究：以皖南古村落西递、宏村为例 [J]. 华东经济管理，23 (8)：24-28.

◎ 蒋铁军，王先甲，张怀强，2015. 军民融合背景下合作技术创新演化博弈分析 [J]. 科技进步与对策，32 (8)：123-127.

◎ 焦若水，2014. 人文区位与位育中和：中国社区理论的渊源与民族品格 [J]. 学海(4)：33-38.

◎ 金玮，石春生，2017. 企业组织创新演化过程及影响要素研究：以高端装备制造企业为例 [J]. 科技管理研究(12)：9-14.

◎ 景荣，徐荣荣，2013. 基于自组织理论的区域创新系统演化路径分析：以浙江省为例 [J]. 科技进步与对策，30 (9)：27-32.

◎ 景秀艳，TIMOTHY，TYRREL，2012. 权力关系、社区空间与乡村旅游利益获取：基于福建省泰宁县五个乡村社区的实证研究 [J]. 旅游科学，26 (5)：20-29.

◎ 康璟瑶，章锦河，胡欢，等，2016. 中国传统村落空间分布特征分析 [J]. 地理科学进展，35 (7)：839-850.

◎ 科尔曼，2016. 社会理论的基础 [M]. 邓方，译 . 北京：社会科学文献出版社 .

◎ 兰建平，苗文斌，2009. 嵌入性理论研究综述 [J]. 技术经济，28 (1)：104-108.

◎ 蓝庆新，2008. 世界生产性服务业发展特点及趋势 [J]. 经济研究参考，30 (2)：43-47.

◎ 雷海燕，赵振斌，2007. 古村落旅游形象设计的社区参与模式：以党家村为例 [J]. 北京第二外国语学院学报，28 (5)：73-78.

◎ 李柏文，2014. 旅游制造业概念辨析及其培育与发展研究：以京津冀地区为例 [J]. 经济问题探索，35 (3)：186-190.

◎ 李伯华，曾灿，刘沛林，等，2019. 传统村落人居环境转型发展的系统特征及动力机制研究：以江永县兰溪村为例 [J]. 经济地理，39 (8)：153-159.

◎ 李伯华，刘沛林，窦银娣，2015. 基于自组织理论的农业文化遗产地旅游产业融合发展研究：以湖南省新化县紫鹊界梯田为例 [J]. 中南林业科技大学学报(社会科学版)，9 (6)：66-67.

◎ 李朝明，刘松，2013. 企业协同知识创新演化机制研究 [J]. 武汉理工大学学报(信息与管理工程版)，35 (2)：295-300.

◎ 李翠玲，2011. 社神崇拜与社区重构：对中山市小榄镇永宁社区的个案考察 [J]. 民俗研究(11)：171-186.

◎ 李耕，张明珍，2018. 社区参与遗产保护的延展与共度：以福建永泰庄寨为例 [J]. 广西民族大学学报(哲学社会科学版)，41 (1)：95-103.

◎ 李佳，杨燕绥，2018. 新农保制度信任机制构建的社会治理研究 [J]. 社会保障研究(1)：3-12.

◎ 李靖华，黄继生，2017. 网络嵌入创新合法性与突破性创新的资源获取 [J]. 科研管理，38 (4)：10-18.

◎ 李琳，韩宝龙，2011. 地理与认知邻近对高技术产业集群创新影响：以我国软件产业集群为典型案例 [J]. 地理研究，30 (9)：1592-1605.

◎ 李淼，张广利，2004. 新经济社会学的崛起：渊源、理论及意义 [J]. 河北大学学报(哲学社会科学版)，29 (1)：68-70.

◎ 李敏，2014. 基于社会网络分析法的乡土精英对农民旅游的影响研究 [D]. 南昌：江西师范大学 .

◎ 李天翼，2007. 上郎德苗寨社区参与旅游模式成因分析 [J]. 贵州民族学院学报(哲学社会科学版)(4)：72-75.

◎ 李文兵，吴忠才，2015. 旅游创新演进之路：从企业创新到区域创新 [J]. 地理与地理信息科学，31 (5)：97-101.

◎ 李文兵，吴忠才，刘林奇，等，2019. 关系嵌入、知识获取与资源约束下传统村落旅游创新意愿：基于社区旅游参与和案例比较视角的研究 [J]. 地理与地理信息科学，35 (6)：126-134.

◎ 李鑫诚，2017. 乡村权力下沉治理模式的运行策略及其反思 [J]. 湖北社会科学，31 (4)：22-27.

◎ 李亚娟，虞虎，陈田，等，2018. 民族社区旅游研究进展及展望 [J]. 人文地理(2)：1-10.

◎ 李燕妮，张晓萍，2013. 民族村寨旅游发展中节庆活动的传承与创新：以云南红河州可邑彝族村寨为例 [J]. 贵州民族研究，34 (4)：132-135.

◎ 李耀锋，2013. 旅游地居民社会生活变迁的实证研究及其对江西的政策启示：基于赣琼两个旅游村落间的比较 [J]. 未来与发展，34 (10)：109-113.

◎ 李渊，赖晓霞，王德，2017. 基于居民空间利益分析的社区型景区提升策略 [J]. 地理与地理信息科学，33 (3)：120-126.

◎ 李振国，2010. 区域创新系统演化路径研究：硅谷、新竹、中关村之比较 [J]. 科学学与科学技术管理，31 (6)：126-130.

◎ 李志远，张路通，赵雁海，2013. 创业导向关系嵌入与客户知识获取的关系研究 [J]. 软科学，27 (2)：19-23.

◎ 李智超，罗家德，2012. 中国人的社会行为与关系网络特质：一个社会网的观点 [J]. 社会科学战线(1)：159-164.

◎ 林聚任，2009. 社会网络分析：理论、方法与应用 [M]. 北京：北京师范大学出版社 .

◎ 林祖锐，常江，刘婕，2015. 旅游发展影响下传统村落的整合与重构：以河北省邢台县英谈传统村落为例 [J]. 现代城市研究，30 (6)：32-38.

◎ 蔺雷，吴贵生，2004. 服务创新的四维度模型 [J]. 数量经济技术经济研究(3)：32-37.

◎ 蔺雷，吴贵生，2005. 服务创新：研究现状、概念界定及特征描述 [J]. 科研管理，26 (2)：1-6.

◎ 凌建勋，凌文辁，方俐洛，2003. 深入理解质性研究 [J]. 社会科学研究，25 (1)：151-153.

◎ 刘嫦娥，胡姝敏，玉胜贤，2017. 基于敌意认知和控制点作用的上级无礼行为对员工创新行为的影响研究 [J]. 管理学报，14 (9)：1315-1323.

◎ 刘法建，2012. 不同运营模式的旅游地网络特征、感知及演化：黄山、宏村、西递的旅游地社会地理体系构建 [D]. 南京：南京大学 .

◎ 刘法建，章锦河，陈冬冬，2009. 社会网络分析在旅游研究中的应用 [J]. 旅游论坛，2 (2)：172-177.

◎ 刘方玲，2008. 关系人情取向与村落内生性公共权力：河北 Y 村选举分析 [J]. 燕山大学学报(哲学社会科学版)，9 (1)：47-50.

◎ 刘华安，2007. 村落社区权力结构变迁及其影响 [J]. 改革与发展(5)：75-78.

◎ 刘嘉毅，葛绪锋，陈玉萍，2017. 传统村落遗产保护与旅游开发研究：来自江苏洪泽龟山村的样本 [J]. 中南林业科技大学学报(社会科学版)，11 (6)：23-27.

◎ 刘娟，方世敏，宁志丹，2017. 遗产旅游价值游客感知及其提升策略 [J]. 地理与地理信息科学，33 (6)：112-117.

◎ 刘军，2009. 整体网络分析讲义 [M]. 北京：格致出版社 .

◎ 刘沛林，1997. 古村落：和谐的人聚空间 [M]. 上海：上海三联书店 .

◎ 刘守英，王一鸽，2018. 从乡土中国到城乡中国：中国转型的乡村变迁视角 [J]. 管理世界(10)：128-137.

◎ 刘小蓓，高伟，2016. 制度增权：广东开平碉楼传统村落文化景观保护的社区参与思考 [J]. 中国园林(1)：121-125.

◎ 刘志高，尹贻梅，2007. 演化经济学的理论知识体系分析 [J]. 外国经济与管理，29 (6)：1-7.

◎ 龙海雯，施本植，2016. “一带一路”视角下我国区域创新系统的演化与策略研究 [J]. 科学管理研究，34 (1)：67-70.

◎ 龙花楼，屠爽爽，2017. 论乡村重构 [J]. 地理学报，72 (4)：563-576.

◎ 龙花楼，屠爽爽，2018. 乡村重构的理论认知 [J]. 地理科学进展，37 (5)：581-590.

◎ 卢松，陈思屹，潘蕙，2010. 古村落旅游可持续性评估的初步研究：以世界文化遗产地宏村为例 [J]. 旅游学刊，25 (1)：17-25.

◎ 卢松，张捷，2009. 古村落旅游社区居民生活满意度及社区建设研究：以世界文化遗产皖南古村落为例 [J]. 旅游科学，23 (3)：41-47.

◎ 陆德梅，朱国宏，2003. 新经济社会学的兴起和发展探微 [J]. 国外社会科学(3)：22-28.

◎ 罗家德，2010. 社会网分析讲义 [M]. 北京：社会科学文献出版社.

◎ 罗家德，李智超，2012. 乡村社区自组织治理的信任机制初探：以一个村民经济合作组织为例 [J]. 管理世界，28 (10)：83-93.

◎ 罗康智，2017. 中国传统村落的基本属性及当代价值研究 [J]. 原生态民族文化学刊，9 (3)：78-81.

◎ 马海燕，熊英，钟倩，2018. 网络嵌入、服务创新与制造企业转型升级绩效的关系研究 [J]. 中国地质大学学报(社会科学版)，18 (1)：117-127.

◎ 毛崇峰，周青，禹献云，2016. 认知邻近性对技术联盟创新绩效的影响 [J]. 技术经济，35 (7)：12-18.

◎ 毛焱，梁滨，邓祖涛，2013. 区域旅游空间系统的自组织原理 [J]. 经济问题(7)：115-119.

◎ 孟迪云，王耀中，徐莎，2016. 网络嵌入性对商业模式创新的影响机制研究 [J]. 科学学与科学技术管理，37 (11)：152-165.

◎ 孟明浩，俞益武，张建国，2008. 古村落旅游产品体验化设计研究：以浙江兰溪市诸葛村为例 [J]. 商业研究，30 (1)：195-198.

◎ 孟庆伟，胡丹丹，2005. 持续创新与企业惯性形成的认知根源 [J]. 科学学研究，23 (3)：428-432.

◎ 苗东升，1988. 自组织与他组织 [J]. 中国人民大学学报，2 (4)：67-70.

◎ 苗东升，2013. 系统科学精要(第 3 版) [M]. 北京：中国人民大学出版社 .

◎ 明跃玲，2010. 乡村旅游与社区参与的主体意识培养：以湘西德夯苗族村寨为例 [J]. 湖北民族学院学报(哲学社会科学版)，28 (4)：34-34.

◎ 明跃玲，刘俊亮，李乐，2011. 论乡村旅游中社区参与的文化调适：基于湘西德夯苗寨的研究 [J]. 内江师范学院学报，26 (3)：66-69.

◎ 纳尔逊，温特，1997. 经济变迁的演化理论 [M]. 胡世凯，译 . 北京：商务印书馆 .

◎ 欧阳奎，杨载田，1993. 试论中国的乡村古聚落文化旅游资源 [J]. 人文地理，8 (3)：48-53.

◎ 潘群，樊树海，单永飞，等，2017. 基于技术投入的企业合作创新演化路径分析 [J]. 统计与决策(2)：51-53.

◎ 潘泽泉，2007. 社会网排斥与发展困境：基于流动农民工的经验研究 [J]. 浙江社会科学，23 (2)：96-103.

◎ 彭建，王剑，2012. 中外社区参与旅游研究的脉络和进展 [J]. 中央民族大学学报(哲学社会科学版)，39 (3)：133-141.

◎ 彭思涛，但文红，2009. 基于社区参与的村落文化景观遗产保护模式研究：以贵州省雷山县控拜社区为例 [J]. 原生态民族文化学刊，1 (2)：94-98.

◎ 彭伟，符正平，李铭，2012. 网络位置、知识获取与中小企业绩效关系研究 [J]. 财经论丛(42)：98-103.

◎ 彭伟文，2015. 城镇化进程中的非农化社区重构：以广州市猎德村为例 [J]. 文化遗产(5)：146-158.

◎ 齐学栋，2006. 古村落与传统民居旅游开发模式刍议 [J]. 学术交流，22 (10)：131-134.

◎ 祁嘉华，王俊，2010. 陕西古村落的现状、问题与对策 [J]. 西安建筑科技大学学报(社会科学版)，29 (2)：28-32.

◎ 钱藏，2017. 不同社会网络对旅游小企业创业过程的影响及差异研究：以西递、宏村为例 [D]. 合肥：安徽大学 .

◎ 邱扶东，马怡冰，2016. 传统村落文化遗产保护研究综述与启示 [J]. 中国名城，30 (8)：89-96.

◎ 屈册，金钰涵，张朝枝，2018. 哈尼梯田“申遗”过程与旅游发展中的权力实践 [J]. 广西民族大学学报(哲学社会科学版)，40 (3)：64-69.

饶勇，2009. 旅游企业知识创新管理的认知与实践：以珠江三角洲地区为例 [J]. 旅游科学，23 (3)：69-75.

◎ 任映红，严米平，2017. 渐行渐远：乡村变迁中日益陌生化的邻里关系：一项对 LSZ 村的观察 [J]. 理论探讨(1)：154-158.

◎ 阮仪三，袁菲，2008. 江南水乡古镇的保护与合理发展 [J]. 城市规划学刊，52(5)：52-59.

◎ 邵云飞，庞博，2017. 网络嵌入与突破性技术创新结构洞与关系强度的协同影响机制研究 [J]. 科技进步与对策，34 (10)：15-18.

◎ 沈莹，2012. 基于自组织理论的旅游产业融合研究 [D]. 西安：西北大学 .

◎ 石朝平，2013. 贵州屯堡文化旅游开发的创新战略 [J]. 贵州民族大学学报(哲学社会科学版)，33 (3)：165-169.

◎ 时少华，2012a. 权力视角下社区居民在当地旅游发展中的参与困境与破解路径：基于京郊 M 村旅游拆迁征地事件的分析 [J]. 理论导刊，34 (12)：30-34.

◎ 时少华，2012b. 乡村旅游社区参与中的权力结构、运作策略及其影响研究：以京郊 BS 村景区并购事件为例 [J]. 北京第二外国语学院学报，34 (11)：73-83.

◎ 舒俊，2017. 创新理论的发展演变 [J]. 创新科技(1)：29-32.

◎ 斯密，2014. 国富论 [M]. 郭大力，王亚南，译 . 北京：商务印书馆 .

◎ 宋慧林，宋海岩，2013. 国外旅游创新研究评述 [J]. 旅游科学，27 (2)：1-13.

◎ 宋林飞，1997. 西方社会学理论 [M]. 南京：南京大学出版社 .

◎ 宋振春，纪晓君，吕璐颖，等，2012. 文化旅游创新体系的结构与性质研究 [J]. 旅游学刊(2)：80-87.

◎ 苏敬勤，林海芬，2012. 认知偏差视角的管理创新引进机制实证研究 [J]. 管理学报，9 (11)：1653-1660.

◎ 孙冰，2010. 技术创新演化的相关研究综述 [J]. 软科学，24 (10)：69-72.

◎ 孙九霞，2005. 社区参与旅游对民族传统文化保护的正效应 [J]. 广西民族学院学报(哲学社会科学版)，27 (4)：35-40.

◎ 孙九霞，保继刚，2006. 从缺失到凸显：社区参与旅游发展研究脉络 [J]. 旅游学刊，21 (7)：63-68.

◎ 孙九霞，黄凯，2016. 旅游发展背景下民族社区宗教精英的权力变化研究：以三亚凤凰镇回族为例 [J]. 青海民族研究，27 (10)：52-56.

◎ 孙鑫，汪侠，刘丹丽，等，2017. 国内外旅游扶贫研究主题对比：基于社会网络分析的视角 [J]. 资源开发与市场，33 (11)：1396-1402.

◎ 孙亚辉，2013. 旅游视角下古村落的文化变迁与拯救 [J]. 河南社会科学，21 (3)：104-106.

◎ 谈谷铮，1986. 霍曼斯和布劳的社会交换理论 [J]. 社会科学(10)：55-59.

◎ 谭春霞，顾敏艳，2009. 体验经济时代下诸葛八卦村古村落旅游产品的创新设计 [J]. 资源开发与市场，25 (8)：767-781.

◎ 谭华云，2015. 海岛生活方式型旅游小企业经营特征与影响研究：以北部湾涠洲岛为例 [J]. 柳州师专学报，30 (3)：47-50.

◎ 唐玲萍，2012. 民族村寨社区参与旅游发展的理论分析：社会表象理论 [J]. 玉溪师范学院学报，28 (2)：32-35.

◎ 唐书林，肖振红，苑婧婷，2015. 网络嵌入集聚、模仿与大学衍生企业知识溢出 [J]. 科技进步与对策，32 (11)：132-136.

◎ 唐顺铁，1998. 旅游目的地的社区化及社区旅游研究 [J]. 地理研究，17 (2)：145-149.

◎ 唐晓云，2015. 古村落旅游社会文化影响：居民感知、态度与行为的关系：以广西龙脊平安寨为例 [J]. 人文地理(1)：135-142.

◎ 特纳，1988. 现代西方社会学理论 [M]. 范伟达，译 . 天津：天津人民出版社 .

◎ 田雪，司维鹏，杨江龙，2015. 网络嵌入与物流企业服务创新绩效的关系：基于动态能力的分析 [J]. 技术经济，34 (1)：62-68.

◎ 仝志辉，贺雪峰，2002. 村落权力结构的三层分析：兼论选举后村级权力的合法性 [J]. 中国社会科学(2)：161.

◎ 托夫勒，2018. 权力的转移 [M]. 黄锦桂，译 . 北京：中信出版社 .

◎ 万元，李永周，2014. 基于关系嵌入的创新网络知识共享及协调机制研究 [J]. 科技管理研究(20)：160-166.

◎ 汪涛，蔺雷，2010. 服务创新研究：二十年回顾与展望 [J]. 软科学，24 (5)：17-21.

◎ 王纯阳，黄福才，2013. 从社区参与走向社区增权：开平碉楼与村落为例 [J]. 人文地理，28 (1)：141-149.

◎ 王纯阳，屈海林，2014. 村落遗产地社区居民旅游发展态度的影响因素 [J]. 地理学报，69 (2)：278-288.

◎ 王东，魏峰，2018. 中国传统村落审美文化的维度 [J]. 华南理工大学学报(社会科学版)，20 (6)：95-101.

◎ 王帆，赵振斌，2007. 旅游影响下的古村落社会文化变迁研究：以陕西韩城党家村为例 [J]. 桂林旅游高等专科学校学报，18 (5)：761-765.

◎ 王华瑞，卫利华，王祥兵，2019. 咨询网络中心性对员工创新行为的曲线效应：威权领导的调节作用 [J]. 领导科学(4)：82-85.

◎ 王进，周坤，2017. 旅游扶贫中贫困人口的权力认知研究：基于“赋权—限权”角度 [J]. 旅游科学，31 (5)：32-45.

◎ 王君怡，吴晋峰，王阿敏，2018. 旅游目的地形象认知过程：基于扎根理论的探索性研究 [J]. 人文地理(6)：152-160.

◎ 王君正，吴贵生，2008. 我国旅游企业创新模式选择的实证研究：以云南旅游业为例 [J]. 研究与发展管理，20 (4)：73-80.

◎ 王蕾，曹希敬，2012. 熊彼特之创新理论的发展演变 [J]. 科技和产业，12 (5)：84-88.

◎ 王林，廖国一，2013. 从困境到理性：村落遗产旅游中的自组织研究：以龙脊平安寨为例 [J]. 旅游科学，27 (2)：34-45.

◎ 王甦，汪安圣，2006. 认知心理学 [M]. 北京：北京大学出版社 .

◎ 王维艳，2018. 社区参与旅游发展制度增权二元分野比较研究 [J]. 旅游学刊，33 (8)：58-67.

◎ 王维艳，李强，2013. 社区参与旅游发展的实践逻辑及其增权路径：云南西双版纳傣族园个案 [J]. 攀枝花学院学报，30 (2)：1-5.

◎ 王茵茵，崔玲，陈向军，2013. 旅游影响下村落向小城镇形态演变特征分析：以大理市喜洲镇为例 [J]. 华中建筑，31 (4)：156-160.

◎ 魏江，陶颜，陈俊青，2008. 服务创新的实施框架及其实证 [J]. 科研管理，29 (6)：52-58.

◎ 文彤，苏晓波，2017. 关系与制度：地方嵌入中的旅游小企业 [J]. 旅游学刊，32 (10)：39-46.

◎ 翁时秀，彭华，2010. 权力关系对社区参与旅游发展的影响：以浙江省楠溪江芙蓉村为例 [J]. 旅游学刊，25 (9)：51-57.

◎ 翁时秀，彭华，2011. 旅游发展初级阶段弱权利意识型古村落社区增权研究：以浙江省楠溪江芙蓉村为例 [J]. 旅游学刊，26 (7)：53-59.

◎ 吴爱华，2011. 旅游发展与民族村落社会变迁：基于鄂西神农溪景区罗坪村的调查 [J]. 中南民族大学学报(人文社会科学版)，31 (3)：14-17.

◎ 吴必虎，1998. 旅游系统：对旅游活动与旅游科学的一种解释 [J]. 旅游学刊 (1)：21-25.

◎ 吴彤，2001. 自组织方法论研究 [M]. 北京：清华大学出版社 .

◎ 吴文智，庄志民，2003. 体验经济时代下旅游产品的设计与创新：以古村落旅游产品体验化开发为例 [J]. 旅游学刊，18 (6)：66-77.

◎ 吴忠军，吴少峰，2013. 苗族旅游村寨村落文化景观变迁研究：以贝江景区的沟滩屯为例 [J]. 重庆工商大学学报(社会科学版)，30 (1)：66-72.

◎ 武真真，章锦河，2012. 近15年来国外旅游小企业研究进展 [J]. 旅游学刊，27(8)：27-35.

◎ 奚从清，1996. 社区研究：社区建设与社区发展 [M]. 北京：华夏出版社 .

◎ 席建超，王新歌，孔钦钦，等，2014. 过去25年旅游村落社会空间的微尺度重构：河北野三坡苟各庄村案例实证 [J]. 地理研究，33 (10)：1928-1941.

◎ 夏周青，2015. 中国传统村落的价值及可持续发展探析 [J]. 中共福建省委党校学报(10)：62-67.

◎ 谢坚钢，2009. 嵌入的信任：社会信任的发生机制分析 [J]. 华东师范大学学报(哲学社会科学版)(1)：102-107.

◎ 谢晶晶，王传兵，2018. 精准扶贫背景下传统村落旅游开发的社区参与模式：以安徽省天堂寨镇前畈村为例 [J]. 合肥师范学院学报，36 (4)：30-34.

◎ 熊彼特，2009. 经济发展理论(精华本)[M]. 杜贞旭，等译 . 北京：中国商业出版社 .

◎ 熊超，夏健，2016. 村民参与式古村落保护模式研究：基于社会网络的建构 [J]. 现代城市研究，31 (1)：10-15.

◎ 徐红罡，马少吟，姜辽，2017. 生活方式型旅游企业主移民社会交往研究 [J]. 旅游学刊，32 (7)：69-76.

◎ 徐菁，靳诚，沙润，2008. 基于熵的区域旅游系统的自组织研究：以长江三角洲为例 [J]. 南京师大学报(自然科学版)，31 (2)：130-134.

◎ 徐蕾，2012. 集群创新网络内涵、运行机制与研究展望 [J]. 情报杂志，31 (5)：202-207.

◎ 徐琦，2002. "社会网" 理论述评 [J]. 社会，22 (8)：20-22.

◎ 徐雅雯，甘巧林，2016. 扎根理论视角下旅游非正式部门成长路径：以安徽西递古村为例 [J]. 人文地理，31 (5)：99-105.

◎ 徐永祥，2000. 社区发展论 [M]. 广州：华东理工大学出版社 .

◎ 徐泽盛，李敏，郑秋延，2013. 中外合资企业管理人员咨询网络结构比较研究及其管理启示 [J]. 科技管理研究，33 (1)：122-125.

◎ 许登峰，2010. 基于自组织理论的旅游产业集群发展研究 [J]. 广西民族大学学报，32 (1)：122-126.

◎ 许冠南，2008. 关系嵌入性对技术创新绩效的影响研究：基于探索型学习的中介机制 [D]. 杭州：浙江大学 .

◎ 许冠南，周源，刘雪锋，2011. 关系嵌入性对技术创新绩效作用机制案例研究 [J]. 科学学研究，29 (11)：1728-1735.

◎ 许晖，许守任，王睿智，2013. 网络嵌入、组织学习与资源承诺的协同演进 [J]. 管理世界(10)：142-157.

◎ 薛光明，2017. 创新理论的发展与反思：一个理论综述 [J]. 经济论坛(12)：145-151.

◎ 闫婷婷，2016. 社会网络对乡村社区旅游小企业成长影响研究 [D]. 广州：暨南大学 .

◎ 严伟，2016. 自组织理论视域下的旅游产业融合机理 [J]. 社会科学家，31 (1)：91-96.

◎ 阎友兵，张颖辉，2012a. 基于自组织理论的旅游系统演化初探 [J]. 湖南财政经济学院学报，28 (2)：63-69.

◎ 阎友兵，张颖辉，2012b. 基于自组织理论的湖南旅游系统演化分析 [J]. 经济地理，32 (1)：171-176.

◎ 阎云翔，2006. 差序格局与中国文化的等级观 [J]. 社会学研究(4)：201-215.

◎ 颜亚玉，张荔榕，2008. 不同经营模式下的社区参与机制比较研究：以古村落旅游为例 [J]. 人文地理，23 (4)：89-94.

◎ 杨付，张丽华，2012. 团队成员认知风格对创新行为的影响：团队心理安全感和工作单位结构的调节作用 [J]. 南开管理评论，15 (5)：13-25.

◎ 杨广，李江帆，2009. 服务创新内涵特征与模式 [J]. 现代管理科学(6)：51-53.

◎ 杨国枢，2005. 中国人的社会取向：社会互动的观点 [J]. 中国社会心理学评论(1)：21-54.

◎ 杨海坤，曹寻真，2010. 中国乡村自治的历史根源、现实问题与前景展望 [J]. 江淮论坛(3)：117-126.

◎ 杨虹，陈莉平，2008. 社会网络嵌入视角下企业间的知识学习 [J]. 东南学术(4)：42-47.

◎ 杨效忠，张捷，唐文跃，等，2008. 古村落社区旅游参与度及影响因素：西递、宏村、南屏比较研究 [J]. 地理科学，28 (3)：445-451.

◎ 杨懿，李秋艳，2017. 旅游融合发展自组织演化机理与进程研究 [J]. 资源开发与市场，33 (9)：1100-1103.

◎ 姚国荣，陆林，章德辉，2004. 古村落开发与旅游运营机制研究：以安徽省黟县宏村为例 [J]. 农业经济问题(4)：68-70.

◎ 姚云浩，高启杰，2014. 网络关系嵌入创新扩散与旅游企业创新绩效 [J]. 旅游科学，28 (5)：68-77.

◎ 叶俊，于海燕，2007. 国内外近年来社区旅游研究进展 [J]. 桂林旅游高等专科学校学报，18 (2)：272-278.

◎ 叶明，1990. 技术创新理论的由来与发展 [J]. 软科学(3)：7-10.

◎ 伊利贵，刘东旭，2012. 乡村社会变迁中的宗族文化与国家权力：基于云南省一个彝族村落的研究 [J]. 民族论坛(6)：49-54.

◎ 尹寿兵，刘云霞，赵鹏，2013. 皖南古村落旅游小企业经营特征研究 [J]. 安徽农业大学学报(社会科学版)，22 (2)：70-73.

◎ 游勇，2013. 国家公园社区参与旅游发展能力建设 [J]. 西南民族大学学报(人文社科版)，34 (5)：157-160.

◎ 于苏建，袁书琪，林从华，2009. 古民居旅游开发转型与业态模式创新：以福州市宏琳厝古民居为例 [J]. 福建工程学院学报，7 (6)：653-656.

◎ 于显洋，任丹怡，2019. 社区研究方法：反思、实践与讨论 [J]. 学习与探索(9)：1-7.

◎ 余汝艺，梁留科，李德明，2013. 旅游种群的入侵、继替与古村落空间秩序重组研究：以徽州古村落宏村为例 [J]. 经济地理，33 (8)：165-170.

◎ 余向洋，2006. 中国社区旅游模式探讨：以徽州古村落社区旅游为例 [J]. 人文地理，21 (5)：41-45.

◎ 原小能，2009. 服务创新理论研究述评 [J]. 经济问题探索(11)：162-167.

◎ 臧得顺，2009. 从波兰尼到格兰诺维特社会人对经济人假设的反拨与超越 [J]. 甘肃行政学院学报(6)：11-20.

◎ 张安蒙，2006. 张谷英历史文化名村调查记 [J]. 今日国土(3)：41-46.

◎ 张方华，2005. 社会资本理论研究综述 [J]. 江苏科技大学学报(社会科学版)，5 (4)：

7-14.

◎张方华，2010. 网络嵌入影响企业创新绩效的概念模型与实证分析 [J]. 中国工业经济(4)：110-119.

◎张广济，计亚萍，2011. 社会学权力理论内在进路述评 [J]. 社会科学战线，34(1)：219-222.

◎张和清，2010. 主族控制下的族群杂居村落权力的文化网络视角 [J]. 社会，30(2)：20-44.

◎张婕，樊耘，于维娜，2014. 理性认知驱动下的员工创新实证研究 [J]. 科学学与科学技术管理，35 (7)：138-150.

◎张勉，魏钧，杨百寅，2009. 社会资本的来源：工作咨询网络中心性的前因变量 [J]. 管理世界，25 (5)：119-127.

◎张其仔，1997. 社会资本论：社会资本与经济增长 [M]. 北京：社会科学文献出版社 .

◎张其仔，1999. 社会网与基层经济生活：晋江市西滨镇跃进村案例研究 [J]. 社会学研究，24 (3)：25-34.

◎张其仔，2001. 新经济社会学 [M]. 北京：中国社会科学出版社 .

◎张强，2018. 网络嵌入社会责任与品牌价值：基于制造业企业经验数据的实证研究 [J]. 山东社会科学(7)：158-164.

◎张文浩，张梦云，刘军弟，2013. 基于 TPB 模型的大学生科技创新意愿及其影响因素分析 [J]. 中国农业教育，22 (2)：69-73.

◎张文宏，1999. 从农村微观社会网的变化看宏观社会结构的变迁 [J]. 天津社会科学，19 (2)：59-63.

◎张文宏，阮丹青，潘允康，1999. 中国农村的微观社会网与宏观社会结构 [J]. 浙江学刊(5)：36-43.

◎张向东，2012. 信任机制契约互动与民主转型 [J]. 河南师范大学学报(哲学社会科学版)，39 (3)：27-31.

◎张骁鸣，保继刚，2009. 旅游发展与乡村变迁："起点—动力" 假说 [J]. 旅游学刊，24 (6)：19-24.

◎ 张悦，梁巧转，范培华，2016. 网络嵌入性与创新绩效的 Meta 分析 [J]. 科研管理，37 (11)：80-88.

◎ 张云武，2009. 不同规模地区居民的人际信任与社会交往 [J]. 社会学研究(4)：112-133.

◎ 张志森，黄张语，许艺娜，2016. 闽南古村落开发中社区参与效度评价 [J]. 台湾农业探索(3)：47-51.

◎ 张志勇，2013. 传统村落不应在城镇化大潮中走向消亡 [N]. 中国艺术报，6-5.

◎ 赵福祥，李全德，2003. 少数民族地区开展社区旅游的思考 [J]. 云南师范大学学报，35 (3)：137-140.

◎ 赵磊，吴文智，2010. 基于自组织理论的区域旅游系统发展机理研究：一个理论分析框架 [J]. 北京第二外国语学院学报，31 (9)：8-20.

◎ 赵泉民，2013. 论转型社会中政府信任的重建：基于制度信任建立的视角 [J]. 社会科学(1)：12-24.

◎ 赵延东，2003. 社会资本理论的新进展 [J]. 国外社会科学(3)：54-59.

◎ 郑焱，1996. 中国近代第一家旅行社：中国旅行社述论 [J]. 史学月刊，46 (4)：54-60.

◎ 郑也夫，1999. 信任：溯源与定义 [J]. 北京社会科学(4)：118-123.

◎ 周怀峰，2013. 嵌入宗族社会网的自然村小型公共品治理：桂东南 B 乡 K 村互助基金的个案研究 [J]. 南方农村，30 (1)：63-74.

◎ 周杰，杨兮，张凤太，2013. 少数民族村寨社区参与旅游发展的特征及内涵解析 [J]. 黑龙江民族丛刊(双月刊)(5)：92-97.

◎ 周中胜，罗正英，段姝，2015. 网络嵌入、信息共享与中小企业信贷融资 [J]. 中国软科学，30 (5)：119-128.

◎ 朱国宏，1998. 社会学视野里的经济现象 [M]. 成都：四川人民出版社.

◎ 朱宏莉，车震宇，2012. 政府主导旅游开发对村落空心化的影响：以大理市喜洲村为例 [J]. 华中建筑，30 (11)：145-148.

◎ 庄晓平，尹书华，朱竑，2018. 旅游发展对古村落村民公民性建构的影响：以开平古碉楼群为例 [J]. 地理学报，73 (8)：1571-1585.

◎ 庄晓平，朱竑，邓素球，2012. 居民旅游感知实证比较研究之制度伦理分析：以世界遗产地开平碉楼与村落为例 [J]. 旅游学刊，27 (3)：18-26.

◎ 邹统钎，李飞，2007. 古村落遗产旅游发展的“爨底下”模式 [J]. 旅游学研究 (2)：314-320.

◎ 邹宜斌，2005. 社会资本：理论与实证研究文献综述 [J]. 经济评论 (6)：120-125.

◎ AHUJA G, 2000. Collaboration networks, structural holes, and innovation: a longitudinal study[J]. Administrative science quarterly, 45(3): 425-455.

◎ ARENAS A, TABERNERO C, BRIONES E, 2006.Effects of goal orientation, error orientation, and self-efficacy on performance in an uncertain situation[J]. Social behavior and personality, 34(5): 569-586.

◎ BAUM, COWAN, JONARD, 2010. Network-Independent alliance selection and innovation networks[J]. Management science, 56(11): 2094-2110.

◎ BILDERBEEK R, HERTOG P, KLUMD G, et al., 1998. Service innovation: knowledge intensive business service as co-oproducers of innovation[Z].[S.l.]: The result of SI4S synthesis: 3.

◎ BOONS F, 2008. Self-organization and sustainability: the emergence of a regional industrial ecology[J]. Self-organization and sustainability, 10(2): 41-48.

◎ BOOYENS I, ROGERSON C M, 2016. Tourism innovation in the global south: evidence from the Western Cape, South Africa[J]. International journal of tourism research, 5: 515-524.

◎ BRENNECKET J, RANK O, 2017.The firm’s knowledge network and the transfer of advice among corporate inventors[J].Research policy, 46(4): 768-783.

◎ BRYSON, RUBALCABA, STROM, 2012. Services, innovation, employment and organisation research gaps and challenges for the next decade[J]. The service industries journal, 32(4): 641-655.

◎ BURT R S, 1992. Structural holes: the social structure of competition[M]. Cambridge: Harvard University Press.

◎ CAMISON C, MONFORT-MIR V M, 2012. Measuring innovation in tourism from the

Schumpeterian and the dynamic-capabilities perspectives[J]. Tourism management, 33(6): 776-789.

◎ CANTWELL J, FAI F, 1999. Firms as the source of innovation and growth: the evolution of technological competence[J].Journal of evolutionary economics, 9: 331-366.

◎ COHEN E, 1988. Authenticity and commoditization in tourism[J]. Annals of tourism research, 15(3): 371-386.

◎ COLLADO J C, 2005. Knowledge-intensive service activities in the Spanish tourism sector[M]. Madrid: Centro de Estudios Económicos Tomillo.

◎ COMFORT L K, 1994. Self-organization in complex systems[J]. J-part, 4(3): 393-410.

◎ COOLS E, VANDEN B H, 2007. Development and validation of the cognitive style indicator[J]. Journal of psychology, 141(4): 359-387.

◎ DAMANPOUR F, SCHNEIDER M, 2006. Phases of the adoption of innovation in organizations: effects of environment, organization and top managers[J]. British journal of management, 17: 215-236.

◎ DATTA P B, 2011. Exploring the evolution of a social innovation: a case study from India[J]. International journal of technology management & sustainable development, 10(1): 55-75.

◎ DURMUSOGLU S S, 2013. Merits of task advice during new product development: network centrality antecedents and new product outcomes of knowledge richness and knowledge quality[J]. Journal of product innovation management, 30(3): 487-499.

◎ DYER H J, NOBEOKA K, 2000. Creating and managing a high-performance knowledge-sharing network: the Toyota case[J]. Strategic management journal, 21(3): 345-367.

◎ EIDE D, FUGLSANG L, SUNDBO J, 2017. Management challenges with the maintenance of tourism experience concept innovations: toward a new research agenda[J]. Tourism management, 38(5): 452-463.

◎ EMSLEY D, NEVICKY B, HARRISON G, 2006. Effect of cognitive style and professional development on the initiation of radical and non-radical management accounting innovations[J]. Accounting and finance, 46(2): 243-264.

◎ ERDOGAN B, BAUER T, WALTER J, 2015. Deeds that help and words that hurt: helping and gossip as moderators of the relationship between leader-member exchange and advice network centrality[J]. Personnel psychology, 68(1): 185-214.

◎ FERRAGINAL E, ARRIGONI A, 2017. The rise and fall of social capital: requiem for a theory? [J]. Political studies review, 15(3): 355-367.

◎ FRENKEL A, ISRAEL E, MAITAL S, 2015. The evolution of innovation networks and spin-off entrepreneurship: the case of RAD[J]. European planning studies, 23(8): 1646-1670.

◎ GALLOUJ F, SAVONA M, 2009. Innovation in services: a review of the debate and a research agenda[J]. J.Evol. Econ., 19: 149-172.

◎ GARRETT-JONES S, 2004. From citadels to clusters: the evolution of regional innovation policies in Australia[J]. R&D management, 34(1): 3-16.

◎ GRANOVETTER M, 1973. The strength of weakties[J].American journal of sociology, 78(6): 1360-1380.

◎ GRANOVETTER M, 1985. Economic actionandsocial structure: the problem of embeddedness[J]. American journal of sociology, 91(3): 481-510.

◎ GROENEWEGEN J, STEEN M, 2006. The evolution of national innovation systems [J].Journal of economic issues, XL(2): 277-285.

◎ HAJEK P, STEJSKAL J, 2014. Knowledge acquisition as determinant of outputs of innovative business in regions of the Czech Republic[J]. International journal of industrial and systems engineering, 8(11): 3490-3493.

◎ HALL C, HALL M, WILLIAMS A, 2008. Tourism and innovation[M]. London: Routledge.

◎ HANSEN, MORTEN T, 1999. The search-transfer problem: the role of weak ties in sharing knowledge across organization subunits[J]. Administrative science quarterly, 44(1): 82-111.

◎ HARRISON D, 2007. Cocoa, conservation and tourism: Grande Riviere, Trinidad[J].

Annals of tourism research, 34(4): 919-942.

◎ HASSANLI N, GROSS M J, BROWN G, 2016. The emergence of home-based accommodations in Iran: a study of self-organization[J]. Tourism management, 54: 284-295.

◎ HJALAGER A, 2002. Repairing innovation defectiveness in tourism[J].Tourism management, 23: 465-474.

◎ HJALAGER A, 2010. A review of innovation research in tourism[J]. Tourism management, 31(1): 1-12.

◎ HJALAGER, 2009. Dynamic innovation in the tourism industry[J]. Progress in tourism and hospitality management, 6: 197-224.

◎ HOARAU H, 2016. Open innovation in the tourism experience sector: the role of practice based knowledge explored[J]. Open tourism, 1: 137-152.

◎ IORDACHE C, 2015. Innovation in tourism-between desideratum, development and braking strategic policy innovation[J]. Romanian journal of marketing, 14(1): 53-66.

◎ KASTENHOL E, CARNEIRO M, MARQUES C, 2012. Understanding and managing the rural tourism experience: the case of a historical village in Portugal[J]. Tourism management perspectives, 4: 207-214.

◎ KIRTON M J, 2003. Adaption-innovation in the context of diversity and change[M]. London: Routledge.

◎ LAZEGA, EMMANUEL, MOUNIER L, 2012. Norms, status and the dynamics of advice networks: a case study[J]. Social networks, 34(3): 323-332.

◎ LECUONA J R, REITZIG M, 2014. Knowledge worth having in excess: the value of tacit and firm-specific human resource slack[J].Strategic management journal, 35(7): 954-973.

◎ LOWE M S, WILLIAMS Y, SHAW G, et al., 2012. Self-organizing innovation networks, mobile knowledge carriers and diasporas: insights from a pioneering boutique hotel chain[J]. Journal of economic geography, 12: 1113-1138.

◎ MAHMOOD K, 2015. Social capital: from concept to theory[J]. Pakistan journal of science, 67(1): 114-120.

◎ MATTSSON J, SUNDBO J, JENSEN C, 2005. Innovation systems in tourism: the roles of attractors and scene-takers[J]. Industry and innovation, 12: 357-380.

◎ MCDONALD, JAMES D, WESTPHAL, 2003. Getting by with the advice of their friends: CEOs' advice networks and firms' strategic responses to poor perfornnance [J]. Administrative science quarterly, 48(1): 1-32.

◎ MCEVILY B, MARCUS A, 2005. Embedded ties and the acquisition of competitive capabilities[J]. Strategic management journal, 26: 1033-1055.

◎ MEDINA L K, 2003. Commoditizing culture tourism and Maya Identity[J]. Annals of tourism research, 30(2): 353-368.

◎ MEERKERK I, BOONSTRA B, EDELENBOS J, 2013. Self-organization in urban regeneration: a two-case comparative research[J]. European planning studies, 21(10): 1630-1652.

◎ MICHAEL D, SICILIANO, 2015.Advice networks in public organizations: the role of structure, internal competition, and individual attributes[J]. Public administration review, 75(4): 548-559.

◎ MITCHELL R K, SMITH B, SEAWRIGHT K W, et al., 2000. Cross-cultural cognitions and the venture creation on decision [J].Academy of management journal, 43(5): 974-993.

◎ NAHAPIET J, GHOSHAL S, 1998. Social capital, intellectual capital and the organizational advantage[J]. A cademy of management review, 23: 242-266.

◎ NEBUS J, COLLEGIAL B, 2006. Information networks: a theory of advice network[J]. Academy of management review, 31(3): 615-637.

◎ NEDERHAND J, BEKKERS V, VOORBERG W, 2016. Self-organization and the role of government: how and why does self-organization evolve in the shadow of hierarchy[J]. Public management review,18(7): 1063-1084.

◎ NEPAL S K, 2,007. Tourism and tourism and rural settlements: Nepal's Annapurna Region[J]. Annals of tourism research, 34(4): 855-875.

◎ NIRJAR A, 2008. Innovation and evolution of software are SMEs: exploring the trajectories for sustainable growth[J]. The journal of business perspective, 12(2): 47-57.

◎ NOVELLI M, SCHMITZ B, BALLAND T S, 2006. Networks, clusters and innovation in tourism: a UK experience[J]. Tourism management, 27: 1141-1152.

◎ OECD, 2006. Innovation and Knowledge-Intensive service activities: the role of KISA in the tourism and leisure industries[J]. OECD science and information technology, 6: 124-142.

◎ PAPADAKIS, LIOUKAS S, CHAMBERS D, 1998. Strategic decision making process: the role of management and context [J]. Strategic management journal, 19: 115-147.

◎ PARRILLI M D, NADVI K, YEUNG H W, 2013. Local and regional development in global value chains, production networks and innovation networks: a comparative review and the challenges for future research[J]. European planning studies, 21(7): 967-988.

◎ PECHLANER J, HERNTREI M, PICHLER S, et al., 2012. From destination management towards governance of regional innovation systems: the case of South Tyrol, Italy[J].Tourism review, 67(2): 22-33.

◎ PIERRE J, PETERS B, 2000. Governance, politics and the state[M]. Houndsmills: Palgrave.

◎ POON A, 1993. Tourism, technology and competitive strategies[J]. New Zealand geographer, 51(2): 62-63.

◎ SALTER, TETHER, 2006. Innovation in services: through the looking glass of innovation studies (background paper for AIM grand challenge on services) [M]. Oxford: Oxford University.

◎ SAPARITO P A, CHEN C C, SAPIENZA H J, 2004. The role of relational trust in bank-small firm relationships[J]. Academy of management journal, 47(3): 400-410.

◎ SHANE S, 2003. A general theoryof entrepreneurship: the individual-opportunity nexus [J]. General information, 12(3): 353-374.

◎ SICILIANO M D, 2015. Advice networks in public organizations: the role of sructure, internal competition, and individual attributes[J].Public administration review, 75(4): 548-559.

◎ SIMMEL G, 1971. On Individuality and social formus: selected writings[M]. Chicago: University of Chicago Press.

◎ SMITH R, 2008. The evolution of innovation [J]. Research technology management, 49(3): 59-62.

◎ STAMBOULIS Y, SKAYANNIS P, 2003. Innovation strategies and technology for experience-based tourism[J]. Tourism management, 24(1): 35-43.

◎ SUNDBO J, GALLOUJ F, 1998. Innovation as a loosely coupled system in services [J]. International journal of services technology & management, 1(1): 15-36.

◎ SYKES T A, VENKATESH V, JOHNSON J L, 2014. Enterprise system implementation and employee job performance: understanding the role of advice networks[J]. MIS quarterly, 38(1): 51-77.

◎ TEECE D J, 2010. Business models, business strategy and innovation [J]. Long range planning, 43(2): 172-194.

◎ TSAI W, 2001. Knowledge transfer in intraorganizational networks: effects of network position and absorptive capacity on business unit innovation and performance[J]. Academy of management journal, 44(5): 996-1004.

◎ UNSWORTH K L, CLEGG C W, 2010. Why do employees under take creative action?[J]. Journal of occupational and organizational psychology, 83(2): 77-99.

◎ UZZI B, 1997. Social structure and competition in inter-firm networks: the paradox of embeddedness[J]. Administrative science quarterly, 42(1): 35-67.

◎ VENCE, TRIGO, 2009. Diversity of innovation patterns in services[J]. The service industries journal, 29(12): 1635-1657.

◎ WASSERMAN S, FAUST K, 1994. Social network analysis: methods and applications [M]. London: Cambridge University Press.

◎ WEIDENFELD A, WILLIAMS A M, BUTLER R W, 2010. Knowledge transfer and innovation among attractions[J]. Annals of tourism research, 37(3): 604-626.

◎ YLI-RENKO H, AUTIO E, SAPIENZA H J, 2001. Social capital, knowledge acquisition and competitive advantage in technology-based young firms[J]. Strategic management journal, 22(6): 587-613.

◎ ZACH F J, HILL T L, 2017. Network, knowledge and relationship impacts on innovation in tourism destinations[J]. Tourism management, 38(2): 196-207.

◎ ZACH F, 2016. Collaboration for innovation in tourism organizations, leadership support, innovationformality, and communication[J]. Journal of hospitality & tourism research, 40(3): 271-290.